카레부부의
주말여행 버킷리스트

글·조유리 | **사진**·김재우

길벗

카레부부의
주말여행 버킷리스트

초판 발행 · 2021년 11월 5일
초판 2쇄 발행 · 2021년 11월 11일

글 · 조유리
사진 · 김재우

발행인 · 이종원
발행처 · (주)도서출판 길벗
출판사 등록일 · 1990년 12월 24일
주소 · 서울시 마포구 월드컵로 10길 56 (서교동)
대표전화 · 02)332-0931 | **팩스** · 02)323-0586
홈페이지 · www.gilbut.co.kr | **이메일** · gilbut@gilbut.co.kr

기획 및 책임편집 · 민보람(brmin@gilbut.co.kr) | **제작** · 이준호, 손일순, 이진혁
영업마케팅 · 한준희 | **웹마케팅** · 김윤희, 김선영 | **영업관리** · 김명자 | **독자지원** · 송혜란, 윤정아, 홍혜진
표지 및 본문 디자인 · 박찬진 | **교정교열** · 한진영 | **CTP 출력 · 인쇄** · 천일문화사 | **제본** · 경문제책

- 잘못 만든 책은 구입한 서점에서 바꿔 드립니다.
- 이 책은 저작권법에 따라 보호받는 저작물이므로 무단전재와 무단복제를 금합니다. 이 책의 전부 또는 일부를 이용하려면 반드시 사전에 저작권자와 출판사 이름의 서면 동의를 받아야 합니다.
- 표지 사진은 감성캠핑 브랜드 '메이튼 레드와일드' 업체로부터 제공 받았습니다.
- 144, 147, 223, 355쪽 : 여행지 안내판에 쓰인 글을 옮겨 실었으며, 저작권자가 밝혀지는 대로 다음 쇄에 반영하겠습니다.

ⓒ 김재우, 조유리

ISBN 979-11-6521-735-8(13980)
(길벗 도서번호 020179)

정가 16,500원

독자의 1초까지 아껴주는 정성 길벗출판사

길벗 | IT실용서, IT/일반 수험서, IT전문서, 경제실용서, 취미실용서, 건강실용서, 자녀교육서
더퀘스트 | 인문교양서, 비즈니스서
길벗이지톡 | 어학단행본, 어학수험서
길벗스쿨 | 국어학습서, 수학학습서, 유아학습서, 어학학습서, 어린이교양서, 교과서

페이스북 www.facebook.com/travelgilbut | 트위터 www.twitter.com/travelgilbut

> 독자의 1초를 아껴주는 정성!
> 세상이 아무리 바쁘게 돌아가더라도
> 책까지 아무렇게나 빨리 만들 수는 없습니다.
> 인스턴트 식품 같은 책보다는
> 오래 익힌 술이나 장맛이 밴 책을 만들고 싶습니다.
>
> 땀 흘리며 일하는 당신을 위해
> 한 권 한 권 마음을 다해 만들겠습니다.
> 마지막 페이지에서 만날 새로운 당신을 위해
> 더 나은 길을 준비하겠습니다.
>
> 독자의 1초를 아껴주는 정성을 만나보십시오.

일러두기

카레부부의 주말 여행 버킷리스트를 소개합니다!

이 책은 카레부부가 전국을 누비며 찾아낸 당일, 1박 2일 여행지를 수록했습니다. 코로나 팬데믹 전과 후의 내용이 함께 담겨 있으며, 코로나 확산 이후에는 방역 수칙을 지키며 취재했습니다. 사진 촬영은 다른 사람과의 거리가 2m 이상 충분히 떨어지고, 탁 트인 공간 안에서 했습니다.

여러분의 소중한 여행에 도움이 될 수 있도록 각 여행지는 지역별 동선을 고려해서 안내합니다. 이 책에 수록된 관광지, 맛집 등의 여행 정보는 2021년 10월 기준이며 최대한 정확하고 친절한 정보를 싣고자 노력했습니다. 하지만 출판 후 또는 독자의 여행 시점에 따라 변동될 수 있으므로 양해 부탁드립니다.

답답한 마음을 달래기 위해 한적하고 트인 곳을 찾아 많은 사람들이 여행을 떠나고 있습니다. 방역 수칙을 잘 지켜서 좀 더 안전하고 건강하게 여행하시기를 바랍니다.

① 한눈에 보는 여행 코스

지역별 여행 테마와 동선을 고려한 여행 코스를 소개합니다. 추천하는 교통편과 이동 방법도 소개하며, 여행 시점의 교통 상황에 따라 변동이 있을 수 있으므로 출발 전 재확인을 부탁드립니다.

② 꼭 해봐야 할 국내 여행 버킷리스트

카레부부가 제안하는 명소별 버킷리스트를 소개합니다. 목적 없는 여행도 좋지만, 테마를 정하고 떠난다면 인생에서 더욱 기억에 남는 순간이 되지 않을까요? 나만의 여행 버킷리스트를 만들고 떠나 보세요.

③ 여행지별 인생샷 포인트

감동적인 여행의 순간을 기록할 수 있는 사진 스폿을 안내합니다. 그 계절에만 피는 꽃무릇, 붉게 물들어가는 일몰의 순간, 영화 포스터 같은 연인과의 커플샷... 꼭 인증해야 할 랜드마크와 잊지 못할 여행의 순간을 사진으로 남겨보세요.

④ 히든 팁과 추천 맛집

여행을 더욱 풍성하게 해줄 카레부부의 히든 팁과 직접 먹어보고 '엄지척' 했던 맛집을 수록했습니다.

"카레부부가 안내하는 안전하게 거리 두며 여행하기"

① 여행 전 컨디션 체크 후 발열 시 여행을 중지하고 자가 검사하기
② 팬데믹 상황에 따른 관람 유무 및 관람 시간 확인하고 떠나기
③ 여행지 방문 시 마스크 착용은 모두가 아는 필수 에티켓!
④ 여행지에서 관람하는 사람과 충분한 거리 두기 실천!
⑤ 사람이 많은 지역은 방문을 자제하기
⑥ 방문지에서는 꼭 QR 체크인 또는 출입 확인 전화하기
⑦ 대중교통으로 이동 시 탑승객과 2m 이상 거리 두기, 지정 좌석 외 이동 자제, 음식물 섭취 금지
⑧ 사람이 많은 식당에서는 포장해서 야외 또는 차 안에서 식사하는 것을 추천
⑨ 숙박시설 및 자동차 내에서 수시로 환기하기
⑩ 마지막으로 손 씻기 생활화하기

CONTENTS

작가의 말	008
카레부부가 추천하는 테마별 인생 여행지	012
여행 동선 짜기	028
인생샷 남기기	030
현지의 맛집을 찾는 방법	032
에필로그	386

PART 1.
ROMANTIC TOUR 로맨틱 투어

서울
길상사, 북정마을 — 036

경북 경주
신라의 로맨틱 달밤 투어 — 046

충남 태안
신두리 해안 사구, 파도리 해수욕장 — 056

전남 담양
담양 국수 거리, 관방제림 야간 투어 — 066

전남 신안
퍼플 섬(반월도·박지도) — 076

제주
해맞이 해안로 드라이브, 안돌 오름 비밀의 숲 — 086

제주
왈종 미술관, 사려니숲길 유채꽃밭 — 096

PART 2.
HEALING TOUR 힐링 투어

경기 양평·남양주
팔당댐 드라이브, 능내리 연꽃마을 — 108

전남 담양
명옥헌 원림 — 118

전남 담양
창평슬로시티, 오일장 투어 — 128

전남 광양·경남 하동
옥룡사지 동백나무숲, 쌍계사 — 138

전남 신안
순례자의 섬(기점·소악도) — 150

전남 신안
비금도·도초도 여행 — 160

제주
성산·오조 지질 트레일, 광치기 해변 — 170

PART 3.
ENERGETIC TOUR 에너제틱 투어

경기 안산
대부노 해솔길 — 182

경기 포천
산정호수, 포천 아트밸리 — 194

강원 강릉·속초
송정 해변 딴봉마을 산책로,
아바이마을 — 204

경북 경주
경주 남산 등산 — 214

충남 태안
드르니항 꽃게 다리,
어촌계 수산 시장,
삼봉 해변 갱지 동굴 — 226

부산
오륙도 스카이워크,
이기대 해안 산책로 — 238

제주
한라산 영실 탐방로 — 248

PART 4.
CULTURE TOUR 컬처 투어

서울
서울 미술관, 서파정 — 262

경기 수원
수원 화성, 월화원 — 272

충북 충주
활옥 동굴, 중앙탑 사적 공원 — 282

충남 부여
부소산 낙화암, 궁남지 — 292

경남 하동
평사리 최 참판 댁, 삼성궁 — 302

전남 목포
목포 근대 역사 문화 공간 — 314

부산
영도 골목 투어 — 324

PART 5.
SECRET TOUR 시크릿 투어

서울
북촌한옥마을, 삼청동 — 336

강원 양양·동해
서피 비치, 논골담길 — 348

충북 충주
충주호, 수주팔봉 캠핑 — 358

전남 광양·여수
구봉산 전망대,
광양 - 여수 야경 드라이브 — 368

제주
소천지, 보목마을 — 376

작가의 말

여행의 기억으로
·
·
오늘을 살아가는 나를 위해
·
·

꿈 많은 소녀, 책상에 앉아 몽상하던 학생, 한 회사의 일꾼, 누군가의 엄마, 한 집안의 가장, 회사를 그만둔 백수, 모든 것을 내려놓고 여행자가 되기로 한 사람. 이것은 수많은 '나'에 대한 이야기다.

어릴 적, 호기심이 넘치는 아이였던 나는 매년 방학이면 할머니가 계신 시골집에 갔다. 할머니 댁에 놀러 가는 일은 늘 내 작은 가슴을 두근두근 뛰게 했다. 어둡고 불편한 화장실 앞에 묶인 누렁이들과 골목길을 시끄럽게 달려가는 아이들 소리, 마루에 있던 괘종시계에서 울리는 무거운 종소리, 새벽에 잠이 깨면 사라져 버리던 방구석의 하얀 거미까지. 나에게 할머니의 시골집은 모든 것이 새롭고 신비로운 마법의 상자였다.

그날은 여름 방학이 막 시작되던 날이었다. 나는 가족들과 함께 할머니 댁 근처 산을 오르다가 잎사귀 사이로 빛이 새 나오는 오솔길을 발견했다. 그 길은 작은 목소리로 '이리 와'라고 부르는 것 같아서 홀린 듯 이끌려 숲길로 걸어 들어갔다. 한참 걸어가는데, 얼굴에 끈적이는 거미줄이 내려앉았다. 얇은 실이 달라붙는 이상한 느낌에 양팔을 휘저어 거미줄을 떼어내고 바보 같은 비명을 지르며 마구잡이로 달렸다. 순간 '푸드덕!' 커다란 소리를 내며 꿩이 머리 위로 날아올랐다. 아름다운 무지갯빛 날개가 초록 하늘 위로 흩어지는 모습에 나의 눈은 커지고 심장은 미친 듯이 쿵쾅쿵쾅 뛰고 있었다. 얼굴에 감긴 거미줄도 시끄러운 매미 소리도 머리 위로 날아오른 화려한 새까지도. 이 모든 것이 동화 속 세상 같았다. 저 꿩을 따라가면 내가 좋아하는 요정들을 만날 수 있을 거라는 생각에 사라진 새를 쫓았다. 멀리서 나를 부르는 엄마의 목소리에 막 시작되려던 모험은 막을 내렸지만, 아직도 눈을 감으면 그 숲이 생생하게 떠오른다. 처음 가 보는 새로운 장소와의 만남은 작은 아이였던 나에게 꿈을 심어주었다. 아마도 이때 나는 여행과 사랑에 빠져버린 것 같다.

학생이 된 나는 소설을 자주 읽었다. 활자로 만든 세계의 주인공들은 늘 나에게 여행을 떠나라고 말하고 있었다. 〈비밀의 정원〉의 숨겨진 문, 이집트 미라의 기괴한 전설들을 읽으며 언젠가는 신비로운 장소에 다

시 한번 발을 들이리라 결심했다. 그랬던 몽상가는 어른이 되어 회색 책상에 앉아 열심히 일하는 회사원이 되었다. 다정한 동기들, 그리고 멋진 선배들과 지지고 볶으며 생활하다 보니 어느새 10년이 넘는 세월이 훌쩍 지나가 있었다. 나의 회사 생활은 사람과 사람의 관계에 대한 여행이었다. 상사의 업무 스타일과 회사의 규정이라는 가이드북을 따라 짜여진 환경에 나를 맞춰가는 긴 여행길을 헤메이면서 온 것 같다. 이제는 젊은 날을 대부분 보냈던 책상 위의 삶을 마치고, 나만의 여행을 떠날 기회를 얻게 되었다. 소중한 것을 잃어버리고, 가지고 있던 많은 것들을 버리고 나니 오직 나를 위한 시간이 생긴 것이다.

이 소중한 시간에 내가 가장 좋아하는 것을 하기로 했다. 바로 어릴 적부터 꿈꿔온 나의 가장 큰 버킷리스트, 여행을 기록하는 사람이 되기로 한 것이다. 혼자서 떠나는 여행도 좋았지만, 이제는 동반자가 생겨 나의 여정을 함께해 주고 있다. 여행 취향이 너무나도 잘 맞는 나의 베스트 프렌드, 나의 짝꿍, 그리고 나의 전부 남편을 여행 친구 삼아 그동안 많은 장소를 함께 다녔다. "어느 장소가 제일 가고 싶어?"라고 물어보았더니 "너랑 같이 가면 어디든."이라는 바보 같은 답을 하는 바람에 내 마음대로 여행지를 선택하게 되었다.

아무도 나를 모르고 처음 만나는 낯선 장소를 가게 되면 왠지 모르게 용감해지곤 한다. 타인에게 상냥해야만 했던 나는 여행을 떠나면 나에게만 상냥한 사람이 된다. 내가 먹고 싶은 것을 먹고, 내가 보고 싶은 것을 보고, 온전히 나를 둘러싼 것을 느끼기 위해 걷는다. 나에게 여행이란 자신을 잊을 수 있음과 동시에, 진정한 나를 찾을 수 있는 곳으로 가는 것이다.

이제 원하면 떠날 수 있는 어른이 된 나는 아직도 그때의 꿈을 꾼다. 언젠가는 〈빨간머리 앤〉의 녹색 지붕 집, 소설 〈토지〉의 서희가 바라보던 하동 마을, 세상의 끝이라 불리는 파타고니아까지 상상 속에 그리던 장소에 가서 새로운 나를 발견하기를 바라며, 그 길이 들려준 이야기를 여러분들의 귀에 속삭여 주고 싶다.

사람들이 많이 찾는 유명한 장소보다는 내 사람들과 있을 수 있는 조용한 장소, 스스로가 주인공이 되는 곳들을 찾아서 독자들에게만 살짝 알려드리려고 한다. 돌아갈 곳이 있어 행복한 우리는 인생이라는 책에 글을 남기는 여행자이다. 모험을 꿈꾸던 어린 소녀를 위해, 여행의 기억으로 오늘을 살아가는 나를 위해, 현실을 열심히 버텨내고 있는 우리를 사랑해 주기 위해 떠나자.

2021년 10월

소유리

THEME TRAVEL

카레부부가 추천하는
테마별 인생 여행지

여행을 떠나면 몰랐던 서로의 취향을 알 수 있다. 아름다운 풍경을 좋아하는 사람, 신나는 액티비티를 즐기는 사람 등 모두 각기 다른 여행 스타일이 있을 것이다. 우리나라에 숨어 있는 이국적인 풍경부터 사색에 잠기며 걷는 트레킹까지, 카레부부가 다녀온 여행지 중에서 계절과 이야기에 따라 색색으로 변하는 아름다운 인생 여행지를 소개한다.

테마 여행 01 카레부부의
이국적인 여행지

경기 파주
벽초지 수목원

 BUCKET LIST '비밀의 정원' 산책해 보기

마치 프랑스의 아름다운 정원에 온 듯한 착각이 드는 유럽식 정원 '벽초지 수목원'. 설렘, 신화, 모험, 자유, 사색, 감동의 주제로 꾸민 27개의 동서양 정원이 계절마다 아름다운 꽃을 피우며 우리를 기다리고 있다.

충남 태안
신두리 해안 사구

 마법 양탄자를 타고 아라비안나이트 속으로 들어가 보기

한국에도 사막이 있다? 신두리 해안 사구에 도착하면 보기 전에는 믿기 어려운 사막의 판타지, '아라비안나이트'가 펼쳐질 것이다. 낙타가 모래밭을 돌아다닐 것만 같은 신비한 장소, 해안 사구로 떠나 보자. (P. 058)

전남 신안
순례길

 진정한 '나'를 찾아 떠나는 순례길 걸어 보기

신안의 작은 섬에는 그리스도의 12사도를 모티브로 한 예술 작품이 길을 따라 세워져 있다. 스페인에 산티아고 순례길이 있다면, 한국에는 신안 순례길이 있다고 한다. 아름다운 섬티아고길을 걸으며 사색에 잠겨 보자. (P. 151)

전남 여수
국가산업단지 야경

 눈부신 미래 도시로 여행을 떠나 보기

여수의 야경이 유명한 이유는 24시간 쉬지 않고 돌아가는 국가산업단지에서 뿜어내는 빛이 있기 때문이다. 어릴 적 영화에서 보았던 미래 도시가 떠오르는 이곳, 한밤중에도 눈부시게 빛나는 다이아몬드 시티를 감상해 보자. (P. 372)

THEME TRAVEL

카레부부의
로맨틱한 여행지

테마 여행 02

충북 충주시
충주호 캠핑

BUCKET LIST **단둘만의 공간에서 야외 취침해 보기**

한국의 알프스라고 불릴 만큼 아름다운 자연 경관을 자랑하는 충주의 호숫가에서 사랑하는 사람과 야외 취침을 해보자. 캠핑 준비는 쉬운 일이 아니지만 그만큼 사이가 돈독해지고 잊지 못할 즐거운 추억도 남길 수 있다. (P. 360)

경북 경주
야간 투어

천년 고도 경주에서 로맨틱한 야간 데이트하기

찬란한 신라 문화를 간직한 경주의 아름다운 유적지를 걸으며 로맨틱한 야간 데이트를 해보는 것은 어떨까? 추천 데이트 코스는 경주 첨성대부터 시작해서 동궁과 월지, 대릉원, 월정교까지. 낮보다 더 눈부시게 빛나는 신라의 로맨틱한 달밤을 느껴 보자. (P. 047)

전남 담양
담양 관방제림

아름다운 달이 떠오른 관방제림길을 산책하기

영산강을 따라 300년 이상 된 나무들이 빼곡하게 자라나, 그 아름다운 모습 덕분에 천연기념물로 지정된 산책로가 바로 관방제림이다. 건너편 영산강 문화 공원의 산책로에는 어여쁜 초승달 의자가 놓여 있다. 의자에 앉아 사진을 남기며 서로의 빈자리를 채워주는 초승달 연인이 되어 보자. (P. 070)

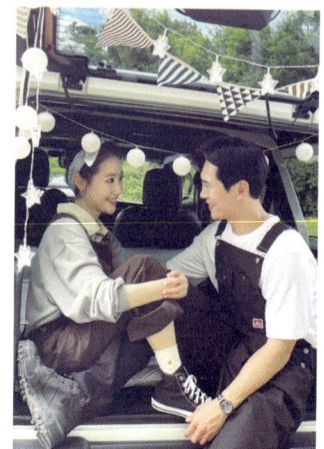

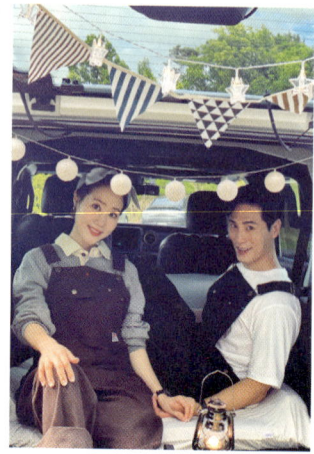

충남 서산

차박, 캠핑

BUCKET LIST

어른들의 소꿉놀이해 보기

충남 서산에는 캠핑이나 차박하기 좋은 넓은 들판이 있다. 천혜의 자연 속에서 알콩달콩 어른들의 소꿉놀이를 즐겨 보자. 메타세쿼이아 길을 산책하기도 하고, 맛있는 음식을 만들어 먹기도 하며, 별이 쏟아지는 밤하늘 아래에서 하루를 마무리해 보자.

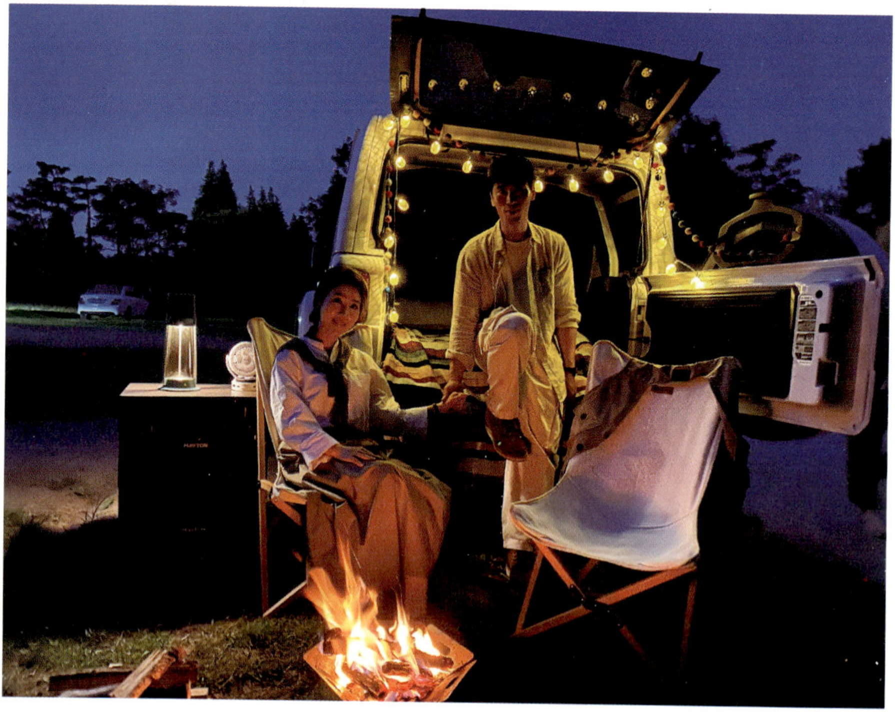

THEME TRAVEL

테마 여행 **03**

카레부부의
'서울' 뷰 맛집

| 서울
서울로 7017

 **장미길을 따라 서울의 여름밤 산책해 보기**

서울역 앞에 조성된 고가 도로 '서울로 7017'에서 노을을 바라보면, 새삼 서울이 얼마나 아름다운 도시인지 실감하게 된다. 화려하게 빛나는 서울의 야경을 볼 수 있는 곳으로, 낮보다는 오후 시간에 방문하기를 추천한다.

서울
응봉산

 드라마 속 여주인공처럼 차 한잔하며 서울 내려다보기

서울 뷰 명소로 유명한 응봉산. 그 정상에서 바라보는 서울의 모습은 마치 드라마 주인공이 사색에 잠겨 창밖을 바라볼 때 보이는 풍경과 닮았다. 그만큼 아름다운 풍경을 자랑하는 곳이며, 중랑천부터 서울숲까지 이어지는 한강의 모습을 한눈에 담을 수 있는 것이 특징이다.

서울
낙산 공원

 아기자기한 골목길을 따라 뷰 맛집 찾아가 보기

아기자기한 벽화와 오래된 상점들이 가득한 이화동 벽화마을을 따라 산책을 즐겨 보자. 벽화마을을 구경한 후 낙산 공원을 오르면 창신동과 숭인동의 정겨운 풍경이 한눈에 내려다보일 것이다.

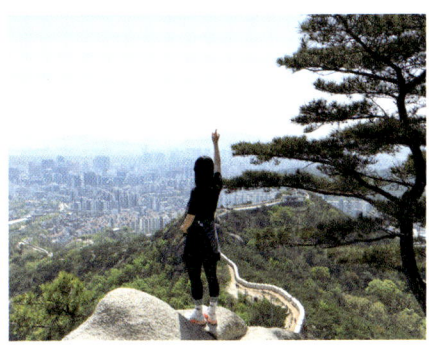

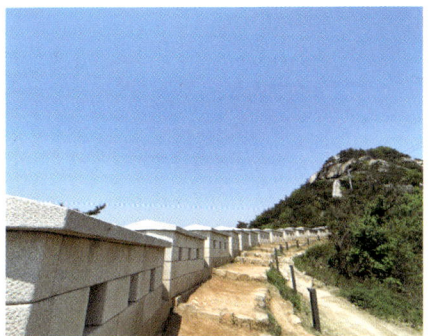

서울
인왕산 자락길

BUCKET LIST

'등산 + 뷰 포인트 + 맛집' 세 마리 토끼 잡으러 가기

등산도 하며 서울의 중심부를 내려다보면서 맛있는 음식까지 먹고 싶다면? 인왕산으로 떠나 보자. 완만한 등산로를 따라 올라가다 보면 '서울 한양 도성길'의 성곽과 아름다운 전경을 볼 수 있을 것이다. 등산 후 수송동 계곡으로 내려와 맛있는 식사를 해보자.

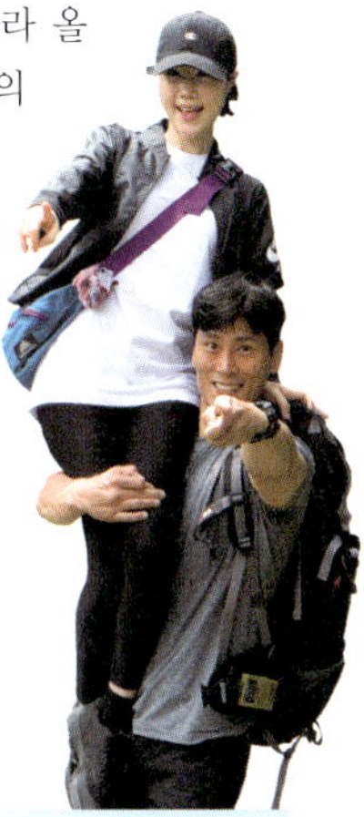

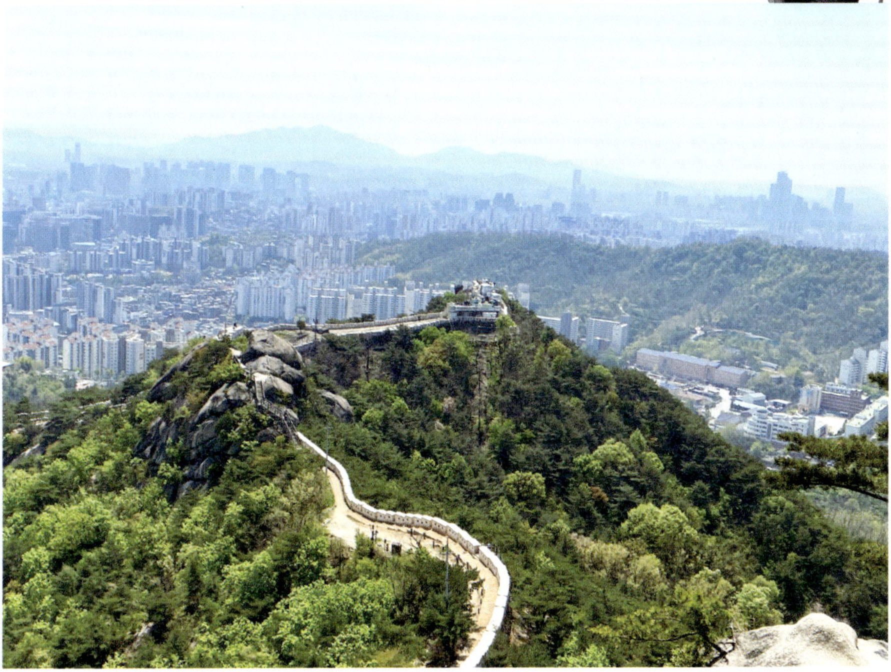

THEME TRAVEL

카레부부의
문학 투어

테마 여행 04

경남 하동
박경리 문학관

 소설 〈토지〉의 주인공,
그 여인의 뜨거운 삶 속으로 들어가 보기

하동 평사리의 만석꾼, 최 참판 댁 이야기를 담은 소설 〈토지〉의 작가를 기념하는 '박경리 문학관'을 방문해 보자. 구한말 어지러운 세상을 당당하게 헤치며 살아가는 강인한 여성들의 모습을 볼 수 있을 것이다. [P. 304]

서울
삼청동

 골목골목 숨겨진 언어의 보물, '시' 찾아보기

아름다운 한옥으로 둘러싸인 감성적인 거리 삼청동을 걷다 보면 벽에 새겨진 아름다운 시구들을 볼 수 있을 것이다. 시가 못처럼 박힌 거리를 걸으며 숨은 보물을 찾아보자. [P. 342]

전남 담양
명옥헌 원림

 나희덕 시인의 〈방을 얻다〉가 탄생한 집 찾아가 보기

교과서에도 실린 시 〈방을 얻다〉의 배경이 된 집은 바로 명옥헌 원림으로 가는 길에 있다. 시 속에 묘사된 그대로, 들꽃이 피어난 마당과 정겨운 한옥의 모습을 눈앞에서 생생하게 볼 수 있을 것이다. [P. 120]

제주
이생진 시비 거리

BUCKET LIST · **제주 바다가 부르는 노래 들어 보기**

　제주도 성산항으로 가는 길목에서는 시인 이생진 시비 거리를 만날 수 있다. 제주도에 홀딱 반해 그 아름다움과 처연한 슬픔을 순수하게 노래한 시인 이생진. 그의 시집 〈그리운 바다 성산포〉는 40년이 지난 지금도 여전히 사랑받고 있다. [P. 172]

THEME TRAVEL

○ ○ ○ ○ ● ○

테마 여행 05 카레부부의
가족 여행

경기 포천
아트밸리

 아이와 어른, 모두 즐거운 애벌레 케이블카 타 보기

방치되었던 폐채석장이 문화와 예술이 접목된 친환경 공간으로 재탄생했다. 귀여운 애벌레 케이블카를 타고 정상에 올라가면 천문대와 에메랄드빛 호수를 만날 수 있다. 온 가족이 함께 즐기기에 좋은 공간이다. (P.199)

충북 충주
수주팔봉

수주팔봉 바라보며 달천에 발 담가 보기

우뚝 솟은 8개의 봉우리 수주팔봉을 너른 물줄기가 'ㄷ' 자 형태로 휘감아 돌고 있다. 이곳은 '최고의 물맛'이라고 불리는 달천이다. 신비한 경치를 자랑하는 수주팔봉을 배경으로 시원한 달천에 발을 담가 보자. [P. 363]

경기 수원
수원 화성

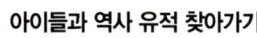
아이들과 역사 유적 찾아가기

유네스코 세계 문화유산으로 지정된 수원 화성은 우리나라 성곽 기술과 문화를 나타내는 대표적인 문화재다. 당시의 높은 건축 기술과 미적 센스를 모두 담고 있는 자랑스러운 유산으로, 그 웅장한 자태를 눈에 담으면 절로 감탄이 나올 것이다. [P. 274]

서울

경춘선 숲길, 화랑대 철도 공원

BUCKET LIST

온 가족이 야간 기차 여행 떠나 보기

경춘선은 일제 강점기 때 우리 민족의 자본으로 만든 최초의 철도 시설로, 2010년 12월 폐선이 되었다. 그중 화랑대역은 폐지되고 난 후 철도 공원으로 거듭나 철도 역사관과 체험 공간이 생겼다. 밤에는 눈부신 불빛 정원으로 변해 가족과 연인들이 언제든 쉬어갈 수 있는 쉼터를 제공하고 있다.

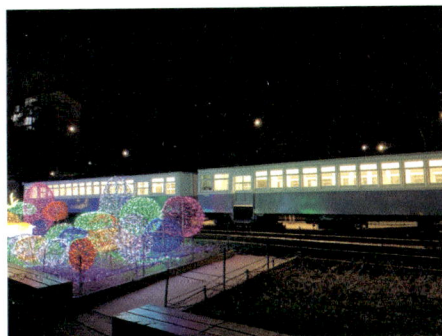

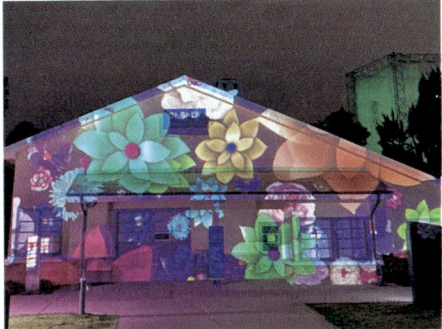

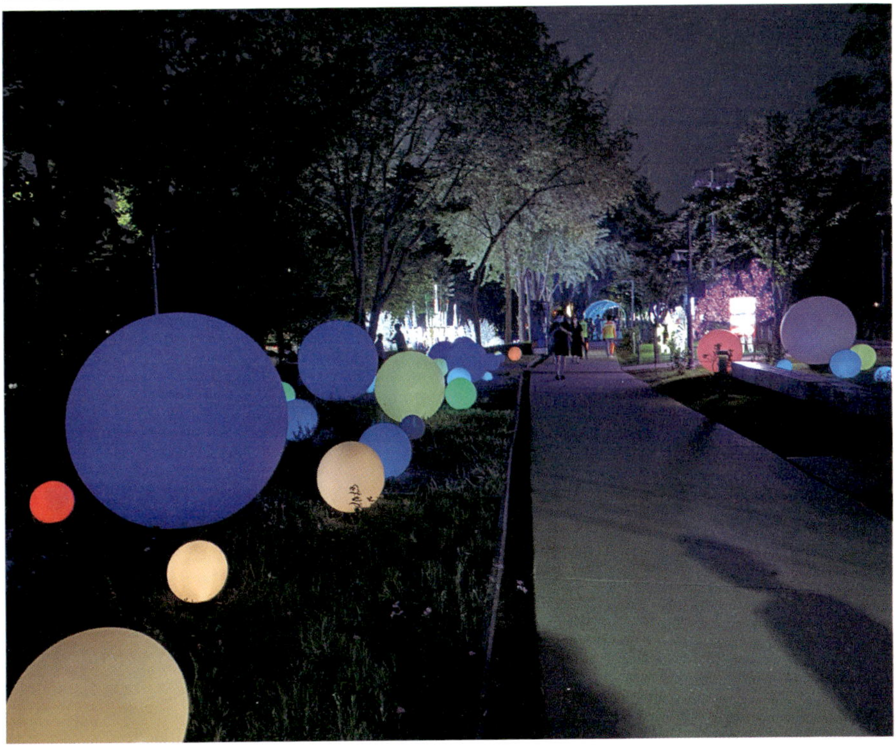

THEME TRAVEL

○ ○ ○ ○ ○ ●

 카레부부의
걷는 길(트레킹)

테마 여행 06

| 제주
성산·오조 지질 트레일

 제주도의 테마를 정해 걸어 보기

　　제주 각 마을의 역사, 문화, 신화 등 다양한 이야기를 접목해 만든 길을 지질 트레일이라고 한다. 그중에서 성산 일출봉이 보이는 성산·오조 지질 트레일은 해양 문화를 테마로 하고 있는데, 아름다우면서도 가치 있는 제주도를 만날 수 있을 것이다. [P. 172]

부산
절영 해안 산책로 갈맷길

BUCKET LIST 시원한 바닷바람 맞으며 트레킹하기

'한국의 포시타노'라고 불리는 아름다운 흰여울 문화마을을 지나면 절영 해안 산책로–갈맷길이 이어진다. 트레킹 초보들도 충분히 걸을 수 있는 평탄한 길로, 눈부시게 아름다운 바다 풍경과 하얗게 부서지는 파도 위로 내려앉은 석양을 볼 수 있는 곳이다. [P. 333]

강원 평창
딴봉마을 산책로

BUCKET LIST 바닷바람을 맞고 자란 소나무숲에서 힐링하기

시원한 바닷바람 사이로 향긋한 솔향기가 담겨 오는 길, 바로 딴봉마을 산책로이다. 해송이 가득한 숲에서 뿜어져 나오는 피톤치드를 느끼며 산림욕을 해보자. [P. 206]

경기 고양
행주산성

BUCKET LIST 우리 민족의 역사를 따라 걸어 보기

행주산성은 임진왜란 때 왜군을 상대로 승리를 거둔 장소이다. 행주산성이라 불리는 이유는 부녀자들이 치마를 잘라낸 천에 돌을 나르고 던지며 싸웠기 때문에 붙은 이름이라고 한다. 우리의 선조들이 치열하게 싸워 지켜낸 영광스러운 장소를 방문해 보자.

여행의 재미 ①

여행 동선 짜기

결혼한 후 처음 여행을 갔을 때 일이다. 우리는 가고 싶은 곳을 여러 곳 고른 다음 순서는 무작위로 정해서 출발했다. 그런데 여행지끼리의 거리가 생각보다 멀어서 하루의 대부분을 이동하는 데 사용했다. 심지어 다음날 가고 싶었던 장소는 숙소에서 멀리 떨어진 곳이라 한두 군데만 보았을 뿐인데 벌써 문 닫을 시간이 되어 버렸다. 기대했던 첫 여행은 그렇게 비효율적으로 아까운 시간을 도로 위에서 무의미하게 사용했다. 여행의 동선을 짜지 않고 무작정 가고 싶은 장소만 나열했기 때문이다. 여행을 할 수 있는 시간은 정해져 있다. 시간 내에 가고 싶은 장소로 이동하는 시간을 최소한으로 줄이고, 효율적이고 즐겁게 여행을 즐기는 것. 그게 바로 동선을 짜야 하는 이유이다.

STEP 01
여행을 가기로 한 지역 안에서 가고 싶은 여행지를 여러 곳을 정한다.

STEP 02
지도 앱을 이용해서 가고 싶었던 여행지의 주소를 모두 지정해서 나열하면 이동하는 루트와 거리가 나온다.

STEP 03
지도 앱에 나타난 여행지의 위치를 확인해서 가까운 지역과 먼 지역을 구분한다.

"너랑 같이 가면 어디든."

여행은 준비하면 준비한 만큼 알차고 편하게 즐길 수 있다. 처음 여행을 시작할 때는 동선의 중요성을 모르고 마음 내키는 대로 돌아다니기도 했다. 덕분에 우연히 보물처럼 발견한 장소들도 많았지만 사회인이 된 이후로 여행을 할 수 있는 시간도 체력도 많이 줄었다. 짧은 시간 안에 많은 경험을 하고 싶다면 동선을 고려하는 것이 가장 중요하다. 그러나 여행을 하다 보면 계획한 대로 흘러가지 않을 때가 있다. 안내와 다르게 문을 닫은 관광지도 있고, 기껏 찾은 식당이 주인의 사정으로 문이 닫혀 있기도 하다. 그런 소소한 일들이 여행에서는 종종 일어나기도 한다. 그럴 때를 대비해서 차선으로 가고 싶은 곳들을 체크하는 것도 좋다. 여행지에 대해 미리 알아보고 휴무일을 꼭 체크해서 더 즐거운 여행을 만들어 보자.

인생 샷 남기기

요즘 여행에서 빠질 수 없는 것 있으니, 바로 '인생 샷'이라고 한다. 누군가 올린 멋진 사진을 보고 마음이 끌려 그 장소로 떠나기도 한다. 구구절절한 설명보다 한 장의 사진이 더 임팩트가 강한 요즈음, 많은 사람이 SNS의 이미지를 통해 소통을 시작했다. '#해시태그'로 원하는 장소를 넣기만 하면 어디에서 예쁜 사진을 찍을 수 있는지, 어느 곳의 풍경이 특히 아름다운지 수많은 사진과 정보들이 핸드폰 위로 떠 오른다. 그렇지만 인생 샷을 남기기는 쉽지 않은 일이었다. 유명한 사진 포인트에는 이미 수많은 사람이 줄을 서서 기다리고 있고, 내가 본 사진과 다르게 나오기도 해서 실망하기도 한다. 그렇지만 사진 속에서 보던 아름다운 장소를 내 눈으로 직접 보는 감동, 나의 아름다운 한때를 기록할 수 있는 인생 샷을 찍는다는 것은 아름다운 추억을 오래도록 간직하는 일이기도 하다.

01 함께 찍어야 예쁘다

둘이서 여행을 떠나면 함께 찍은 사진을 남기기 힘들다. **주변 사람에게 부탁하기도 힘드니 삼각대와 블루투스 리모컨을 챙겨 가서 예쁜 장소를 선택해 함께 찍은 사진을 남겨 보자.** 둘이, 혹은 여럿이서 자연스럽게 찍다 보면 사진의 생동감이 높아질 것이다. 커플이라면 둘만의 특정 포즈를 정해서 여행지마다 재미있고 특색있는 커플 샷을 남겨보자.

서로의 인생 샷을 찍어주자 02

사진을 찍을 때 배경을 한번 보고, 찍을 때 카메라 속에 담긴 인물과 눈을 맞추면서 찍으면 인상 깊은 사진을 찍을 수 있을 것이다. 또 **상대방을 향해 방긋 웃으면서 촬영하면, 찍히는 상대방이 내 웃는 얼굴을 보고 자연스럽게 미소를 지어준다.** 그래서 사랑하는 사람이 찍어줄 때 평소보다 더 자연스럽고 분위기 있는 사진이 나오기도 한다.

03 포즈와 빛을 이용하기

카메라 렌즈를 인물의 얼굴 아래로 가도록 배꼽 정도에 두고 상체를 뒤로 기울여서 찍어 보자. 피사체의 비율이 좋게 나올 것이다. 정면 포즈도 좋고, 얼굴에서 좀 더 자신이 있는 쪽이 나오게 해서 비스듬하게 포즈를 취해도 좋다. 또, 사진에서 가장 중요한 것은 조명이라고 했다. <u>햇볕이 좋은 날 자연광을 이용하면 특히 사진이 잘 나온다.</u>

다양한 모드와 앱의 활용　　04

다양한 모드와 앱을 사용해 보자. 인물 사진 모드를 이용할 경우 DSLR 카메라로 찍은 듯, 좀 더 선명한 사진을 남길 수 있다. <u>앱을 이용해 색 보정을 하면 동화 속의 삽화처럼 환상적인 색 배경을 얻을 수 있다.</u>

SNS에서 유명한 어느 커플은, 여행을 가서 마음에 드는 사진이 나올 때까지 계속 사진을 찍는데 사진이 못 나오면 여자 친구가 남자 친구를 혼낸다는 이야기를 들은 적이 있다. 그만큼 사진 찍는 사람의 준비와 애정이 없으면 인생 샷을 찍기 어려운 법이다. 사진에 대해 얼마나 이해하는지, 상대방에게 관심과 애정이 있는지, 그리고 인내심이 있는지에 따라 사진은 얼마든지 달라진다. 사진을 찍는 것도 공부와 노력이 필요하다. 여행을 다니면서 많이 찍다 보면 실력이 늘어날 것이다. 사실 사진을 찍는 것은 귀찮고 힘든 일이기도 하지만, 아름다운 인생의 한순간을 잊지 않고 계속해서 떠올릴 수 있는 수단이기도 하다. 좋아하는 사람들과 소중한 시간을 기록해 보자.

여행의 미미(美味)

현지의 맛집을 찾는 방법

여행의 묘미는 바로 그곳에서만 먹을 수 있는 신선한 재료와 여행지의 특색을 살린 맛집을 찾아가는 게 아닐까? 한국인들은 여행을 가면 현지인들에게 제일 처음 "이 동네 맛집이 어디예요?"라고 묻는다는 말이 있듯 맛있는 음식을 먹는 미식 여행에 큰 의의를 둔다. 우리에게 맛없는 음식을 돈을 내고 먹는 것은 여행에 대한 배신이며, 돈을 아끼지 못하는 바보 같은 행위일 것이다. 그렇지만 처음 방문하는 곳에서는 맛있는 식당이 어디인지 모르는 것은 당연하다. 인터넷에 넘치는 정보와 홍보가 아닌 듯 홍보하는 식당들 때문에 제대로 된 맛집을 찾지 못하면 기분만 상하기도 한다. 여행을 다니며 항상 맛있는 음식을 먹을 수는 없겠지만, 그래도 되도록 많은 맛집을 찾는 노하우를 공유하고 싶다.

01 현지인에게 물어보기

민박, 펜션, 호텔 등의 숙소에서 직원에게 물어보는 방법이 있다. 먼저 이 지역에서 거주하는지 물어본 후, 현지인들이 자주 가는 맛집을 추천해 달라고 부탁한다. 근처의 주민 센터나 경찰서 지구대 등에 들러 공무원에게 길을 물으며 덤으로 맛집을 문의한다. 이곳에 근무하면서 다져진 점심 선택 능력, 회식 등으로 단련된 그들에게 맛집 추천은 누워서 떡 먹기일 것이다. 여행지에서 택시를 탈 경우, 택시 기사에게 문의하면 가성비 좋은 식당을 추천해 주시기도 한다. 또, 전통의 맛을 오래도록 지키는 곳은 간이 심심하거나 천연 조미료 쓰고 옛 조리법을 고수하는 곳들이 많다. 달고 맵고 짠 음식을 좋아하는 친구들에게는 조금 심심하다고 느낄 수도 있겠지만, 그렇지만 오래 사랑받아 온 식당은 이유가 있는 법 신선한 재료를 사용해 깊고 건강한 맛을 느끼고 오는 것도 좋은 경험이 될 것이다.

02 카카오 내비게이션을 이용하기

처음 가는 여행지에서 맛집을 찾기 어려울 때 카카오 내비게이션 앱을 활용해 보자. 지역을 검색하고 도착지로 지정하면 이동 경로가 표시되는 창이 나오는데, 여기에서 '주변 정보'를 클릭한다. 주변 정보에 주차장, 주유소, 음식점 등이 나오면 그중에서 음식점을 클릭한다. 또는 검색창에 바로 음식점, 식당, 횟집, 한식, 중식 등 먹고 싶은 메뉴를 넣어 검색해도 좋다. 나열된 식당 중 '저장 00명'을 확인한다. 맛이 좋은 식당은 많은 사람이 방문한 후에 '저장'을 누른다고 한다. 따라서 저장 수가 적을수록 검증이 안 되었거나 맛이 없을 확률이 높고, 저장 수가 높으면 맛집일 가능성이 크다. 저장 수가 80~100명 이상인 집을 추천하며, 근처에서 유명한 맛집은 저장이 500개 이상인 곳들도 있다. 단점은 너무 수치가 높은 집은 대기해야 하는 경우가 많았다. 상세 정보에 식당에 대한 간략한 정보가 나와 있다. 만약 정보가 없으면 전화번호를 클릭해 통화하여 영업 시간과 브레이크 타임, 휴무일을 확인해서 방문해 보자.

03

구글 맵 이용하기

구글 맵에 'OO동 맛집 / OO역 맛집 / OO지역 고깃집 / OO동 횟집 등으로 원하는 키워드를 정확히 입력한다. 구글 맵의 상점 리뷰는 기존의 블로그, 카페, 별스타그램, 얼굴북, 너튜브 등의 소셜 미디어와 다르게 대가를 받고 작성할 수 없다. 구글 아이디로 접속하여 본인 인증 후 '지역 가이드'라는 명칭을 얻고, GPS로 방문지가 자동 체크되면 알람이 떠서 그 지역의 평가를 물어본다. 식당을 방문할 경우 느낀 대로 솔직한 별점과 사진, 맛 등을 남기는 시스템이다. 덕분에 돈을 들여 홍보하는 식당도 없다. 실제로 방문하여 먹어 본 사람, 구글 맵의 맛집에 도움을 받은 사람, 이 근처의 지역 가이드 등이 글을 쓰기 때문에 믿을 만한 부분이 많다. 아직 자본주의에 물들지 않은 시스템으로 찐 맛집을 찾을 수 있는 곳이라고 느낀다. 개인적인 경험으로 처음 방문한 지역에서 구글 맵을 이용하여 찾은 식당 중, 별점 4.5 이상을 받은 식당에서는 맛이 없다고 느낀 식당이 없었다. 4.3 정도이면 꽤 괜찮다고 느낄 것이며, 4.0 이상이면 먹을 만한 정도라는 생각이 들 것이다. 별점을 확인한 후 가격대를 보고 가성비를 따져 결정하는 것을 추천한다.

04

맛집 블로거 따라 하기

SNS에서 본 화려한 음식의 비주얼에 이끌려 찾아갔다가 비싼 값만 내고 맛없는 식사를 한 경험이 있을 것이다. 또는 맛집 블로거가 좋다고 한 식당이라고 해서 믿고 찾아갔다가 실망한 적도 있을 것이다. 이런 경우는 사진에 혹해서 갔지만 비주얼만 좋았거나, 블로거와 나의 입맛이 다를 경우이다. 맛집 블로거의 블로그를 탐방하다 보면 나와 입맛이 비슷한 사람을 찾을 수 있다.
일례로 나는 살짝 달콤하고 고소한 맛을 아주 좋아한다. 남편의 경우 맵고 감칠맛 나는 국물이 있는 음식을 맛있다고 친다. 내가 좋아하는 맛집 블로거는 달달한 디저트와 고소한 맛이 나는 크림소스가 기본이며 심심한 맛을 좋아하는 사람이다. 때때로 그 블로그에 찾아가 이것저것 검색하는데 그분이 추천하는 맛집은 대부분 내 입에도 잘 맞았다. 남편의 경우 매콤하고 시원한 음식을 좋아하는 중년 남성 회사원의 블로그에서 맛집을 찾는데 꽤 잘 맞는 편이다. 나와 비슷한 입맛을 가진 블로거가 추천하는 맛집을 간다면 맛있는 식사를 할 성공 확률 100%!

맛집은 마치 보물 지도 같아서, 어딘가 한 군데를 찾고 나면 보물을 찾은 듯 기분이 좋아진다. 그렇지만 여럿이 함께 식당에 가게 되면 누구는 맛있게 먹고 누구는 입맛에 안 맞을 수 있듯 모든 사람의 입맛을 맞추기는 힘들다. 위의 방법을 적절하게 활용해서 즐거운 여행길, 즐거운 맛집 투어가 되면 좋겠다.

ROMANTIC TOUR

사랑하는 사람에게 선물하는 여행

사랑하는 사람과 꼭 해야 하는 것이 있다. 그것은 바로 둘만 오롯이 있을 수 있는 장소로 떠나는 것. 좋은 장소에 사랑하는 사람과 함께 가는 것은 평생의 추억이 된다. 커플은 추억과 함께 성장한다.

PART 1.

서울 | 길상사, 북정마을
경북 경주 | 신라의 로맨틱 달밤 투어
충남 태안 | 신두리 해안 사구, 파도리 해수욕장
전남 담양 | 담양 국수 거리, 관방제림 야간 투어
전남 신안 | 퍼플 섬(반월도·박지도)
제주 | 해맞이 해안로 드라이브 코스, 안돌 오름 비밀의 숲
제주 | 왈종 미술관, 사려니숲길 유채꽃밭

시인의 연인이 되어 보는 낭만적인 하루
길상사, 북정마을

'맑고 향기롭게'. 성북동 주택가 한 틈에 자리한 사찰, 길상사를 소개하는 말이다. 매해 꽃무릇이 아름답게 피어나면 길상사에 다녀오곤 했다. 성북동을 지나는 길에 아름다운 꽃무릇을 보여주고 싶어 남편을 데리고 길상사를 방문했다. 일주문을 지나 너른 마당으로 들어서자 짙은 색 나무 기둥과 어두운 색 기와가 얹힌 한옥이 보였는데, 그 분위기가 사뭇 고풍스럽고 우아했다. 교각을 지나자 시주 길상화를 기린 공덕비와 함께 '나와 나타샤와 흰당나귀'라는 시가 쓰여 있었다. 백석 시인의 시가 왜 이 절에 적혀 있는 것일까? 남편은 음미하듯 천천히 시를 읽어보고는 이 시가 어떤 내용인지 궁금해했다. 가난한 내가 아름다운 여인을 사랑하지만, 함께 할 수 없어 눈 내리는 날 하얀 당나귀를 타고 그녀와 산골로 떠나 살고 싶다는 마음을 담은 사랑의 시라고 말해 주었다. 우리는 슬픈 연인의 이야기가 담긴 길상사에 핀 아름다운 꽃무릇을 바라보았다.

✅ 추천 코스 한눈에 보기

① 길상사
- **자동차** ① 서울역에서 청파로 962m → ② 세종대로 1.3km → ③ 삼청로 2.6km (약 24분 소요)
- **대중교통** ① 지하철 4호선 서울역에서 한성대입구역 하차 ② 2번 출구에서 도보 178m 후 마을버스 성북02번 승차 → ③ 길상사 하차 (약 30분 소요)

② 북정마을
- **자동차** ① 길상사에서 선잠로5길 432m → ② 선잠로 488m → ③ 성북로23길 602m (약 6분 소요)
- **대중교통** ① 길상사에서 마을버스 성북02번 승차 → ② 홍익대부속중고등학교입구 하차 후 도보 108m → ③ 홍익대부속중고등학교입구에서 마을버스 성북03번 승차 → ④ 노인정 하차 후 바로 이어짐 (약 12분 소요)

①

COURSE 01
붉은 꽃무릇 감상하며 연인과 산책하기
길상사

    길상사는 온통 붉은 꽃무릇에 둘러싸여 있었다. 서울에서도 꽃무릇이 아름답게 피기로도 유명한 이곳은 조용하고 아름답지만, 왠지 모르게 쓸쓸한 분위기를 풍기고 있다. 길상사는 일제 강점기 시대 시인 백석과 그의 연인 김영한, 그리고 〈무소유〉의 저자 법정 스님, 세 사람의 이야기를 엿볼 수 있는 곳이기도 하다.
    자야 김영한 여사는 일제 강점기 때 '진향'이라는 이름의 기생이었다. 22세가 되던 해, 진향은 회식하러 요릿집에 온 시인 백석을 만났고 둘은 사랑에 빠졌다. 백석은 그녀에게 '죽기 전에는 이별할 수 없다'는 약속과 함께 '자야'라는 아호를 붙여준다. 그러나 둘은 안타깝게 이별하게 되고 그 뒤 한국전쟁이 발발하자 백석은 북에, 김영한은 남에 남게 되어 평생 만나지 못했다. 한국전쟁 당시 김영한 여사는 친일 기업인 백인기의 별장을 사들여 대원각이라는 고급 요릿집으로 바꿔 운영하면서 뛰어난 사업 수완으로 큰 성공과 부를 손에

쥐게 된다. 그 후 법정 스님의 저서 〈무소유〉를 읽고 깊은 감명을 받아 천억 원의 가치에 달하는 대원각 부지를 법정 스님에게 시주했고, 자신은 '길상화'라는 이름을 받게 된다. 막대한 가치의 땅과 건물을 내놓은 것을 후회하지 않느냐는 기자의 질문에 "천억 원이 그 사람 시 한 줄만 못해. 다시 태어나면 나도 시 쓸 거야."라고 답했다고 한다.

백석은 1996년 북한에서 사망했고, 3년 후 1999년 11월 김영한 여사도 길상사 길상헌에서 눈을 감았다. '내가 죽으면 눈 많이 오는 날 뼈를 이곳(길상사)에 뿌려 달라.'는 그녀의 유언대로 유골은 흰 눈이 내리는 날 길상사에 뿌려졌다고 한다. 길상사에 이런 영화 같은 사랑 이야기가 있었다니 이곳이 더욱 애틋하고 애잔해진다.

슬픈 연인의 이야기를 아는지 모르는지, 꽃무릇은 매년 아름답게 피어난다. 석산이라고도 불리는 이 꽃은 사찰 근처의 숲에서 자라며 열매를 맺지 않고 꽃잎이 진 후에 짙은 녹색 잎이 자란다. 꽃과 잎이 서로 만날 수 없어서 꽃말도 '이룰 수 없는 사랑'이라고 한다. 길상사를 천천히 걸으며 절절한 사랑 이야기를 설명해 주니 어느새 남편의 얼굴에는 안타까운 표정이 가득했다. 우리는 그녀의 추억이 가득한 길상사를 천천히 돌아보기로 했다. 중앙에 자리한 극락전을 지나며 두 연인이 하늘에서는 만났기를 기도하며 잠시 묵념했다. 극락전 앞에는 귀여운 꼬마 불상이 장난스런 미소를 띤 채 눈을 감고 앉아 있었다. 오른편에 있

① 주차장에서 보이는 길상사의 모습. 웅장한 기와가 방문객을 맞이한다.
② 길상사로 들어가는 일주문의 웅장한 모습 뒤로 극락전이 보인다.
③ 길상사는 서울에서도 꽃무릇(석산)이 아름답게 피기로 유명한 장소이다.
④ 일주문 앞에 붉은 꽃잎을 드러낸 꽃무릇의 모습이 아름답다.

는 길상 보탑에서 탑돌이를 해보았다. 길상 보탑에는 미얀마의 스님이 직접 출토한 부처님의 사리가 봉인되어 있다고 한다. 원하는 사람이면 누구든 머무르며 명상을 할 수 있는 침묵의 집과 스님들이 참선 수행 중인 길상 선원을 지나쳐서 가장 깊은 곳에 자리한 진영각에 도착할 수 있었다. 진영각에는 법정 스님의 유골이 보존돼 있다. '비움으로 영혼을 채우라.'는 '무소유'를 이야기하셨던 법정 스님의 말이 떠오른다. 막대한 부를 깃털처럼 가볍게 버리고 그리움만 남긴 채 영원으로 떠난 김영한 여사는 이렇게 말했다고 한다.

"저는 죄 많은 여자입니다만. 저는 불교를 잘 모릅니다만. 저기 보이는 저 팔각정은 여인들이 옷을 갈아입는 곳이었습니다. 제 소원은 저곳에서 맑고 장엄한 범종 소리가 울려 퍼지는 것입니다." - 자야 김영한

⑤ 길상사는 대웅전 대신 극락전이라 이름 지은 곳에서 법회가 열린다.
⑥ 길상사 불교 대학 앞에 세워진 비석 속에 부처님이 새겨져 있다.
⑦ 극락전 앞에 세워진 귀여운 미소를 짓고 있는 꼬마 부처님의 모습
⑧ 길상 칠층 보탑에는 미얀마의 스님이 직접 출토한 부처님의 사리가 모셔져 있다.
⑨ 길상사와 한 조각가의 인연으로 세워진 관세음보살상이 사심 없는 얼굴로 우리를 내려다보고 있다.

⑩ 웅장한 종소리가 울려 펴지는 범종각의 모습   ⑪, ⑫ 법정 스님의 유품과 유골이 모셔진 진영각

거친 세월의 풍파 속에서 아무것도 가진 것이 없던 젊은 여인을 버티게 해 준 건 가슴 속에 꺼지지 않던 뜨거운 열정과 잊을 수 없는 단 하나의 사랑이 아니었을까.
 백석 시인과 김영한 여사에 대한 이야기는 아직도 사실인지 아닌지에 대해 이견이 있지만, 진실은 둘만이 아는 비밀이라고 생각한다. 단지 나는 한 여자가 사랑하는 시인의 손을 잡고 눈밭을 거닐고 있기를 바랄 뿐이었다.
 향기로운 길상사는 힘겨운 삶을 강인하고 맑게 살아낸 김영한 여사 그 자체였다. 누군가를 죽을 때까지 생각하고 그리워했던 그녀의 쓸쓸함이 묻어나는 공간에서 우리는 붉은 꽃무릇을 바라보고 있었다. 시인은 아니지만 생각이 많고 감성적인 나의 연인은 "무슨 일이 있어도 너를 꼭 지켜줄게."라고 청혼을 할 때 만큼은 세상에서 가장 멋진 시인이었다. 우리는 이루어질 수 없는 사랑의 주인공은 아니어도, 언젠가는 둘 중 하나가 먼저 떠날 수도 있다는 걸 알고 있다. 우리도 남은 사람을 그리워하며 쓸쓸히 살아가야 하는 때가 올까. 문득 내 손을 잡고 온기를 나누어 주는 그의 얼굴을 보았다. 오랫동안 내 손을 놓지 않기를 바라며 함께하는 지금이 너무나도 소중한 시간이라는 것을 깨달았다.

INFO **주소** 서울시 성북구 선잠로 5길 68 **문의** 02-3672-5945

COURSE 02

문학 속 달동네 <성북동 비둘기> 장소 탐방하기 — 북정마을

　길상사에서 자동차로 5분 거리에 있는 북정마을은 성북동과 한양도성을 둘러볼 수 있는 체험 마을이다. 북정마을 안내도가 있는 성북로 23길을 시작으로 둥글게 이어진 길을 따라 걷다 보면 다시 처음으로 돌아오는 원형 길로 이루어져 있다. 우리는 마치 작은 시골 마을처럼 정겨운 향기를 풍기는 이 마을을 둘러보기로 했다. 감각적인 카페들과 작은 공방들이 이곳에 젊은 예술가들이 모여 살고 있다는 것을 알려주고 있었다. 산비탈에 지어진 북정 마을은 교과서에서 읽었던 김광섭 시인의 작품 <성북동 비둘기>의 배경이 된 곳이기도 하다. 산업화와 도시 개발로 인해 성북동에 원래 살던 가난한 원주민들이 보금자리를 잃고 쫓겨난 슬픔을 나타낸 시로, 현대 문명에 밀려난 이들을 슬픈 비둘기로 비유했다. 골목골목 그려진 하얀 비둘기와 귀여운 벽화들이 눈길을 끌었다.

① 북정마을은 고지대에 있어 산 아래 성북동이 모두 내려다보인다.
② 현대 문명에 밀려난 가난한 토박이들을 위한 시, <성북동 비둘기>가 담긴 비둘기 공원
③ 젊은 예술가들이 모여 감각적인 카페들과 작은 공방들을 열었다.
④ 골목을 지날 때마다 아기자기한 벽화들을 보는 재미가 있다.
⑤ 비둘기 공원을 지나면 좁은 터널 너머 코스모스 계단길이 나타난다.

비둘기 공원을 지나면 코스모스 계단길이 있는데 터널 사이로 보이는 모습이 아기자기하다. 좁다란 골목을 지나면 북정마을에서 꼭 들러야 할 명소인 독립운동가 만해 한용운의 유택인 심우장이 나온다. 심우장은 조선총독부를 등진 방향인 산비탈의 북향으로 지어졌으며, 한용운이 사용하던 방에서는 연구 논문집, 옥중 공판 기록 등이 보관되어 있다. 한용운은 끝내 조국의 광복을 보지 못하고 1944년 심우장에서 생을 마쳤다고 한다. 미로처럼 굽이치는 길목에 자리한 심우장은 현재는 코로나 19의 여파로 잠정적으로 문을 닫은 상태이다. 우리는 내부에 들어가지 못해 안타까웠지만 현관을 통해 고택의 아름다운 모습을 볼 수 있었다.

⑥ 독립 운동가 만해 한용운이 세상을 떠날 때까지 머물던 고택 '심우장'
⑦ 시골집처럼 정겨운 풍경을 지닌 붉은 대문 집

아쉬운 마음을 뒤로하고 돌아가는 길, 어릴 적 자주 갔던 시골 할머니 집이 떠올랐다. 작은 골목골목을 사촌들과 뛰어다니며 술래잡기를 하고 문방구에서 불량식품을 사 먹던 초등학생의 내가 서 있는 듯했다. 마을의 작은 숲속 오솔길부터 처마 밑에서 낮잠을 자는 고양이들까지, 조용한 시골 마을의 분위기에 이곳이 서울이라는 것이 믿어지지 않을 정도였다. 어느새 동네 한 바퀴를 다 돌아 원점으로 돌아온 우리는 어릴 때의 추억에 잠겨 서로의 무용담을 이야기하고 있었다. 아쉬운 마음을 가득 안고 마을을 떠나는 길, 붉은 대문 앞 가득 피어난 여름꽃들이 우리를 배웅해 주었다.

INFO **주소** 서울시 성북구 성북로23길 132-3 **문의** 02-747-2152 ※ 거주 중인 주민들을 배려하여 조용히 관람할 것.

인생샷 포인트

POINT 01 꽃과 우리는 하나가 되어
길상사 일주문

길상사는 늦여름부터 가을까지 꽃무릇이 아름답게 피기로 유명한 장소이다. 일주문을 배경으로 꽃무릇의 군락에서 다정한 사진을 남겨 보자.

POINT 02 그림 같은 풍경 속에서
길상사 송월각

시인 백석과 자야 김영한 여사의 사랑 이야기가 담긴 곳이니만큼, 송월각에서 고풍스러운 기와를 배경으로 로맨틱한 커플 사진을 남겨 보자.

⋯⋯⋯⋯⋯⋯⋯⋯⋯ **HIDDEN TIP** ⋯⋯⋯⋯⋯⋯⋯⋯⋯

TIP 1 함께하면 좋은 여행지

황홀한 서울 야경의 명소
북악 팔각정

북악산 위에 자리한 팔각정은 아름다운 한옥형 정자로, 특히 서울의 야경을 아름답게 볼 수 있어 데이트의 명소이기도 하다. 주변에 감각적이고 맛있는 음식점들도 많다. 북악 스카이웨이길을 드라이브하다가 해가 지면 야경을 보러 방문하기 좋다. 사방이 시원하게 트인 팔각정은 어디를 바라보더라도 아름다운 서울을 감상할 수 있는 뷰 맛집이다. 데이트를 즐기는 연인들을 위한 추천 드라이브 코스는 광화문→창의문길→북악 스카이웨이→팔각정(총 약 10km) 이다.

주소 서울시 종로구 북악산로 267　**문의** 02-6951-3438

TIP 2 추천 맛집

'놀면 뭐하니'(MSG워너비 편) 바로 그곳, 전통 찻집
수연산방

성북동 언덕에 자리한 전통 한옥 카페로, 가장 유명한 메뉴는 단호박빙수와 단호박범벅. 외국인 친구들과 함께 가도 좋다.

주소 서울시 성북구 성북로 26길 8
문의 02-764-1736
운영시간 평일 11:30~18:00, 주말 11:30~22:00
휴무 월요일(당분간 재료 준비로 인해 화요일도 휴무)
가격 단호박빙수 13,500원, 엄마손 순 단호박범벅 12,500원

사계절 먹어도 맛있는 푸짐한 백숙
성북동 누룽지 백숙

성북동과 길상사를 구경한 후 몸보신하러 들르기 좋은 곳. 고소한 누룽지 백숙이 질지지 않고 부드러우며 양도 넉넉하고 깔끔하다. 들깨메밀수제비도 맛이 좋다.

주소 서울시 성북구 성북동 성북로 31길 9
문의 02-764-0707　**운영시간** 11:30~21:00
휴무 월요일　**가격** 누룽지백숙 49,000원, 메밀전 9,000원

경북 경주

내 운명의 연인은 어디에 있을까?
신라의 로맨틱 달밤 투어

화려했던 신라의 천년고도(千年古都) 경주. 좋아하는 사람과 옛 왕국의 도시를 걷는 일은 얼마나 로맨틱할까. 해가 지면 어둠을 뚫고 환한 조명이 비추는 동궁과 월지를 손을 잡고 함께 걷는 것. 이것이야말로 오래 전부터 꿈꾸었던 내 버킷 리스트 중 하나였다. 그래서 이번 경주 여행은 몇 주 전부터 계획해 로맨틱한 야간 데이트에 딱 맞는 동선도 체크해보고 맛집과 한옥 숙소도 광클릭으로 예약했다. 그러나! 기차에 타는 순간부터 자리가 마음에 안 든다며 남편의 불평불만이 시작되었다.

경주역에 도착하자 이번에는 렌터카 찾는 데 시간이 많이 걸렸다고 운전하는 내내 잔소리를 해댔다. 결국 나는 폭발했다. 여행 준비는 아무것도 안 하고 불평만 늘어놓다니! 내가 폭발했음에도 변명을 늘어놓는 그에게, 단전의 힘을 모두 끌어 모아 "나 여행 안 해!"라고 소리쳐 버렸다. 기대가 너무 컸던 탓일까. 꽃길만 걸을 줄 알았던 여행이 갑자기 혹한기로 변해 버렸다. 나의 로맨틱한 '신라의 달밤'은 저 멀리 사라진 걸까.

✔ 추천 코스 한눈에 보기

① 첨성대

자동차 ① 신경주역에서 신경주로 1.1km → ② 외현로 1.5km → ③ 태종로 8.1km (약 20분 소요)

대중교통 ① KTX 신경주역 하차 후 신경주역 버스 60번 승차 → ② 첨성대 하차 (약 30분 소요)

② 동궁과 월지

자동차 ① 첨성대에서 첨성로 545m → ② 원화로 810m → ② 임해로 179m (약 3분 소요)

대중교통 ① 첨성대에서 도보로 474m 후 월성동 주민센터 버스 11번 승차 → ② 동궁과 월지 하차 (약 10분 소요)

③ 월정교

자동차 ① 동궁과 월지에서 일정로 1.5km → ② 교촌길 91m → ③ 교촌안길 182m (약 5분 소요)

대중교통 ① 동궁과 월지에서 버스 10번 승차 → ② 월성동 주민센터 하차 후 도보 1.1km (약 20분 소요)

COURSE 01

총천연색 조명으로 빛나는 문화재 감상하기

첨성대

경주 여행의 시작부터 어긋난 우리는 냉랭하게 툭탁거리다가 시간만 흘려보냈다. 하지만 여행을 계속해야 했기에 정신을 차리고 다시 긴급 화해를 해야 했다. 마침 해가 지는 시간이라 첨성대를 찾아가기로 했는데 다급한 화해인지라 단둘이 걷는 내내 서운한 마음이 쉽게 풀어지지 않았다. 우울한 기분과는 별개로, 경주는 너무나도 화사하게 빛나고 있었다. 드넓은 평야에 빛을 받아 아름답게 반짝이는 첨성대가 사람들에게 둘러싸여 있었다. 신라시대 선덕여왕 시기에 만들어진 경주 첨성대는 천문을 관측하던 건물로, 동양에서 가장 오래된 천문대라고 한다. 별을 관측하는 천문학은 농사 시기를 결정하는 중요한 수단이자, 관측 결과에 따라 나라의 길흉을 점치기도 하여 정치적으로도 중요한 문화재라 할 수 있다.

저녁 6시경이 되자 첨성대를 빛내는 조명이 켜졌는데, 시간마다 색색으로 바뀌는 모습이 너무나도 아름다웠다. 연보랏빛으로 흔들리는 물리와 노란 해바라기 사이에서 영원한 대중의 사랑을 받고 있는 경주의 아이돌 '첨성대'와 함께 사진을 남겼다. 마음에 쏙 드는 사

②

진이 나오자 마음이 흡족해지며 화가 조금 누그러졌다. 아름다운 풍경과 장소가 사람의 마음을 치유해 주는 힘은 대단했다. 아름다운 핑크 뮬리 군락지를 따라 걷다 보니 남편이 슬그머니 손을 내밀었다. 꼭 이렇게 성질을 부려야 말을 듣는 제멋대로인 내 님을 어찌해야 좋을까. 아까 짜증을 냈던 게 미안했는지 사진이 잘 나올 때까지 군말 없이 열심히 찍어주는 그의 모습이 귀엽기도 하고, 풀죽은 모습을 더 보고 싶어 조금은 냉랭하게 굴고 말았다. 남편이 맛있는 계피빵과 황남빵을 사주고 나서야 마음속의 화가 모두 사라졌다. 그제야 못 이기는 척 손을 잡고 어둠이 내려앉기 시작한 경주의 밤길을 산책했다.

① 조명이 켜지기 시작한 오후에 첨성대 앞에서 사진을 찍는 사람들
② 해바라기밭에서 바라본 첨성대. 조명이 푸른 빛으로 바뀌었다.
③ 시간에 흐름에 따라 첨성대의 조명 색이 바뀌는데, 다양한 색으로 빛나는 첨성대의 모습이 아름답다.

 주소 경북 경주시 인왕동 839-1
문의 국립 경주 문화재 연구소 054-777-8800

COURSE 02

바닷속 용궁에 온 듯 풍경 즐기기

동궁과 월지

　고등학교 수학여행 때는 이곳의 이름이 '안압지'였는데 지금은 이름이 바뀌었다. 1980년대에 이곳에서 '월지(月池)'라고 쓰인 파편이 출토되었고, '달이 비치는 연못'이라는 서정적인 뜻이 더 어울린다는 의견에 따라 이름을 바꾸었다고 한다. 동궁은 왕자가 머문 성이라는 뜻. 즉, 신라의 태자가 머물렀던 곳이다. 이름이 무엇이든 포근하고 신비한 밤의 매력에 둘러싸여 은은하게 빛나는 연못과 멋진 풍경이 우리를 사로잡는다. 웅장한 임해전을 바라보며 걷는 길은 아름답다는 말이 절로 나오며, 월지에 비친 동궁의 모습은 마치 바닷 속 용궁 같았다. 궁궐 안의 3개의 섬들은 중국의 명산 '무산'의 봉우리를 본떠 만들었는데, 해중선산인 '봉래, 방장, 영주'를 상징한다. 연못은 바다를 상징하며, 특히 중심부에 있는 임해전은 군신들이 연회나 회의를 하거나 귀빈을 접대하던 곳으로 알려져 있다. 흥미로운 점은 월지에서 발굴된 문화재 중에서 술 게임용 주사위인 '주령구'가 발견되었다는 것이다. 8세기 이전에 만들어진 것으로 추측되는 이 주사위는 14면체(육팔면체)로 이루어져 있으며, 각 면에 여러 가지 벌칙이 새겨져 있었다. 사각형인 면에는 음악 없이 춤추기, 여러 사람 코 두드리기, 덤벼드는 사람이 있어도 가만히 있기 등이 적혀 있고, 육각형 면에는 아무나 노래 시키기, 팔뚝을 구부려 마시기(지금으로 치면 러브샷)의 내용이 담겨 있다. 흥이 넘치는 우리 선조들의 술자리 게임은 천년을 지난 지금까지 이어져 내려오고 있다.

임해전을 지나 섬을 바라보면서 앞으로 좀 나가면 울창한 대숲이 나오고, 그 너머로 기차가 지나가는 소리가 들려왔다. 밤하늘을 가로지르듯 세차게 달려가는 기차를 바라보다 문득 남편의 옆얼굴을 보았다. 내가 가고 싶다는 곳, 하고 싶다는 것은 언제나 다 들어주려는 사람인데, 불평불만이 많았다는 이유로 내가 너무 쉽게 화를 낸 건 아닌지 반성하게 되었다. 우리 주변의 수많은 커플들은 대개 남자들이 아내나 여자 친구에게 혼나고 있었다. 사진을 잘 못 찍었다는 이유가 대부분이다. '아, 다들 비슷하게 사는구나.' 싶어 큭 웃음이 새어 나왔다. 고개를 돌려보니 아름다운 달의 호수 안에는 두 손을 꼭 잡은 연인들이 담겨 있었다.

① 어둠이 내려앉은 동궁과 월지의 화려한 모습. 복원된 건물이라고 한다.
② 동궁과 월지 안의 2호 복원 건물. 내부에는 발굴된 문화재가 보존되어 있다.
③ 조명을 받아 반짝이는 동궁의 모습과 바다를 상징하는 연못과 섬 위의 소나무숲
④ 월지에는 신선이 살고 있다고 전해지는 삼신산을 상징하는 세 섬이 있다.

INFO **주소** 경북 경주시 인왕동 517 | **문의** 054-750-8655 | **운영시간** 09:00~22:00(매표 및 입장 마감 시간 21:30) ※야간 관람객이 많아 마감 시간에 임박하면 입장하기 어려울 수도 있음. **휴무** 연중무휴 **입장료** ① 일반 : 어른 3,000원 | 청소년·군인 2,000원 | 어린이 1,000원 ② 단체 : 어른 2,400원 | 청소년·군인 1,600원 | 어린이 800원

COURSE 03

낭만적인 다리 위에서 운명의 연인 찾기
월정교

　신라의 달밤 투어는 여기서 끝이 아니다. 대망의 하이라이트, '월정교'가 우리를 기다리고 있다. 밤 9시가 가까워지자 상점들은 하나둘 문을 닫고, 도시는 잠들 준비를 하고 있었다. 오늘 우리는 종일 다투느라 커플 사진이 하나도 없었다. 월정교에서는 꼭 둘이서 다정한 사진을 남기고 싶었다. 월정교로 향하는 야간 드라이브는 비현실적으로 아름답다. 웅장하게 솟은 대릉원을 지나 밤에도 빛나는 첨성대와 고풍스러운 동궁과 월지를 스쳐 지나갔다. 경주의 매력적인 밤에 빠져들다 보니 어느새 월정교에 도착해 있었다. 월정교는 통일 신라 시대의 교량으로, 지금의 다리는 조선 시대에 유실된 것을 2018년에 복원한 것이다. 경주 월성과 남산을 연결하는 역할을 하는 이 아름다운 다리는 그만큼 달달한 러브 스토리가 전해온다. 통일 신라 시대 무열왕의 부름을 받은 원효대사는 왕궁으로 향하던 중 월정교에서 발을 헛디뎌 강에 빠지고 말았다. 그때 이곳을 지나가던 요석공주가 그를 발견하고 젖은 옷을 말리자며 요석궁으로 안내했고, 원효대사는 그만 요석공주와 금단의 사랑에 빠지게 된다. 원효는 불교의 계율마저 깨고 공주와 연을 맺어 아들 설총을 얻었는데, 후일 설총은 대학자가 되어 신라의 문자 '이두'를 고안했다고 한다. 원효대사가 정말 실수로 강물에 빠진 것인지, 아니면 공주와의 인연을 만들려고 일부러 빠진 것인지에 대해서는 의견이 분분하다. 나는 강가에서 만나게 된 그 자체가 운명이다에 한 표, 신랑은 요석공주의 시선을 끌려고 일부러 빠진 것이다에 한 표를 던졌다. 과연 어느 것이 사실인지는 1400년 전의 두 사람만이 알고 있을 것이다. 우리는 경주

①

① 조명이 들어와 눈부시게 빛나는 한밤중의 월정교의 모습이 너무나도 아름답다.
② 경주의 밤은 낮보다도 눈부시다. 은은한 조명으로 빛나는 대릉원의 모습을 보러 야간 드라이브를 나서 보자.
③ 벨벳처럼 짙은 어둠에서도 불이 들어온 월정교의 웅장한 모습은 경주의 자랑거리다.

  야간 투어의 마지막 일정인 월정교에서 훈훈한 커플 사진을 남기는 것도 성공했다.
    낮보다 눈부신 밤의 월정교에는 많은 커플이 삼각대를 펴놓고 사진을 남기고 있었다. 경주의 밤은 화려하고 고요했다. 과거의 우아함을 간직한 천년고도는 아름다웠고, 그만큼 행복했어야 할 여행의 시작부터 다투게 된 것은 슬펐다. 월정교에서 만나 사랑에 빠진 요석공주와 원효대사처럼 너무 다른 우리 두 사람도 우연히 만나 달콤한 사랑에 빠지게 되었다. 그렇지만 함께하는 시간이 길면 길수록 다툼이 잦아지고, 오늘처럼 다툰 날은 쉽게 화가 풀리지 않았다. 그래도 아름다운 경주 야간 투어를 하며 데이트를 하다 보니 어느새 천천히 마음이 안정되어 아까 화를 낸 것이 미안해졌다. 솔직하게 서운한 것을 이야기하고 화를 심하게 낸 것에 대해 사과하자, 남편은 오히려 자신이 더 미안하다며 손을 꼭 잡아주었다.
    우리는 여행을 마치고 예쁜 한옥 숙소의 온돌에 누워 뜨듯하게 등을 지지며, 황남빵과 우유를 먹었다. 남편은 벌렁 누워 여행 사진을 보며 허허 웃고 있었다. 우리는 제법 오랜 시간을 함께 했지만 여전히 안 맞는 부분이 있고, 싸우고 싶지 않지만 사소한 일로 부딪치게 된다. 도대체 얼마나 더 함께해야 서로를 완전히 이해할 수 있을까? 운명의 사람이라 생각해 결혼을 결심했는데, 다툴 때는 '운명이란 건 나의 착각이었나.' 싶기도 하다. 그렇지만 40년을 넘게 살아오신 부모님도 아직도 투닥거리며 다투시는 것을 보면 이 주제는 모든 부부가 평생 풀어야 하는 숙제가 아닐까 싶다. 내가 계획했던 완벽한 하루는 아니었지만, 그래도 경주에서 심야 데이트를 성공적으로 마무리하며, 또 하나의 버킷 리스트를 이루었다. 나의 운명의 연인은 어느새 무방비하게 누워서 조그만 입을 벌리고 깊게 잠이 들어 있었다. 보름달이 두둥실 뜬 아름다운 신라의 달밤이었다.

 주소 경북 경주시 교동 274 **문의** 경주문화관광 054-779-8585 **운영시간** ① 1층 누교/문루 09:00~22:00 ② 2층 문루 홍보관 10:00~20:00 ③ 경관 조명 18:30~다음날 01:00 ※관람 시간 이후는 월정교 문루 출입구 방범 울타리 설치로 통행 불가

인생샷 포인트

POINT 01 내 손바닥 위의 첨성대
첨성대

첨성대 뒤편의 공원은 계절마다 아름다운 옷을 바꿔 입는다. 봄에는 벚꽃과 튤립이, 가을에는 핑크 뮬리와 해바라기가 아름답게 피어난다. 아름다운 꽃밭을 배경으로 첨성대를 손바닥 위에 미니어처처럼 올리고 사진을 찍어 보자.

POINT 02 우리의 밤은 당신의 낮보다 아름답다
월정교

낮의 월정교도 너무나도 아름답지만, 밤에 조명이 켜진 월정교는 더욱 신비롭고 로맨틱한 분위기를 뿜어낸다. 삼각대를 이용해서 커플 사진을 남겨 보자. 조명이 아래에서 비치기 때문에 위치를 잘못 잡으면 얼굴이 귀신처럼 나오기도 한다. 위치 선정에 신경을 써서 조명이 얼굴을 옆쪽에서 비치도록 서서 사진을 찍자.

HIDDEN TIP

TIP 1 — 함께하면 좋은 여행지

신라 시대 유물을 볼 수 있는 **분황사**

신라 선덕여왕 시절 창건된 유서 깊은 사찰. 현재 분황사 내부에는 신라의 석탑 중 가장 먼저 세워진 것으로 알려진 모전석탑, 원효대사의 비석, 석정들의 문화재가 남아 있다.

주소 경북 경주시 분황로 94-11 **문의** 054-742-9922
운영시간 여름 09:00~18:00, 겨울 09:00~17:00
입장료 어른 2,000원, 청소년 1,500원

지금의 국립대학 **경주 교촌마을**

신라에서 조선으로 이어지는 천년의 배움터 경주 교촌마을. 신라 신문왕 2년에 우리나라 최초로 일종의 국립대학인 '국학'이 세워졌던 곳이다. 교촌이라는 지명은 향교가 자리한 마을이라는 뜻에서 유래했다. 무엇보다 이 마을에는 진정한 '노블레스 오블리주'의 실천으로 유명한 경주 최부잣집이 있다. 아직도 경주 최씨 가문의 고택이 많이 남아 있으며 최근 새롭게 조성된 한옥들에서 다양한 전통 체험과 함께 경주의 먹거리들을 만나 볼 수 있다.

주소 경북 경주시 교동 59-3 **문의** 054-760-7880
운영시간 24시간 개방(교촌마을 내 매장별로 운영 시간 다름)

TIP 2 — 추천 맛집

셰프의 정성이 느껴지는 **아니마**

생면 파스타가 유명하고, 블루 크랩 로제 파스타와 트러플 리소토도 추천할 만한 메뉴다. 특히 고소한 맛을 좋아하는 사람들에게는 안성맞춤일 것이다.

주소 경북 경주시 포석로 1050번길 51 **문의** 054-773-7328
운영시간 11:30 ~ 20:30, 평일 브레이크타임 15:00 ~ 17:30, 주말 브레이크타임 없음
휴무 부정기 **가격** 블루 크랩 로제 파스타 18,000원, 트러플 리소토 18,000원

아름다운 한옥으로 지어진 **스타벅스 경주 대릉원점**

한국적인 특성을 살려 좌식 테이블도 마련돼 있으며, 전 세계에 800여 개만 있는 리저브(스타벅스만의 한정 스페셜티 원두 브랜드) 매장이기도 하다.

주소 경북 경주시 첨성로 125 **문의** 1522-3232
운영시간 일~목요일 08:00 ~ 22:00, 금·토요일 08:00 ~ 23:00 **휴무** 연중무휴
가격 카페 아메리카노 4,100원, 아이스크림 블렌딩 콜드 브루 6,600원

충남 태안

이국적인 사막으로의 신비한 여행
신두리 해안 사구, 파도리 해수욕장

어릴 적, 일요일 아침이면 <미스터리 극장>이라는 프로그램을 꼭 챙겨 봤었다. 지금으로 치면 <서프라이즈> 같은 프로그램이었는데, 특히 이집트의 역사와 파라오의 비밀을 아주 흥미진진하게 풀어낸 이야기가 기억난다. 나는 이 내용에 홀딱 빠져 이 다음에 크면 피라미드의 수수께끼를 푸는 멋진 고고학자가 되겠다는 꿈도 꿨다. 그렇지만 고고학자는 커녕 이집트에도 가 본 적이 없다. 요즘 같은 상황엔 나의 버킷리스트였던 이집트 여행은 언제가 될지 기약이 없게 되어 버렸다. 그래도 이집트와 비슷한 신비한 장소를 찾아 보던 중, 한국에도 이집트 같은 사막이 있다는 것을 알게 되었다. '우리나라에? 사막이?' 하는 생각으로 반신반의하던 중, 태안에 해안 사구(모래 언덕)가 존재한다는 것을 알게 났다. 영화 <알라딘>에 나오는, 사막 위를 날며 자스민과 알라딘이 함께 부르는 'A Whole New World' 노래가 머리 속에 맴돌기 시작했다. 남편과 함께 떠날 곳은 바로 이곳이라는 강한 느낌이 왔다. 우리는 영화 속 주인공처럼 매직 카펫을 타고 사막을 날으며 사랑을 노래할 수 있을까?

✓ 추천 코스 한눈에 보기

① 신두리 해안 사구
자동차 ① 서울역에서 서해안 고속도로 90.9km → ② 서해로 18.1km → ③ 소근로 9.4km (약 2시간 45분 소요)

② 파도리 해수욕장
자동차 ① 신두리 해안 사구에서 소근진로 2km → ② 송의로 3.7km → ③ 모항파도로 5.2km (약 20분 소요)

TIP 해식 동굴을 먼저 보려면 내비게이션에 '충청남도 태안군 소원면 모항파도로 490-42'를 검색해서 가면 된다. '바다 횟집'이라는 간판이 보이면 식당이 아닌 앞쪽 공터에 주차하고 파도리 해수욕장 입구로 들어간다.

※ 대중교통으로 가기 어려우니 자동차 이용을 추천한다.

COURSE 01
한국의 <아라비안나이트> 속으로 떠나기
신두리 해안 사구

    태안 신두리 해안 사구는 수도권에서 자동차로 약 2시간 정도 걸리기 때문에 주말 여행으로 부담 없이 다녀올 수 있다. 갑자기 바다가 보고 싶을 때 훌쩍 떠나 기분 전환하기에도 그만인 곳이다. 새로운 장소, 특히 일상과 대비되는 신비한 장소에 갈 때는 항상 가슴이 두근거린다. 설레는 가슴 안고 출발했으나, 막상 도착해서 두 눈으로 볼 때까지만 해도 우리나라에 사막이 있다는 것이 믿기지 않았다. 그러나 갑자기 아프리카의 황금빛 사막이 눈앞에 펼쳐지자 설렘은 놀라움으로 바뀌었다.

    태안 신두리 해안 사구는 우리나라에서 가장 규모가 큰 해안 사구로 천연기념물 제431호로 지정된 중요한 문화재이자 탐방 지역이다. 총 세 가지 코스가 있는데, 순비기 언덕을 지나 해안 사구의 절경인 모래 언덕으로 돌아오는 짧은 A 코스와 고라니 동산을 통해 입구로 돌아오는 데 1시간 정도 걸리는 B 코스, 해당화 동산과 소원을 빌 수 있는 작은별똥재를 지나는 2시간 거리의 C 코스가 있다. 이정표를 따라가면 쉽게 다닐 수 있다.

    신두리 해안 사구는 원래의 모습이 잘 보존되어 있으며 초승달 모양의 모래 언덕과 길게 이어지는 모래 숲으로 인해 사막 지대 느낌이 든다. 정확히 말하면 사막이라기보다는, 해안의 모래가 바람에 실려 육지로 이동해 구릉 모양으로 쌓인 모래 언덕이라고 보는 것이 더 맞을 것이다. 그럼에도 그 모습은 마치 사하라 사막처럼 이국적이고 신비로운 분위기를 풍기고 있어 '한국의 사막'으로 불린다. 이 사구는 다양한 해양 식물들과 동물들의 보금자리로, 도마뱀, 표범장지뱀, 고라니 등을 쉽게 찾아볼 수 있다고 한다.

    해안 사구에 발을 디딘 순간 우리 귓가에는 자동으로 '아라비안나이트'라는 노래가 울려

②

① 신비한 장소인 신두리 해안 사구의 왼편으로는 서해가, 오른편으로는 해송의 숲이 펼쳐진다.
②, ③, ④ 해안 사구의 하이라이트 모래 언덕 지대의 장엄한 모습이다. 훼손될 염려가 있어 떨어져서 구경해야 한다.

퍼졌고, 중동 여행이 시작되었다. 두 발에 무겁게 감겨오는 모래 위를 정처 없이 걷다 보면 웅장한 언덕이 나타나는데, 그 아름다운 모습은 가히 압도적이었다.

이 작은 사막은 훼손을 방지하기 위해 진입이 금지되어 있다. 안으로는 들어갈 수 없는 대신 적당한 거리를 두고 사진을 찍을 수 있는 포토 존이 있었다. 우리는 멋진 장소에 도착했다는 데 신이 나서 춤을 추었다. 얼마나 신이 났는지 매직 카펫에서 사막으로 점프하는 자스민과 알라딘처럼 흥이 넘치는 모습이 사진에 담겼다.

해안 사구를 지나면 곰솔 생태숲을 지나 작은별똥재에 다다른다. 작은별똥재는 오래 전 운석이 떨어진 장소로, '별똥별의 재'라는 뜻이다. 운석이 떨어진 곳에서 소원을 빌면 꼭 이루어진다고 한다. 늘 그렇듯 우리 부부가 비는 소원은 단 하나, '서로가 행복하기' 그것뿐이다.

⑤ 신두리 사구 센터 앞에 있는 거대한 쇠똥구리 조형물이 눈에 띈다.
⑥ 소원을 비는 언덕 '작은별똥재'로 가는 길목
⑦ 강가나 바닷가 모래에서 자라는 나무인 초종용 군락지와 곰솔 생태숲이 사막 지대의 바로 옆에 있다.

주소 충남 태안군 원북면 신두해변길 201-54 **문의** 041-672-0499
운영시간 3~10월 09:00~18:00, 11~2월 09:00~17:00 **휴무** 월요일 **입장료** 무료입장

체험 코스
① **A 코스**(1.2Km, 30분) 신두리 사구 센터 → 모래 언덕 입구 → 초종용 군락지 → 순비기 언덕 → 탐방로 출구
② **B 코스**(2.0Km, 60분) 신두리 사구 센터 → 모래 언덕 입구 → 초종용 군락지 → 고라니 동산 → 염랑게달랑게 → 순비기 언덕 → 탐방로 출구
③ **C 코스**(4.0Km, 120분) 신두리 사구 센터 → 모래 언덕 입구 → 초종용 군락지 → 고라니 동산 → 곰솔 생태숲 → 작은별똥재 → 억새골 → 해당화 동산 → 염랑게달랑게 → 순비기 언덕 → 탐방로 출구

COURSE 02

숨겨진 사진 맛집에서 동굴 샷 찍기
태안 파도리 해수욕장

바닷가에 오면 어떤 사진을 찍어야 할까? 황금빛 모래사장에서 멋지게 수영복을 입고? 시원한 바다를 배경으로 화려한 바캉스 룩을 뽐내며 드라이브를 즐기는? 노! 요즘 뜨는 사진은 그런 뻔한 사진이 아니다. 내가 아니라 바로 '장소'가 주인공이 되는 사진이다. 여기서 '나'는 장소를 빛내줄 들러리, 혹은 실루엣일 뿐! 서로에게 인생 샷을 선물해 주는 것을 좋아하는 우리 부부는 이 장소를 알게 되자마자 여행길을 떠났다.

태안의 파도리 해수욕장은 바로 그런 '핫'한 사진을 찍기에 적합한 장소라고 소문이 나고 있다. 이 해변은 알려지지 않은 명소였는데, SNS에서 트렌디한 사진 맛집으로 떠오르는 신흥 강자다. 이곳에서 찍힌 사진들을 대개 아치형 해식 동굴 안에서 바다와 하늘이 배경이다.

파도리 해수욕장은 태안반도에서 바다로 돌출된 지역이기 때문에 파도의 세기가 강한 바닷가이다. 그렇기 때문에 거센 파도의 영향으로 해식 동굴(파도, 조류 등이 암석의 약한

① 태안 파도리 해수욕장에 들어서면 오른편으로 깎아지른 듯한 바위산이 해송을 짊어지고 있다.

①

부분을 파고 들어가면서 생긴 동굴), 시 아치(Sea Arch 암석에 구멍이 생겨 아치 모양을 하고 있는 지형) 등의 강렬하고 아름다운 해안 경관을 볼 수 있다. 동양화에 나올 듯 깎아지른 바위와 그 위에 소나무들이 우리를 맞이해 주었다. 푸르른 하늘과 색다른 바다 풍경을 마주하자 흥이 돋은 우리는 해식 동굴을 찾아 바닷가 이곳저곳을 뛰어다녔다. 물때를 놓치

② 해식 동굴로 가기 위해서는 이 바윗길을 지나가야 한다. 길이 험하니 꼭 편한 신발을 신도록 하자.
③ 거센 파도의 영향으로 바닷가의 절벽이 거칠게 깎여 있다.
④ 서해안에서는 바윗돌을 받치고 있는 듯한 아치의 모습과 둥글게 뚫린 해식 동굴을 볼 수 있다.
⑤ 암석에 구멍이 생겨 아치 모양을 한 지형인 '시 아치(Sea Arch)'의 모습

⑥ 파도, 조류 등이 암석의 약한 부분을 파고 들어가 생겨난 해식 동굴의 모습
⑦ 떠오르는 사진 명소, 서해안 해식 동굴에서 남긴 동굴 샷!

면 해식 동굴이 바닷속으로 사라진다고 해서 마음이 조급해졌다.

　해안선을 따라 북쪽 끝으로 걸어가면 깎아지른 절벽이 보인다. 그 뒤편으로 넘어가면 멋진 해식 동굴과 시 아치를 만나볼 수 있다. 어린아이처럼 신이 난 우리는 시 아치 속을 들여다보며 서늘하고 축축한 바위의 향기도 느끼고, 해식 동굴에 들어가 동굴 탐험을 하기도 했다. 해식 동굴 안에서 바다와 모래사장, 푸른 하늘을 배경으로 사진을 찍으면 피사체의 어두운 형태가 동굴 안에 담긴 몽환적인 인생 샷이 남는다. 우리는 서로의 멋진 실루엣을 남기고, 삼각대의 힘을 빌려 재미있는 2인 1조 샷을 남기기도 했다. 인상 깊은 사진을 많이 남긴 여행지는 오래도록 기억에 남는다. 사진을 찍느라 여행을 즐기지 못하는 것도 아쉽지만, 이렇게 특이한 장소에서는 멋진 인생 샷을 남기는 것이 중요하다고 생각한다. 마치 영화의 주인공이 된 것처럼 내 인생의 포스터 사진을 남겨 보자.

INFO 　주소　충남 태안군 소원면 모항파도로 490-85　문의　041-670-2691
　　　　※ 해식 동굴은 미리 물때를 확인하고 방문하기를 추천한다.

인생샷 포인트

POINT 01 멋진 실루엣을 남겨보자
파도리 해수욕장 해식 동굴

파도리 해수욕장에는 멋진 해식 동굴들이 가득하다. 자연이 만들어낸 동굴들과 아치형의 돌 기둥이 곳곳에 있는데, 특히 동굴 속에서 삼각대를 이용하면 실루엣 커플 사진이 탄생한다. 동굴 앞에서 인물을 중심으로 촬영하는 것보다 동굴 속에서 바깥쪽으로 찍는 사진이 더 분위기 있다. 여행지에서 찍는 둘만의 커플 포즈를 만드는 것도 좋다. 오래도록 기억에 남을 분위기 있는 사진을 남겨 보자.

POINT 02 내 점프 실력을 발휘해볼까?
해안 사구 모래 언덕 앞

신두리 해안 사구는 정면은 사막, 오른쪽은 바닷가, 왼쪽은 솔숲이 울창해 하나의 공간에서 세 가지 느낌으로 사진을 찍을 수 있는 신비한 장소이다. 그중에서도 최고의 포토 존을 꼽으라면 모래 언덕일 것이다. 신두리 해안 사구의 모래 언덕 앞에서는 마치 외국의 사막 지대에 온 듯한 이국적인 느낌의 사진이 가능하다. 신나게 방방 뛰며 점프 샷을 찍어도 모래사장이라 무릎이 아프지 않을 것이다.

HIDDEN TIP

TIP 1 함께하면 좋은 여행지

이번에는 유럽으로 떠나볼까?
태안 성당

태안 성당은 1964년 본당으로 승격, 2004년 착공해 신축한 건물로, 유럽 양식인 로마네스크와 비잔틴 양식을 토대로 만들졌다. 바닷가에서 태안 시내로 들어오면 수많은 식당과 편의 시설들이 들어섰는데, 이 시내를 내려다볼 수 있는 장소에 이 성당이 있다. 바닷가 여행 후 아름답고 우아한 건축물인 태안 성당과 주변 산책로를 걸어보는 것도 좋은 코스 중 하나가 될 것이다.

주소 충남 태안군 태안읍 터널길 26-13 **문의** 041-674-1004

TIP 2 추천 맛집

부담없는 가격을 원한다면
호호 아줌마

굴김치 보쌈과 구수한 청국장이 그만인 가성비 좋은 한식집. 음식들이 전반적으로 정갈하고 맛이 좋다.

주소 충남 태안군 소원면 서해로 118 **문의** 041-674-0862
운영시간 여름 09:00 ~ 21:00, 겨울 09:00 ~ 20:00, 브레이크 타임 15:30 ~ 17:00
휴무 수요일 **가격** 굴김치 보쌈 정식 10,000, 불낙지 정식 10,000

시원하고 칼칼한 맛
원조 일송 꽃게장 백반 본점

충청남도 서산, 태안의 유명한 향토 음식으로 '게국지'라는 것이 있다. 절인 배추와 무청 등에 게장 국물이나 젓갈 국물을 넣어 만드는데, 식당에서는 주로 꽃게가 들어간 김치찌개의 형태로 나온다. 독특한 국물 맛과 진한 꽃게 육수가 시원하며, 처음에는 특이한 맛이라는 생각이 들지만 계속 먹다보면 중독되는 음식이다. 꽃게를 좋아하는 사람이라면 게장도 추천한다.

주소 충남 태안군 안면읍 안면대로 2676 **문의** 041-674-0777
운영시간 09:00~21:00 **휴무** 연중무휴 **가격** 간장게장 1인 28,000원, A 세트(공깃밥 3개, 간장게장 2마리, 게국지) 2인 70,000원, 게국지(대) 60,000원

초승달 아래의 달콤한 연인처럼
담양 국수 거리, 관방제림 야간 투어

연인의 역사는 밤에 쓰인다고 했던가. 사랑하는 사람과 여행을 가면 야간 투어는 빼놓을 수 없는 이벤트 중 하나다. 담양의 관방제림(官防堤林)은 낮에 보면 싱그럽고 활기차며, 밤에 보면 반짝반짝 빛나 로맨틱한 분위기를 뿜어내는 아름다운 길이다. 특히 관방제림과 영산강 문화 공원 길에 조성된 별빛달빛길은 반짝이는 조명과 스토리가 담긴 로고젝터(바닥에 특정 문구를 투영하는 장치)가 어우러져 관광객들을 밤에도 찾아오게 만들었다.

담양을 여러 번 방문했지만 야간 관광을 하는 것은 처음이었다. 오랜 시간 함께 지내면서 덤덤해진 우리의 일상에 신선한 단비가 내린 듯한 기분이었다. 우리는 마치 결혼 전 연애를 시작하는 커플이 된 기분으로 다정한 사진을 남기며 추억을 나누었다. 언제부터 이곳에 자리 잡았는지 모를 거대한 나무들이 그 풍채를 뽐내며 굳건하게 뿌리를 내리고 있었다. 우리도 이 나무들처럼 함께한 시간이 꽤 오래되었다. 흘러가는 시간 속에서 감정이 무뎌지고 익숙해져 예전 같은 두근거림이나 방망이질하듯 빠르게 뛰는 심장 소리는 들을 수 없게 되었지만, 대신에 서로의 인생에 너무나도 깊숙이 뿌리내리고 말았다. 둘만이 아는 추억을 하나둘 꺼내 보자, 이 장소는 우리의 옛 모습을 상기시켜 주었다. 어느새 오래된 나의 연인은 손을 꼭 잡고 눈을 보며 나에게 집중하고 있었다.

 담양 국수 거리

　　자동차 ① 광주 송정역에서 하남진곡산단로 11.4km → ② 삼소로 4.6km → ③ 추성로 13.0km (약 45분 소요)

※ 대중교통으로 가기 어려우니 자동차 이용을 추천한다.

 관방제림

　　도보 담양 국수 거리 일대에서 동쪽으로 도보 2~3분 거리에 있다.

COURSE 01

맛있는 밤거리 먹방 데이트하기
담양 국수 거리

　담양은 천년의 오래된 역사를 지닌 도시다. 최근 들어 담양군은 '생태와 인문학으로 디자인하다' 라는 슬로건을 걸고 자연을 훼손하지 않고 사람과 자연이 공존하는 길을 택했다. 그 때문인지 담양 곳곳에는 아름다운 자연과 풍경이 어우러진 산책로가 가득하다.
　우리는 출출한 배를 달래려 밤거리로 나섰다. 담양은 특히 손맛 좋은 식당이 많기로 유명해서 어떤 맛있는 음식이 우리를 기다리고 있을지 기대가 되었다. 우리가 '맛있는 밤 데이트'를 만들기 위해 찾아 나선 곳은 관방제림으로 가는 길에 있는 국수 거리다. 강둑을 따라 약 300m 일대에 국수 식당이 줄지어 있다. 면과 시원한 국물을 즐겨 먹는 우리 부부가 그냥 지나칠 리가 없다. 우리는 저녁을 국수 거리에서 해결하기로 했다. 식당에서 솔솔 퍼져 나오는 구수한 멸치 육수의 향과 붉게 반짝이며 먹음직스럽게 비벼진 비빔국수의 모습에 홀리듯 이끌려 주문을 하고 말았다. 이곳에 국숫집이 많아지게 된 이유는 시장 때문이다. 원래는 담양천 근처에 대나무 제품을 사고파는 죽물 시장이 섰는데, 장날에 국수를 파는 포장마차들이 인기가 많았다. 그러다 장날이 아닌 날에도 관방제림 입구 근처에 국숫집이 모여들며 담양의 명물인 국수 거리가 생기게 되었다고 한다.

담양천을 바라보며 야외에서 먹는 국수의 맛은 깊고 고소했다. 배고픈 우리는 통통한 면발이 가득 든 국수 그릇을 받자마자 국물부터 마셨다. 따듯한 멸치 국수를 한 그릇 먹고 배를 통통 두들기며 야간 데이트를 시작했다. 아름다운 풍경도 달콤한 데이트도 배가 고프면 음미할 수 없듯이 아름다운 밤의 시작은 맛있는 저녁에서부터 시작하는 것 같다.

① 담양천을 따라 길게 늘어선 국수 거리의 모습
② 대나무의 고장답게 댓잎동동주도 판매하고 있다.
③ 고소한 멸칫국물 국수와 매콤한 비빔국수를 시켜 나눠 먹어 보았다.
④ 관방제림이 시작되는 곳에 음나무가 자라고 있다.

 주소 전남 담양군 담양읍 객사리 일대

COURSE 02

천연기념물 숲길에서 야간 산책하기
플라타너스 별빛달빛길 - 관방제림 야간 투어

향교교를 건너면 죽녹원이 보이고, 어두운 밤하늘과 푸른 대나무를 배경으로 봉황루가 은은한 조명을 받아 빛나고 있다. 밤하늘이 주황빛으로 물들어 더욱 신비로운 봉황루를 오랫동안 바라보다 영산강 문화 공원 산책길로 들어섰다. 이 길의 이름은 담양 플라타너스 별빛달빛길이라고 불린다. 입구에 사람들이 옹기종기 모여 있는 곳에 가까이 가 보니 아름다운 초승달이 땅에 내려와 있었다. 반짝이는 초승달 의자가 설치되어 연인과 가족들이 앉아 사진을 남기고 있었다. 영롱하게 빛나는 초승달과 함께 커플 사진을 남기고 싶었지만 줄이 너무 길어 포기하고 말았다. 달에 빛이 들어오는 시간은 오후 7시부터 11시까지이다.

많은 이들이 원하는 초승달 의자를 지나면 거기서부터 약 300m의 별빛달빛길이 시작된다. 바닥에는 스토리가 있는 영상이 수놓이고 울창한 나뭇가지에는 반짝이는 은하수가 펼쳐진다. 처음엔 나무에 크리스마스트리처럼 전구를 달아 놓은 줄 알았는데, 아래에서 라이트로 나무를 비춰서 별이 빛나는 것처럼 보이는 것이었다. 그 불빛 사이로 하늘을 보니,

①

① 별빛 달빛 길을 비추고 있는 초승달 모형 위에 앉은 사람들이 사진을 찍고 있다. 요즘 떠오르는 포토 스폿이다.
② 영산강 문화 공원 산책길이 시작되는 곳
③ 영산강 문화 공원 산책길 건너편에 있는 봉황루의 웅장한 모습
④, ⑤, ⑥ 산책길 곳곳에서 로고젝터를 통해 귀여운 글귀나 담양을 홍보하는 문구를 볼 수 있다.

　진짜 '보름달'이 동그랗게 얼굴을 내밀었다. 밤의 산책로에는 은은한 음악이 흘러나와 마음을 녹이고, 어두운 그림자로만 보여야 할 나무들은 빛을 입어 반짝인다. 연인들이 손을 마주 잡고 걷는 별빛달빛길은 너무나도 로맨틱하다. 눈부신 별빛과 달빛의 길을 지나면 자연이 주는 깊은 어둠 속에서 빛나는 진짜 달빛을 볼 수 있다. 이 빛을 길눈 삼아 천천히 걷다 보면 영산강 반대편으로 건널 수 있는 죽향교가 나온다. 다리 위에 잠시 서서 눈을 감자 풀벌레 소리와 물 소리가 귓가를 간질인다. 구슬피 우는 찌르레기 소리와 흐르는 강물 소리를 들으며 천천히 눈을 뜨자 눈부신 달빛과 담양 시내가 눈앞에 펼쳐져 있었다. 낮과는 다른 아늑한 어둠 속의 담양은 너무나도 평화롭다.

⑦ 관방제림과 영산강 문화 공원 사이를 잇는 죽향교 위로 보름달이 떠 있다.

　은은히 달빛으로 빛나고 있는 죽향교를 건너면 관방제림길이 시작된다. 관방제

⑧ 밤 산책에 그만인 평탄한 관방제림의 산책로
⑨ 사람들이 잠시 쉬어갈 수 있는 벤치들이 곳곳에 있다.
⑩ 시원한 바람이 선선하게 불어오는 관방제림길과 징검다리의 모습

림은 관방천에 있는 제방으로, 동정자마을부터 약 6km에 이르는 곳이다. 이곳에는 추정 수령 300~400년이 넘는 나무들이 빼곡이 들어찼는데, 그 모습이 너무나도 아름다워 1991년 천연기념물로 지정되었다. 또한 2004년 산림청이 주최한 제5회 아름다운 숲 전국 대회에서 대상을 받은 수목원이기도 하다.

    낮의 관방제림도 눈부시지만 아늑한 어둠 속의 산책로는 너무나도 평화로웠다. 가로등 아래, 한 쌍의 커플이 예쁜 피크닉 도구와 노트북을 들고 나와 영화를 보고 있었다. 달빛이 은은하게 쏟아지는 하늘 아래 사랑하는 사람과 영화를 보며 차 한잔을 나누어 마시는 관방

제림의 밤. 이 모든 것이 둘만의 좋은 추억이 될 것이다. 새로운 연인에게는 서로를 알아가는 시간을, 오래된 연인에게는 서로를 간절히 원하던 어느 날의 추억을 되살려주며 이 아름다운 장소는 연인들에게 소중한 시간을 선물해 주었다.

산책을 마무리하고 돌아가는 길, 수많은 사람에게 둘러싸여 있던 초승달 의자가 덩그러니 놓여 있었다. 드디어 우리는 아름다운 달빛 의자에 앉아 볼 수 있었다. 초승달은 완전한 보름달이 되기 위한 첫 시작이라고 한다. 어두운 밤에 서로의 존재를 알게 되었고, 만남을 이어갈 때마다 마음속에 혼자서는 채울 수 없는 공백이 있음을 깨달았다. 온기를 찾아 오랫동안 헤매다 드디어 마음의 구멍을 따듯하게 메우는 조각이 나타난 것이었다.

⑪ 서로의 빈자리를 채우듯 초승달 위에 살포시 앉아 사진을 남겨본다.

완전해지는 조건을 갖추기 위한 시작이 그의 존재인 것처럼, 마음 한 구석이 비어 있는 내가 완전해지기 위해서는 그가 필요했다. 남편의 사랑은 시간이 지날수록 나를 채워, 더 나은 사람으로 거듭나게 해주었다. 군청색 하늘에 뜬 달이 연인들의 밤길을 비춰주고 있었다. 밤의 담양 산책은 연인들의 데이트 코스로 그만이다. 커플들이 데이트 코스로 정하는 곳은 뭔가 특별한 기분이 들게 해주는 곳이 아닐까? 그런 장소에 가면 기분이 몽글몽글해지고 덩달아 옆에 있는 사람도 더 사랑스러워지는 효과가 있다. 사랑하는 마음이 상대방에게 전해져 눈빛만으로도 서로의 생각을 읽을 수 있는 그런 곳. 연인들은 마음이 이어지는 시간을 갖기 위해 특별한 장소를 찾아 헤맨다. 해가 지고 어두운 밤이 내려앉는 야간의 관방제림이야말로 바로 그런 장소이다.

INFO **주소** 전남 담양군 담양읍 객사 7길 37 **문의** 061-380-2812

인생샷 포인트

POINT 01 서로의 빈자리를 채워주는 초승달 의자에서 기념 샷
담양 플라타너스 별빛달빛길

관방제림과 죽녹원 사이에 있는 플라타너스 별빛달빛길은 특히 밤에 가면 좋은 장소다. 아름다운 별이 쏟아지는 산책길도 아름답지만 길 입구에 둥실 떠 있는 초승달 모형이 인기다. 초승달에 앉아 다정한 사진을 남겨 보자. 거의 종일 사진을 찍으려는 사람이 많은데, 저녁 9시 이후에 방문하면 오래 기다리지 않고 사진을 찍을 수 있었다.

HIDDEN TIP

추천 맛집

 탱글탱글한 면발에 양도 푸짐한 **진우네 집 국수**

국수 거리에 있는 식당이다. 담양에 사는 지인이 추천한 장소로, 구수한 멸치 국수와 비빔 국수를 함께 먹으면 따듯함과 매콤함을 동시에 맛볼 수 있다. 찰지고 쫀쫀한 면발이 맛있고 국수와 함께 막걸리 한잔을 하는 것도 좋다. 야식으로 먹기에 좋을 만큼 저렴한 가격을 자랑하지만 양은 가볍지 않다.

주소 전남 담양군 담양읍 객사3길 32 **문의** 061-381-5344 **운영시간** 09:00~20:00 **휴무** 명절 **가격** 멸칫국물 국수 4,000원, 비빔국수 5,000원

 가다랑어포로 낸 육수가 일품인 **소바집 본점**

죽녹원 근처의 '소바집'은 마른 메밀(판 메밀)과 메밀국수(온), 냉메밀이 맛있는 곳이다. 가다랑어포로 낸 육수는 맛이 진하고 깊어 더 미셔도 좋을 정도다. 좋은 가격대에 넉넉한 양으로 허기진 배를 가득 채워줄 것이다.

주소 전남 담양군 담양읍 객사2길 11-24 **문의** 061-383-5649
운영시간 4~10월 11:30~19:00, 브레이크 타임 15:00~17:00, 11~3월 11:00~15:00
휴무 월요일 **가격** 마른 모밀(판) 8,000원, 메밀국수(온) 8,000원

 힙한 담양 맛집, 핫한 사진 맛집 **안나스 키친**

담양군 월산면에 있는 안나스 키친은 담양에서 떠오르는 신흥 브런치 식당이다. 내부는 유럽풍 인테리어로 꾸며졌고, 예쁜 접시에 플레이팅한 음식들은 인증 샷을 찍기 좋다. 사장님이 직접 만든 수제 먹물 빵과 정성스러운 바질 페스토 소스가 일품이며, 부드럽고 진한 단호박 크림수프도 추천 메뉴다. 커피와 차도 맛이 좋다. 미리 예약하고 방문하면 더 여유롭게 식사를 할 수 있다.

주소 전남 담양군 월산면 도개길 185 **문의** 010-7900-7073
운영시간 11:00~19:00 **휴무** 수요일
가격 전복밥 18,000원, 단호박 크림수프 17,000원, 라타투이 파니니 13,000원

담양에서도 빼놓을 수 없는 카레 맛집 **담양 식탁**

관방제림 근처의 담양 시내에 있는 캐주얼한 식당으로, 맛있는 돈가스와 카레를 먹을 수 있다. 가장 인기 있는 추월산 카레는 밥을 추월산처럼 둥글게 빚어 주먹밥 형식으로 만들어 구워 나오는 독특한 형태이다. 밥 안에 가득 찬 치즈가 우리의 입맛을 채워줄 것이다. 카레 소스는 부드럽고 담백하다.

주소 전남 담양군 담양읍 중앙로 38 **문의** 010-8678-7482
운영시간 11:00~20:30, 브레이크 타임 15:00~17:00 **휴무** 화요일
가격 추월산 카레 9,000원, 떡갈비 카레 9,000원, 치즈 돈가스 12,000원

전남 신안

존경하는 사람과 떠나는 여행
퍼플 섬 (반월도·박지도)

어릴 적부터 엄마는 늘 내 편이었다. 학교에서 힘든 일이 있을 때나 사회생활하며 마음에 상처 입고 힘없이 귀가할 때나 변함없이 포근하게 날 감싸주었다. 지금 생각해 보니 매일 세 끼를 맛있게 준비하며 살림도 야무지게, 또 일까지 완벽하게 해내셨던 엄마는 슈퍼우먼이 아니었나 싶다. 아직도 힘들 때면 엄마에게 기대고 싶은 어리광쟁이 막내딸인데, 시간은 무심히 흘러 몸은 커다란 어른이 되어 버렸다. 어느 날, 친한 언니가 해 준 이야기가 떠올랐다. '부모님은 나이가 들면 선물이나 음식보다도 자식과 여행하는 것을 가장 좋아하신다'는 말. 바쁘다는 핑계로 직장 생활 10년간 엄마와 단둘이 떠난 여행은 딱 한 번뿐이었다. 반성했다. 그리고 엄마가 한 살이라도 젊으실 때 함께 여행을 다녀야 겠다는 결심을 했다. 내가 생각하는 엄마는 강하고 아름다운 사람이었다. 그런 엄마가 늘 자랑스러웠고 나도 그렇게 되고 싶었다. 존경도 사랑의 또 다른 모습이라고 한다. 평생을 존경하던 사람과 단둘이 떠나는 여행, 보라색을 좋아하는 엄마의 취향을 적극 고려해서 선택한 곳은 바로 보랏빛 향기의 '퍼플 섬'이다.

 **추천 코스 한눈에 보기**

① 퍼플 섬 박지도

KTX + 자동차 ① KTX 서울역에서 목포역 하차(약 2시간 45분 소요) → ② 목포역에서 자동차로 압해로 15.6km → ③ 천사 대교로 10.0km → ④ 중부로 12.1km (약 1시간 10분 소요)

※ 목포역에서 대중교통으로 이동하면 시간이 많이 걸리니 렌터카 이용을 추천한다.

② 퍼플 섬 반월도

도보 박지도와 반월도를 잇는 퍼플교를 걸어서 약 1.2km (약 8분 소요)

COURSE 01
온통 보랏빛으로 물든 섬에서 인생 샷 찍기
퍼플 섬 박지도

　국내뿐만 아니라 외국에서도 핫하게 뜨고 있는 '퍼플 섬'은 마을 곳곳이 보라색으로 꾸며진 전라남도의 섬 박지도와 반월도를 이르는 말이다. 작은 섬들이 다리로 이어져 있기 때문에 배를 탈 필요 없이 목포에서 신안 암태도를 경유해서 갈 수 있다. 암태도와 팔금도를 거쳐 마지막 섬인 안좌도의 끝자락에 다다르면 멀리서부터 보랏빛 향기가 뿜어져 온다. 섬을 잇는 다리도 마을의 지붕도 모두 보라색이다. 섬 입구의 매표소에서 입장료 3,000원을 내야 한다. 보라색 의상이나 소품을 가지고 있으면 입장료가 무료라는데 마침 나는 보라색 니트를 입고 있어서 무료로 입장했다.
　박지도의 박지마을에서 평생 살아오신 주민 김매금 할머니의 소망은 살아생전 박지도에서 목포까지 걸어서 가 보는 것이었다. 이 이야기를 들은 신안군은 2007년 신활력 사업을 통해 목교(木橋)를 조성했다. 처음에는 할머니의 소원이 이뤄진 '소망의 다리'라고 불렸는데, 박지도와 반월도에 도라지 군락에 보라색 도라지꽃이 가득 피어 풍경이 유명해지자 자연스럽게 '퍼플교'로 불리게 되었다. 마을 주민들은 아예 섬의 특성을 더 살려보자고 모두가 힘을 모아 보라색 라벤더를 심고 섬 안의 길도 보라색으로 조성해 '가고 싶은 섬'으로 변화시켰다.

입구부터 보라색으로 칠한 난간과 다리가 멀리서도 선명한 퍼플교를 따라 8분 정도 걸어가면 박지섬에 도착한다. 퍼플 섬 박지도의 특징은 각 섬을 보라색 나무 다리를 이용해 걸어갈 수 있다는 점이다. 보랏빛 지붕에 도로의 색마저 보랏빛이다 보니 어디를 배경으로 사진을 찍어도 인생 샷을 남길 수 있을 것이다. 안좌도에서 퍼플교를 지나 박지도에 들어서면 동네의 마스코트 노랑 줄무늬의 고양이가 반갑게 사람들을 맞이한다. 두레박 모양을 한 박지도에 들어서면 자그마한 박지산이 보이며 그 뒤로는 박지마을에 단 하나뿐인 호텔이 있다고 한다. 주민은 약 서른 명 남짓 거주하고 있으며 주로 밭농사와 어업을 하며 살아가고 있다고 한다. 여기를 봐도 저기를 봐도 보라색이 한가득인지라 보는 우리 마음도 덩달아 '보라보라'해진다. 모든 것이 보라색으로 이루어진 이 마을은 너무나도 아름답고 신선하다.

① 안좌면에서 박지도로 들어가는 첫 번째 다리. 중간중간 쉬어갈 수 있게 자리를 마련해 놓았다.
② 두리-박지 구간의 퍼플교. 길이 547m에 달하며 걸어서 8분 정도 걸린다.
③ 퍼플 섬 매표소를 지나 시작되는 보랏빛 다리의 입구
④ 박지도 모습이 마치 조롱박 같다고 박지도 입구에 세워진 거대한 조롱박 조형물의 모습
⑤ 퍼플교가 끝나는 곳에서 우리를 기다리고 있던 박지도의 주민 노랑 줄무늬 고양이. 사람을 무척 잘 따른다.

COURSE 02

바다를 따라 보라색 산책로 완주하기
퍼플 섬 반월도

   박지도에서 반월도로 가는 길은 끝도 없는 보라색 다리로 이어져 있다. 긴 퍼플교를 걸으며 뒤로는 박지도를, 앞으로는 반월도를 볼 수 있었다. 시야를 가리는 건물 하나 없이 끝없이 펼쳐진 하늘을 바라보며 반월도로 걸어가는 길은 너무나도 상쾌해서 콧노래가 절로 나왔다. 엄마도 신이 나시는지 사진 포인트가 나올 때마다 사진을 찍어달라고 하셨다. 원래 엄마는 나에게 부탁 같은 걸 잘 안하시는데, 이런 귀여운 걸 부탁하시니 흥이 나서 더 길고 더 날씬하게 찍어드렸다.

   '반월도'라는 이름은 섬을 사방 어디에서 보아도 반달 모양이라서 이렇게 불렸다고 한다. 박지도에서 반월도로 넘어가는 길에는 희미하게 중노둣길(섬 사이를 연결하는 옛길)이 보인다. 옛날 박지도 암자에는 비구니(여승려) 한 분이, 반월도 암자에는 비구 스님(남자 승려)이 살았다. 둘은 서로를 연모하던 중, 상대에게 가기 위해 망태에 돌을 담아 갯벌 위에 디딤돌을 놓아 돌다리를 만들기 시작했다고 한다. 어느 추운 겨울날, 마침내 두 사람은

①

① 반월도에서 매표소가 있는 곳으로 다시 돌아가는 반월-두리 구간은 1.2km이며 걸어서 22분이 걸린다.
② 반월도의 마스코트 보랏빛 반달과 그 위에 사이좋게 앉아 있는 어린 왕자와 사막 여우의 모습
③, ④, ⑤ 퍼플섬 곳곳에는 보라색 소품들이 가득하다. 공중전화, 의자, 심지어 분리 수거통까지 모두 보라색이다.
⑥ 반월도 산책로에서 바라본 박지도의 모습. 희미하게 노둣길의 흔적이 보인다.

⑦ 반월도 토촌 마을로 향하는 길, 방파제 턱과 산책로의 색도 보라색으로 맞춰져 있다.

⑧ 약 100여 명의 주민이 거주 중인 반월도의 토촌마을의 풍경
⑨ 해가 지는 퍼플 섬의 아름다운 자연 경관. 어디 하나 막힌 곳 없이 시원하게 트인 바닷가를 바라보고 있으면 답답하던 마음이 시원히 뚫린다.

드디어 노둣길의 가운데에서 만났지만 너무 먼 곳까지 들어온 탓에 들물 때를 피하지 못해 바닷물이 그대로 두 사람을 삼켜버렸고, 물이 모두 빠져나간 후에도 두 스님의 모습은 끝내 찾을 길이 없었다는 이야기가 전해온다. 바닥에 나란히 쌓인 작은 돌다리의 흔적이 두 사람의 슬픈 인연을 보여주는 듯하다.

반월도가 가까워 오자 보라색 반달 위에 어린왕자가 앉아서 우리를 바라보고 있었다. 보라색으로 칠한 문 위, 하늘에는 진짜 반달이 둥실 떠 있었다. 마을에는 집집마다 지붕, 창틀, 공중전화, 쓰레기통까지도 모두 보라색으로 가득하다. 역시나 보라색으로 꾸민 산책로를 걷다 보면 반월도의 하나뿐인 섬, 어깨산으로 향하는 등산로가 나온다. 정상까지는 210m 거리인데, 어깨산 위에 오르면 박지, 반월도가 한눈에 내려다보인다.

보랏빛에 취해 해안 경관 산책로를 걷다 보니 어느새 토촌마을에 도착했다. 반월도에는 현재 약 100여 명의 주민들이 거주하고 있다. 쓰레기 하나 없이 깨끗하고 아름다운 섬을 보니 마을 주민들이 얼마나 아끼고 가꿨는지 알 수 있었다. 반월 선착장에서 다리를 통해 퍼플 섬을 나가는 동안 엄마와 손을 꼭 잡고 걸었다. 보랏빛에 둘러싸여 소녀처럼 행복해 하는 엄마를 보니 왠지 모르게 내가 더 행복해졌다.

INFO 주소 전남 신안군 안좌면 소곡두리길 257-35 문의 안좌면사무소 061-240-3901 입장료 ① 어른 3,000원 ② 청소년 2,000원 ③ 어린이 1,000원 ※ 65세 이상, 신안군민, 국가 유공자 및 장애인, 보라색 의류(옷, 신발, 모자, 우산, 가방 등) 착용한 방문객 무료

인생샷 포인트

 POINT 01 동화 속 주인공처럼
반월도 퍼플 문과 어린왕자

박지도에서 퍼플교를 통해 반월도로 넘어가면 퍼플 문과 어린왕자가 방문객을 반갑게 맞이해 준다. 꿈처럼 신비한 마을에서 보랏빛 달과 어린왕자를 배경으로 사진을 남겨 보자.

 POINT 02 노부부의 벽화 앞에서 사랑하는 사람과 찰칵!
암태도 기동 삼거리 벽화

신안군의 또다른 섬 암태도의 기동 삼거리에는 SNS에서 핫한 벽화가 그려져 있다. 볼이 발그레한 할머니와 할아버지가 함박 웃는 표정을 그린 벽화는 실제로 돌담집에 사는 손석심, 문병일 부부의 얼굴이다. 할머니 할아버지 얼굴 위로 동백나무가 동그랗게 자라고 있어 마치 두 분의 머리카락 같은 느낌을 준다. 오랜 세월, 서로를 아끼고 사랑한 부부의 벽화 앞에서 사랑하는 사람과 사진을 찍어 보자. 특히 동백꽃이 활짝 피는 1월에서 4월 중에 찾아가면 뽀글뽀글 귀여운 동백파마머리를 실제로 볼 수 있다. 단, 벽화 바로 앞은 차가 다니는 도로이기 때문에 꼭 안전에 주의해야 한다.

HIDDEN TIP

TIP 1 : 함께하면 좋은 여행지

암태면으로 들어가는 길목 천사 대교

2019년 4월 4일 압해도에서 암태도를 잇는 천사 대교가 개통했다. 덕분에 신안 중부권에 있는 섬들은 천사 대교를 통해 들어갈 수 있게 되었다. 천사 대교 위에서 보는 바닷가 풍경은 그야말로 그림같다. 멀리 보이는 섬마을은 아기자기하고 지평선 위로 떨어지는 태양은 절경이다. 특히 일출·일몰 시간에 천사 대교를 지나가 보는 것을 추천한다.

TIP 2 : 퍼플 섬을 더 재미있게 즐기는 방법

TIP 1

보랏빛 섬이다 보니 보라색 의상을 입으면 무료로 섬에 입장할 수 있다. 보라색 옷, 신발, 모자, 우산 등을 착용 시 무료 입장이고 스카프, 가방, 양말, 손수건 등은 예외이다. 보랏빛 가득한 섬에서 보라색 의상을 입고 인생 사진을 남겨 보자.

TIP 2

3개의 섬(안좌도 두리~박지도~반월도)이 퍼플 섬이라고 불리고 있는데, 이 섬들을 잇는 해상 목교인 '퍼플교(약 1,500m)'를 통하면 바다 위를 걸어서 섬에서 섬까지 여행하는 이색적인 경험을 할 수 있다. 두리 선착장에서 박지도까지는 547m(도보 8분), 박지도의 둘레길은 4.2km로 약 60분 걸린다. 박지도에서 반월도까지는 915m이며 반월도 둘레길은 5.7km로 90분, 퍼플교만 걷는 시간은 총 22분이 걸린다. 시간을 잘 계산해서 퍼플섬 투어를 해보자.

TIP 3

반월도와 박지도는 섬 둘레에 아름다운 바다를 따라 해안 산책로가 조성되어 걷기도 좋고 자전거를 빌려서 자전거 하이킹도 할 수 있다. 퍼플교를 건너 반월도와 박지도에 들어가면 자전거를 타고 섬을 돌아볼 수 있도록 자전거 대여소가 있다. 자전거 타고 섬을 한 바퀴 돌아보자.

이용 안내 어른 5,000원, 청소년 3,000원(1시간)
문의 반월도 061-271-5600, 박지도 061-271-3330

TIP 4

퍼플 섬은 트레킹하기에도 좋은 섬이다.

1. 코스별 거리 및 소요 시간(전체 소요 시간 : 2시간 30분)
① 박지도(두리- 박지산) : 2km, 30분 소요
② 반월도(두리-퍼플교-어깨산) : 4km, 2시간 소요

2. 박지도 등산 트레킹 코스 박지 선착장 → 정상 → 박지마을 → 대야들 → 박지 선착장 : 3.8km, 1시간 30분 소요

3. 반월도 해안도로 트레킹 코스 반월마을 카페 → 마을당 숲 → 섬 일주 산책로 → 토촌마을 → 반월마을 카페 : 6km, 2시간 소요

TIP 5

걷기 힘든 어린이나 어르신들을 위한 전동 셔틀 서비스와 자전거 대여가 가능하다. 단, 예약하고 가야 한다.

반월도 · 박지도 예약 061-262-3003, 061-271-3330
시간 예약 시 상시 운영

TIP 6

퍼플 섬에서 숙박을 하고 싶은 사람은 박지마을 식당 및 숙소 예약 061-271-3330, 061-262-3003, 반월마을 식당 및 숙소 예약 061-275-7019으로 전화해서 예약하면 된다.

제주

'나의 인생'이라는 영화의 포스터 만들기

해맞이 해안로 드라이브, 안돌 오름 비밀의 숲

요즘 들어 SNS에서 자주 보이는 장소가 있다. 말 그대로 '뜨는' 곳. 바로 제주도 안돌 오름 - 비밀의 숲이다. 신비한 이름과 분위기에 마음이 끌렸다. 비밀의 숲이라니…. 어떤 이야기가 숨어 있는 걸까? 장소에 대한 정보를 조금 찾아보니 사진 맛집, 셀프 웨딩 촬영 추천지 등 다양한 테마가 떴다. 사진 찍기 좋은 근사한 풍경이 펼쳐질 거라는 생각이 가장 먼저 들었다. 비밀의 숲으로 가기 전 가까운 제주 동부의 아름다운 바닷길을 따라 드라이브를 하기로 했다. 드라이브를 마치고 비밀의 숲에 도착하는 시간은 석양이 내려앉는 오후 5시경이 될 것이다. 그때 우리는 나무 사이로 쏟아지는 빛 속에서 드라마틱한 사진을 남기기로 했다. 삼각대도 준비했고, 여행하기 편하면서도 예쁜 의상도 맞춰 입었다. 준비는 모두 마쳤다. 오늘은 내 인생의 영화 포스터를 찍는 날이다.

✓ 추천 코스 한눈에 보기

① 해맞이 해안로 드라이브

자동차 ① 제주 공항에서 연삼로 10.3km → ② 조천우회로 10.4km → ③ 일주동로 5.5km → ④ 김녕 해수욕장 도착 (약 45분 소요)
※김녕 해수욕장에서 아래 경로로 해안 드라이브를 시작한다.
김녕 해수욕장(제주 제주시 구좌읍 김녕리 김녕 해수욕장, 2분 소요) → 진빌레 밭담길 테마공원(제주 제주시 구좌읍 월정리 1400-14, 3분 소요) → 월정리 해수욕장(제주 제주시 구좌읍 월정리 33-3, 24분 소요) : 총 30분 소요

② 안돌 오름 비밀의 숲

자동차 월정리 해수욕장에서 '송당리 1887-1' 경유, '송당리 2173' 도착지로 이동하면 포장도로로 이동할 수 있다. (약 25분 소요)

COURSE 01

제주 대표 드라이브 코스 달리기
해맞이 해안로 드라이브

우리 부부가 제주도에 도착하면 가장 먼저 하는 일은 망고 주스, 아이스 아메리카노를 하나씩 사서 해안가를 따라 드라이브하는 것이다. 결혼 후 첫 휴가지가 제주도였는데, 그 당시 차 안에 흐르던 잔잔한 음악 소리와 뭉게구름이 핀 바닷가의 풍경이 너무나도 인상 깊었기 때문이다.

먼저 우리는 김녕 해수욕장을 지나 진빌레 밭담길 테마 공원 바닷가에 들르고 월정리 해수욕장까지 드라이브했다. 김녕이나 월정리 해수욕장은 이미 너무나도 유명한 관광지라서 여행객들이 많았지만, 진빌레 밭담길 테마 공원 앞 바닷가는 한적해서 조용한 곳이라 그 평온한 분위기에 풍덩 빠져버렸다. 긴 방파제 사이로 양쪽에 바닷길이 나뉜 이 장소는 낚시를 즐기는 현지인과 해녀들이 차지하고 있었다. 바다를 등지자 거대한 풍력 발전기가 천천히 돌아가고 있었다. 머리 위에 떠 있는 태양, 빛나는 바다, 그리고 바람 따라 돌아가는 거대한 바람개비. 주변의 소리는 바다에 잠겨 고요해 오롯이 아름다운 풍경만이 눈에 들어왔다. 얼굴을 스치고 지나가는 바람에서 느껴지는 바다 내음까지, 완벽한 오후 2시였다.

①

남편은 특히나 제주도에서 바닷가에 가는 것을 좋아한다. 그런데 죽어도 선크림은 바르지 않겠다고 고집을 부려서, 맨얼굴로 바닷가에서 뛰놀다 보니 얼굴이 새까맣게 타 있었다. 이마가 빨갛게 익은 채 따갑다고 말하는 걸 보면 아직 어린아이 같다. 덩치만 큰 어른이, 남편과 함께 방파제 길을 천천히 걷다가 우리나라 지도와 닮은 모양의 해안을 발견했다. 방파제 중간에 있으니 보물찾기를 하듯 찾아보면 좋을 것 같다. 천천히 지평선을 바라보며 산책도 하고 바닷가를 배경으로 멋진 커플 사진도 남길 수 있었다. 바닷가 산책을 마치고 월정리 해수욕장까지 난 바닷길을 따라 드라이브하는 길은 너무나도 아름다웠다. 준치 말리기가 한창인 월정리 바닷가에서 따뜻한 차 한잔과 함께 가볍게 식사를 하고 해맞이 해안로 드라이브를 마무리했다.

① 진빌레 밭담길 앞 바닷가 긴 방파제 사이로 천천히 산책을 즐길 수 있다.
② 바닷가에서 보이는 풍력 발전기가 바람에 천천히 돌아가고 있다.   ③ 맑은 날의 제주와 진빌레 밭담길의 바닷가 풍경
④ 진빌레 밭담길 주차장 앞의 바닷가가 방파제를 따라 걷다 보면 우리나라 지도 모양과 닮은 해안의 모습을 발견할 수 있다.
⑤ 화창한 날의 월정리 해수욕장의 모습   ⑥ 월정리 바닷가에서 준치 말리기가 한창이다.

COURSE 02

제주의 웅장한 편백숲 산책하며 힐링하기
안돌 오름 비밀의 숲

제주 스냅 사진의 비밀 명소로 알음알음 사람들에게 알려지기 시작한 안돌 오름 편백 숲길. 양팔을 벌린 것처럼 양쪽으로 펼쳐진 아름다운 형태의 나무 사이로 오솔길이 난 이색적인 풍광 덕분에 많은 사람에게 '몰래' 인기를 얻기 시작했다. 그래서 이름이 비밀의 숲이다. 원래 사유지였으나 찾아오는 사람들이 많아져 일반인들에게 개방하기로 결정, 현재는 숲 관리 보존 비용 2,000원을 내고 들어가면 마음껏 사진을 촬영하며 걸어볼 수 있다.

우리는 멋진 사진을 찍기 위해 비밀의 숲으로 향했다. 이 숲에서 비밀이 뭔지 파헤치고, 영화 포스터 같은 엄청난 사진을 남기리라 마음속으로 조용히 다짐하며 삼각대를 꽉 쥐었다. 비밀의 숲 주차장으로 가는 길은 너무나 험했다. 오르막길은 아니었지만 마치 비포장도로를 달리는 것처럼 렌터카가 거세게 흔들렸다. 모험의 첫걸음처럼 험난한 입구를 지나 드디어 비밀의 숲 입구로 들어갔다. 알고 보니 비밀의 숲의 입구는 두 곳. 우리는 비포장도로

① 안돌 오름 입구에서 바라보는 편백의 모습이 하늘에 닿을 듯 높이 솟아 장관을 연출한다.
② 하늘을 향한 기둥처럼 높게 솟은 편백숲으로 들어가면 비밀의 숲이 시작된다.
③, ④ 편백나무가 마치 태양을 가려주는 커튼처럼 촘촘하게 솟아나 있다.

로 갔는데 반대편에 포장도로가 있다고 한다. 송당 초등학교 쪽으로 오면 엉덩이가 좀 더 편할 것이다.

입장하자마자 하늘에 닿을 듯 거대한 높이의 편백 군락 입구가 나온다. 그 웅장함에 압도되어 한참을 바라보다 편백나무 숲속으로 빨려가듯 들어갔다. 숲으로 발을 내디디면 공간이 분리되듯 다른 장소가 시작된다. 장난기 넘치던 어린 시절처럼 나무 사이사이를 뛰어다니기도 하고, 멋진 장소를 찾아 사진을 담기도 했다. 울창한 편백숲에서 악당의 추격을 피해 도망치는 주인공의 모습을 상상하기도 하고, 새하얀 나무들 사이로 안타깝게 헤어진 슬픈 연인들이 우연히 재회하는 그림이 그려지기도 했다. 영화의 배경으로 사용해도 좋을 만큼 아름다운 장소들이 곳곳에 있었다.

⑤ 비밀의 숲, 그 깊숙한 곳으로 들어가면 아름다운 들꽃밭이 펼쳐진다.
⑥ 안돌 오름 비밀의 숲의 마스코트 민트색 트레일러 안에서는 간단한 다과도 살 수 있다.

편백숲을 지나면 목초지가 나오고 돌담 사이의 통로를 따라 비밀의 숲이 본격적으로 시작된다. 나무 사이로 난 길을 지나면 흰 메밀꽃이 가득한 평야가 나타난다. 곳곳에서 커플들과 가족들이 다정하게 사진을 찍고 있었다. 구석구석 돌아다니며 사람이 없는 곳을 찾아 자리를 잡고 사진을 많이 남겼다. 마음에 쏙 드는 사진들이 몇 컷 나왔다. 만족한 얼굴로 남편을 바라보았다. 남편이 어깨를 으쓱하며 '나 잘 찍었지'라는 듯 방긋 웃었다. 너무 고생한 듯하여 반대편 입구 겸 출구에 있는 트레일러 카페에서 2,000원짜리 아이스 아메리카노를 한 잔 사주었다. 생각해 보니 남편 단독 사진이 하나도 없는 듯했다.

오두막을 지나 돌아 나오는 길, 낮게 태양이 지고 있었다. 아름다운 석양이 숲길 사이를 비추고 하늘은 따스한 색으로 물들어가고 있었다. 이때다 싶어 노을을 등지고 사진을 남겼

⑦, ⑧ 미스터리하면서도 비밀스러운 안돌 오름에서 성공한 카레 부부의 포스터 촬영

다. 햇살이 좋은 오후, 흰 편백나무 사이로 빛의 커튼이 내려와 멋진 배경이 되어주었다. 우리는 장난스럽게 또는 다정하게 원하는 사진을 잔뜩 남겼다. 삼각대가 빛을 발하는 순간이었다. 영화 포스터처럼 멋진 사진을 간직한 채 나뭇가지 사이로 비치는 하늘을 바라보며 비밀의 숲에서 나오는 마음이 어쩐지 든든했다.

'비밀의 숲'에서 그 비밀이 유지되는 이유는 아름다운 사진을 남기기 위해 열심히 찍어주는 사람의 '마음'이 있어서가 아닐까…. 내가 원하던 영화 포스터 같은 사진을 찍기 위해 인상 한 번 찌푸리지 않고 수십 번 셔터를 눌렀을 나의 배우자에게 이번 여행기를 바친다.

INFO 주소 제주 제주시 구좌읍 송당리 2173 문의 0507-1349-0526 운영시간 09:00~18:30 휴무 부정기(휴무일은 공식 인스타그램 '@secretforest75'에 공지함) 입장료 ① 어른 2,000원 ② 7세 이하 1,000원 ③ 3세 이하 및 70세 이상 무료 ※ 현금, 계좌 이체, 카카오페이 가능

TIP 포장도로 오는 법 내비게이션에 '송당리 1887-1' 경유 후 '송당리 2173(비밀의 숲)'으로 지정한다.

인생샷 포인트

POINT 01   카레 부부의 시그니처 커플 포즈는?
진빌레 밭담길 테마 공원 앞 바닷가

진빌레 밭담길 테마 공원 앞에는 아름다운 바닷가가 펼쳐져 있다. 해변에 곱게 깔린 하얀 모래사장에서 우리 커플의 시그니처 사진인 어깨 탑 사진도 남기면서 행복한 한때를 기록했다. 어깨 위에 앉아 찍는 저 포즈가 남편과 내가 몇 살까지 가능할지 모르겠지만, 우리 부부가 운동을 열심히 해서 최대한 오래 하고 싶은 포즈다.

POINT 02   영화 포스터 같은 사진 찍어 보기
안돌 오름 비밀의 숲

안돌 오름 비밀의 숲은 핫한 사진 스폿으로 떠오르고 있다. 편백나무들이 액자처럼 늘어서 있는 곳과 아름다운 메밀밭, 오두막집 등 아기자기한 장소들이 여기저기 펼쳐져 있다. 커플이라면 삼각대의 도움을 받아 재미있는 커플 사진을 남길 수 있을 것이다.
또 해가 지기 시작할 때 방문한다면, 울창한 편백나무 사이로 빛의 커튼을 등지고 사진을 찍어 인생 샷을 남길 수 있을 것이다.

HIDDEN TIP

TIP 1 함께하면 좋은 여행지

마음을 부드럽게 다독여주는
좌보미알 오름 억새밭

비밀의 숲에서 벗어나 숙소로 돌아가는 길도 아름다운 풍경이 펼쳐졌다. 끝없는 갈대밭과 평야가 펼쳐진 들판은 따뜻한 노을에 둘러싸여 있었다. 이곳은 좌보미알 오름이 시작되는 들판이었다. 늘 높은 빌딩 숲에서 사각형의 하늘을 보고, 넓은 공간이라고는 자동차만 지나갈 수 있는 사거리 정도밖에 없는 곳에 있다가 이렇게 드넓은 평야를 만나니 당황스럽기도 하고 놀랍기도 했다. 비밀의 숲에서 차로 20분 이내의 거리에 있는 좌보미알 오름의 억새밭은 황금색으로 반짝반짝 빛나고 있었다. 이곳은 지도에도 잘 나오지 않아 길가에서 만나는 진짜 제주였다. 목적지를 향해 나아가다 보면 이름조차 잘 모르지만 눈길을 끄는 장소가 있다. 길을 가다가 마음이 끌리는 대로 멈추어 설 수 있는 용기가 필요한 곳, 그곳이 바로 제주가 아닐까 싶다. **주소** 제주 서귀포시 표선면 성읍2리 신6번지 ※가을 한정 방문 가능

TIP 2 추천 맛집

스머프들을 기다리는 설렘!
친봉 산장

친봉 산장은 말 그대로 산속에 있을 것 같은 빈티지한 카페 겸 술집. 벽난로 옆에서 한 솥 가득 끓여낸 가가멜 스튜를 먹다 보면 캠핑 온 듯한 느낌도 든다. 또한, 표면에 유리처럼 얇고 파삭한 캐러멜 토핑을 씌운 뜨거운 우유인 구운 우유를 마시고 나면 속이 든든해진다.

주소 제주 제주시 구좌읍 중산간동로 2281-3
문의 0507-1442-5456
운영시간 10:00~22:00 **휴무** 연중무휴
가격 가가멜 스튜 20,000원, 구운 우유(플레인, 말차, 초콜릿) 10,000원, 야외 캠프파이어 10,000원
※ 현재 공사 중으로 12월 초 서귀포에서 재오픈 예정

봄날에 즐기는 제주도 데이트
왈종 미술관, 사려니숲길 유채꽃밭

봄에 제주도에 가는 것은 나의 버킷 리스트 중 하나였다. 그 이유는 눈이 부시게 노란빛을 뿜어내며 만개한 유채꽃밭을 보고 싶기 때문이었다. 나의 소소한 기쁨은 아름다운 장소를 찾아서 남편에게 보여주는 것인데, 멋진 장소에 도착했을 때 그가 개구쟁이처럼 기뻐하는 표정을 보는 것이 너무 기대되기 때문이다. 그래서 이번 여행에서는 남편을 데리고 유채꽃이 만개한 꽃밭에서 커플 사진을 남기기로 마음먹었다. 무뚝뚝한 상남자이지만 의외로 예쁘고 멋진 장소에 가면 누구보다도 행복해하며 사진을 잔뜩 남기는 감성적인 사람이기 때문이다. 꽃 속에서 방긋 웃어주며 사진을 남기는 그 사람의 모습을 보고 싶어 떠나기로 했다.

매년 봄은 돌아오니까 다음에 가야지 하고 미루고 미루다가 드디어 올해 봄, 그 꿈을 이루게 되었다. 짧은 봄이 신기루처럼 사라져 버리기 전에 제주행 비행기 표를 샀다. 사랑과 여행은 미루는 게 아니라고 했다. 봄날의 제주도는 시작하는 연인에게는 달콤한 경험을, 오래된 연인에게는 일상과는 다른 특별한 추억을 선물해 줄 것이다. 이번 제주도 데이트 코스는 아름다운 추억을 안겨줄 유채꽃밭으로 떠나 보자.

✔ 추천 코스 한눈에 보기

① 왈종 미술관

자동차 ① 제주 공항에서 평화로 21.2km → ② 중산간서로 9.4km → ③ 중산간서로 5.6km (약 1시간 10분 소요)

대중교통 ① 제주 공항에서 버스 600번 승차 → ② 서복 전시관 하차 후 도보 378m (약 1시간 30분 소요)

② 사려니숲길 유채꽃밭

자동차 ① 왈종 미술관에서 516로 7.9km → 서성로 10.7km → ② 남조로 10.8km → ③ 사려니숲길(돌카롱 앞 유채꽃밭) 도착 (약 45분 소요)

대중교통 ① 왈종 미술관에서 도보 954m 후 주공3, 4단지(남) 버스 281번 승차 → ② 교래입구 하차 후 도보 70m → ③ 비자림로 교래입구 버스 232번(서귀포 등기소) 승차 → ④ 사려니 마을 하차 후 사려니숲길(돌카롱 앞 유채꽃밭)까지 도보 100m (약 1시간 소요)

COURSE 01

사랑이 충만한 제주의 삶 엿보기
왈종 미술관

   봄날에 찾아온 제주는 심술이 난 듯 흐리다가 비가 부슬부슬 오기를 반복하고 있었다. 오랜만에 찾아와 맑은 제주의 얼굴이 보고 싶었는데 쉽사리 보여주지 않았다. 흐리고 바람이 부는 봄날에 우리가 선택한 장소는 왈종 미술관이다. 제주도의 풍경과 그 속의 사람들을 그리는 이왈종 화백의 이름을 따서 2013년에 지어진 이곳은, 육지에 사는 사람들이 막연히 동경하는 제주의 삶이란 이런 것이 아닐까 싶을 정도로 제주의 아름다움을 잘 표현한 미술관이다. 한국적인 화풍으로 화사하고 따뜻한 작품을 그려내는 화백의 이상향인 색동옷을 입은 제주를 엿볼 수 있는 곳이다. 그림 속 색색으로 물든 제주도의 풍경을 보고 있으면 덩달아 기분이 좋아지는 것 같았다.

   이왈종 작가는 '바람과 빛이 충만한 모습'을 담아 미술관을 지었는데, 그 외관은 모든 것을 담을 듯 둥근 찻잔 모양이다. 미술관 전체 넓이는 300평 규모로, 1층에는 수장고와 도예실, 미디어 아트 전시관, 2층에는 작가의 평면 회화, 도예, 목조각 및 미디어 아트, 3층은 작

①

① 왈종 미술관의 내부 전시실. 알록달록하게 물든 제주도의 모습을 볼 수 있다.
② 미술관으로 들어가는 입구에 있는 조형물이다. 제주도를 상징하는 물고기와 새, 동백꽃 등이 매달려 있다.
③, ④ 이왈종 화백이 새긴 제주도를 나타내는 모습들이다. 나무 위에 연꽃과 새, 물고기의 모습을 새겨 화사하고 다양한 색을 사용했다.

⑤ 한국적인 색채를 사용한 조각품 위에 제주도의 꽃들이 새겨져 있다.

가의 작업실과 명상실이 있다. 2016년에는 옥상에 정원이 꾸며져 제주 남쪽 바다와 섶섬, 문섬, 새섬과 한라산 정상을 아름다운 작품과 함께 감상할 수 있다.

미술관으로 들어가는 길에는 새와 기와집이 얽힌 조각품들이 우리를 맞이해 주었다. 깔끔한 내부에 밝고 환한 색상으로 표현된 작품들은 새, 꽃, 물고기, 골프를 즐기고 있는 사람들이 자주 등장했다. 괴로움이나 상념보다는 밝고 즐거운 나날을 나타내는 작품들의 이면에는 삶에 대한 통찰이 들어 있다. 어떠한 일도 "그럴 수 있다. 그것이 인생이다."라는 말 한마디로 정의한다. 우리가 상상하지 못한 일도, 기대 이상의 행복도 우연히 일어난다. 그렇다면 우리가 할 일은 모든 것을 바르게 보고 바르게 느끼는 것이다. 이 미술관 전체가 추구하는 제주 생활의 '중도'처럼 말이다.

20년 이상 제주에 살고 있는 작가는 행복과 불행, 자유와 구속, 사랑과 고통, 외로움을 제주도를 통해 나타내고 있었다. 비바람으로 인해 즐길 수 없었던 제주도를 미술관 안에서 만날 수 있었다. 우리가 꿈꾸던 제주가 천연색으로 아로새겨진 곳이었다. 유머러스하고 밝은 작품들을 감상하다 보니 어느새 입가에 잔잔한 미소가 지어졌다. 우리 부부는 제주도에서 살아보고 싶다고 말한 적도 있는데, 따스한 색으로 둘러싸인 그림 속의 제주를 바라보고 있자니 그 마음이 더 커졌다. 마음을 비우며 그림 속으로 풍덩 빠지고 싶다는 작가의 말처럼 우리도 언젠가는 많은 것들을 내려놓고 제주 속으로 풍덩 빠지는 날이 올 수 있을까? 사랑과 행복이 충만한 곳인 왈종 미술관을 관람하고 나오니 어느새 비가 그쳤다.

⑥ 이왈종 화백이 우리에게 들려주는 이야기 '그럴 수 있다. 그것이 인생이다'
⑦ 제주 생활의 '중도' 연분홍빛 제주 하늘 위로 고즈넉한 제주도의 주택을 그려 넣었다.
⑧ 바다색으로 물든 서귀포의 모습을 나타내었다.
⑨ 성산 일출봉을 배경으로 한 제주도의 아름다운 모습을 그려내었다.

 주소 제주 서귀포시 칠십리로 214번길 30 **문의** 064-763-3600 **운영시간** 10:00~18:00(17시 30분까지 입장 가능) **휴무** 월요일, 1월 1일 **입장료** ① 어른 5,000원 ② 어린이, 중고등학생, 제주도민 3,000원

COURSE 02

물감을 뿌린 듯한 유채꽃밭에서 인생샷 촬영하기
사려니숲길 유채꽃밭

　우리가 썸을 타다가 연인이 되기까지 걸린 시간 두 달, 사귀다 결혼하기까지 걸린 시간 3년. 결혼해서 함께한 지 9년. 그동안 우리의 가슴을 살랑살랑 간질이던 봄도, 뜨겁게 불타오르던 여름도 여러 번 지나갔다. 어느새 시간이 쏜살같이 지나 우리는 여름에서 가을로 넘어가는 시기를 보내고 있다. 그런데도 나는 매년 봄을 기다리고 있다. 언젠가는 사랑하는 사람과 제주도의 유채꽃을 보기 위해서 말이다. 올해 봄도 놓쳐버릴까 봐 시간을 맞춰 비행기 표를 샀다. 미루는 것이 습관이 돼버렸지만 올해는 더 미루지 않기로 했다. 해야 할 일들도, 나의 감정도 말이다.

　먼 길을 달려 도착한 사려니숲길은 우리 부부가 제주도에서 매우 좋아하는 장소이다. 끝이 보이지 않는 숲속 가득 향긋한 자연이 담긴 곳. 제주의 향은 바로 사려니숲의 향기일 것이다. 사려니는 '신성한 숲'이라는 뜻이 있다고 한다. 비 오는 날 우비를 쓰고 숲길을 걸어간 적이 있는데, 귀여운 노루를 만나 어쩐지 성스러운 기분이 들기도 했다. 사려니숲

① 드넓게 펼쳐진 사려니숲길의 유채꽃밭

①

②

③

② 삼각대를 이용해 촬영한 우리 부부의 사진. 유채꽃밭에서 사진을 남기고 싶다는 버킷리스트를 하나 이루었다.
③ 남편이 찍어준 노란 유채꽃밭 사진

길은 웨딩 사진, 커플 사진의 명소라고 불릴 정도로 아름다운 풍경과 숲길이 이어져 있다. 맑은 날은 하늘을 찌르는 듯 무성한 자연림과 푸르른 하늘을 담을 수 있고, 비 오는 날은 산신령이 나타날 듯 안개에 둘러싸인 사려니숲을 담을 수 있는 매력적인 장소이다. 숲길 양쪽을 따라 가득한 편백과 울창한 자연림 속에서 숨을 쉬다 보면 나도 모르게 스트레스가 모두 풀리는 것만 같았다.

흐드러지게 핀 유채꽃이 제주도를 노란 빛으로 물들이고 있었지만, 우리의 마음을 빼앗은 곳은 바로 이곳 사려니숲길 근처의 유채꽃밭이었다. 산굼부리와 사려니숲 근처에 있는 이 유채꽃밭은 매우 넓어 충분히 거리 두기를 하며 사진을 남길 수 있는 공간이었다. 마치 제주도를 노란 보자기로 감싼 듯 드넓은 유채꽃밭 위로 봄바람이 불어왔다. 아침에 부슬부슬 내리던 비가 그치고 유채꽃은 이슬을 머금은 채 봉우리를 벌리고 바람에 흔들리고 있었다. 아이의 사진을 찍어주는 부모의 얼굴에도,

④ 이슬을 머금은 유채꽃의 모습.
⑤ 사려니숲길 유채꽃밭은 카페 돌카롱 사려니숲길점 앞에 있다.

상대방의 사진을 정성스럽게 찍어주는 연인의 얼굴에도 꽃이 피어나듯 미소가 활짝 피어나 있었다. 오래된 커플인 우리도 단둘이 있을 수 있는 장소를 찾아서 삼각대를 펴고 사진을 찍기 시작했다. 좋아하는 사람과 사진을 찍으면 자연스럽게 행복한 표정이 나타난다. 그날의 기분과 분위기, 그리고 향기까지도 그대로 사진에 남을 것이다. 유채꽃이 끝없이 가득한 아름다운 장소에서 커플 샷을 완성했다. 드디어 오랫동안 꿈꾸던 나의 버킷리스트 '사랑하는 사람과 함께 유채꽃밭에 가는 것'을 이루게 되었다.

 주소 제주 제주시 조천읍 비자림로 422-2(카페 돌카롱 사려니숲길점 앞 유채꽃밭) ※ 4월 방문 추천

인생샷 포인트

POINT 01 이벤트 사진 촬영의 명소
사려니숲길의 편백숲길, 삼나무길

무성한 자연림으로 둘러싸인 사려니숲길에서는 어디를 찍든 초록빛이 가득한 예술 사진이 나온다. 일정한 간격으로 하늘 높이 솟은 편백숲길과 삼나무길을 배경으로 하면 아름다운 사진이 나온다. 셀프 웨딩 사진, 커플의 이벤트 사진 등을 찍는 장소로도 유명하다.

POINT 02 영원히 추억할 커플 사진
봄날의 유채꽃밭

4월이면 제주 곳곳에 노란 꽃 무리가 봄바람에 흩날려 꿈결처럼 환상적인 유채꽃밭을 많이 볼 수 있다. 바로 이곳에서 커플 사진을 찍으며 로맨틱한 순간을 나누는 사랑스러운 데이트를 추천한다. 눈부시게 노란 꽃, 파란 하늘, 그리고 환하게 웃음을 터트리는 두 사람의 모습을 추억으로 남겨 보자.

HIDDEN TIP

TIP 1 함께하면 좋은 여행지

메밀꽃 필 무렵 **제주도 메밀꽃밭**

제주도의 봄과 가을에는 하얀 메밀꽃이 여기저기에 자라난다. 유채꽃에 밀려 유명세는 덜하지만, 자그마하고 흰 메밀꽃 송이가 군락을 이루며 핀 모습도 꽤 장관이다. 하얀 꽃송이 사이로 연보랏빛이 숨어 있는 모습이 청초하면서도 아름답다.

제주도에서 메밀꽃이 피는 시기는 5~6월, 9~10월이다. 특별히 정해진 메밀꽃밭이 따로 있지는 않고, 이 시기에는 곳곳에서 하얀 꽃밭을 만날 수 있을 것이다. 이 장소는 제주 서귀포시 성산읍 오조리에 있는 메밀꽃밭인데 길가를 따라 꽃이 핀 모습에 마음을 뺏겨 사진으로 남기게 되었다. 사려니숲길에서 성산으로 향하는 방향에 있다. 또는 성산에서 내비게이션에 수산 입구 삼거리를 치고 가면 된다. **주소** 제주 서귀포시 성산읍 오조리 2033-4 ※ 봄·가을 한정

TIP 2 추천 맛집

쫄깃 쫄깃 제주 고기완자의 맛 **칠십리 고기완자**

칠십리 고기 완자만의 독특하고 맛있는 소스에 완자를 찍어 먹어 보자. 쫄깃하고 부드러운 육즙에 어우러진 깊은 맛을 느낄 수 있을 것이다. 음식을 정성스럽게 만들었다는 것이 느껴진다.

주소 제주 서귀포시 태평로 357 **문의** 064-732-5570
운영시간 11:00~15:00(마지막 주문 14:00) **휴무** 일, 월요일
가격 칠십리 고기완자 15,000원, 고기완자 라이스 14,000원

유럽의 정원을 거니는 느낌 **베케**

최근 SNS에서 핫하게 뜨는 서귀포의 대표 카페다. '베케'는 밭을 고를 때 나오는 돌을 쌓은 돌무더기라는 뜻. 모던하게 지어진 카페에서 차와 디저트를 판매한다. 카페 뒤에 조성된 아름다운 정원이 감성 사진을 찍을 수 있는 핫플로 떠오르고 있다.

주소 제주 서귀포시 효돈로 54 **문의** 064-732-3828 **운영시간** 10:00~18:00
휴무 화요일 **가격** 차콩 크림 라테 7,500원, 쿠크 모카 라테 6,500원

HEALING TOUR

온전한 나를 찾아서 떠나는 여행

마음이 시끄러울 때가 있다. 무엇을 해도 즐겁지 않고, 미래가 불안해서 잠이 오지 않을 때. 늘 그렇듯 정답은 내 마음 속에 있다. 나와의 대화를 나눌 수 있는 조용한 곳으로 떠나보자.

PART 2.

경기 양평 · 남양주 | 능내리 연꽃마을 다산길 투어
전남 담양 | 명옥헌 원림
전남 담양 | 창평슬로시티, 오일장 투어
전남 광양 · 경남 하동 | 옥룡사지 동백나무숲, 쌍계사
전남 신안 | 순례자의 섬 (기점·소악도)
전남 신안 | 비금도·도초도 여행
제주 | 성산 · 오조 지질 트레일, 광치기 해변

진흙에서 피어난 연꽃처럼 다시 꽃필 '나'를 찾아서
팔당댐 드라이브, 능내리 연꽃마을

태풍이 지나간 늦여름의 하늘은 유난히 푸르렀다. 공기는 상쾌하고 햇살이 눈부신 하루가 시작되었다. 길었던 머리카락을 고민 끝에 단발로 잘랐더니 선선한 바람이 불어올 때마다 목덜미가 간지럽다. 날씨는 이토록 아름다웠으나 나는, 행복하지 않았다. 몸과 마음에 깊이 새겨진 상처가 오랫동안 한자리에 머물며 괴롭히고 있었다. '내가 다시 뭔가를 시작할 수 있을까?', '앞으로 어떻게 살아가야 할까?' 이런 우울한 생각들이 머릿속을 떠나지 않던 그때. 눈부신 여름 날씨가 내 등을 떠밀었다. 당장 저 밖으로 나가 보라며.

마음이 원하는 곳으로 발길 닿는 대로 떠나, 어느새 연꽃마을 속으로 들어와 있었다. 넓은 호수 위에 올라앉은 연꽃잎이 바람에 스치는 소리를 가만 듣고 있으니, 걱정으로 가득했던 마음도 평온해졌다. 남의 칭찬과 비난에 신경 쓰며 살다 보니 어느새 평판과 시선에 갈대처럼 흔들리는 내 모습이 보였다. 마음이 답답할 때, 잘 하고 있는지 의심스러워질 때마다 '여행'은 나에게 말을 걸어왔다. '자신을 잃어버리지 말아, 나다운 것을 찾으러 떠나.'라고. 드넓은 호숫가에 핀 연꽃들이 내게 속삭인 말들도 그런 위로였다. 지금, 아니 어제까지 진흙같은 절망에 파묻혀 있었더라도 곧 다시 예전의 '나'를 꽃피울 수 있다고. 그제야 나는 내 옆에 있는 사람이 보였다. 내 아픔만 생각하느라 아무것도 보지 못하는 내 곁에서 나무처럼 묵묵히 지켜 주던 그의 얼굴을 오랜만에 마주 볼 수 있었다. 보드라운 얼굴을 살짝 드러낸 연꽃이 우리 마음을 다시 피어나게 해줄 것 같은 끌림을 느끼며, 마음을 위로해 줄 파란 하늘과 초록 세상을 향해 발걸음을 옮겼다.

 추천 코스 한눈에 보기

① 팔당댐 드라이브

자동차 ① 서울역에서 내부순환로 3.7km → ② 북부간선도로 14.3km → ③ 경강로 8.8km (약 1시간 30분 소요)

※ 드라이브 코스이니 자동차 이용을 추천한다.

② 능내리 연꽃마을

자동차 ① 팔당댐 삼거리에서 미사대로 3.8km → ② 경강로 1.1km → ③ 다산로 4.8km (약 20분 소요)

TIP 다산길 2코스(경기도 남양주시 조안면 능내리 249-8)의 무료 주차장에 주차한 후 길을 건너 표지판을 따라 입구로 들어가면 된다.

COURSE 01
한 폭의 동양화 같은 풍경 속으로 드라이브하기
팔당댐 드라이브

'떠나자'는 결심을 하자마자 차에 올라타 팔당댐으로 향했다. 태풍이 지나간 후라 팔당댐에서 쏟아져 나오는 물줄기는 평소보다 더 거세게 물보라를 만들며 솟구쳤다. 수문이 활짝 열린 팔당댐을 보는 것은 흔치 않은 행운이었다. 팔당댐은 서울과 수도권에 물을 공급하는 취수원으로, 1995년 4월 팔당 대교가 개통된 후부터는 아름다운 북한강의 모습을 더 쉽고 가까이서 볼 수 있게 되었다.

한강이 시작되는 곳이라고 불리는 팔당댐 하류에는 아름다운 강줄기를 따라 음식점과 카페들이 즐비하게 늘어섰다. 이곳에 잠시 차를 세우고 북한강과 팔당댐을 바라보며 커피

① 태풍이 지나간 후의 팔당댐. 수문이 열려 거센 물보라를 일으키는 모습이 장관이다.

에 가벼운 간식을 곁들일 수도 있다. 맑은 하늘을 바라보며 팔당댐에서 쏟아지는 물줄기를 바라보니 답답했던 마음속까지 시원해지는 것 같았다. 팔당댐의 모습을 한참 바라보고 있는데, 장난스럽게 미소를 짓고 있던 남편이 엄청난 맛집에 데려가 주겠다며 팔을 잡아끌었다. 도착한 곳은 북한강과 팔당댐이 정면으로 바라보이는 명당에 서 있는 푸드 트럭. 이곳에서 멋진 뷰를 배경으로 맛있는 토스트를 먹을 수 있었다.

우리는 이어서 시원한 바람을 맞으며 팔당댐 드라이브 코스를 누벼 보았다. 추천 코스는 팔당 대교 남단 출발, 팔당댐 관리교 경유, 능내리 다산 유적지로 향하는 코스다. 검단산을 배경으로 강줄기에 둘러싸인 이 아름다운 길을 달리다 보면 한 폭의 동양화를 보는 느낌이 들 것이다. 팔당댐을 지나면 강물의 폭이 넓고 깊은 팔당호의 풍경이 이어진다. 약 30분간 산과 하늘이 담긴 호수를 보며 기분 좋은 드라이브를 즐겨볼 수 있다.

② 팔당댐을 따라 드라이브하는 길. 한 폭의 풍경화 같은 아름다운 길이 펼쳐진다.

③ 팔당댐 근처에 뷰가 좋은 곳에는 항상 이 민트색 커피 트럭이 세워져 있다. '커피 트럭 501'에서 차 한 잔의 여유를 가져보자.

 주소 경기도 남양주시 조안면 다산로 팔당댐

①

COURSE 02 — 비밀스러운 연꽃 호수에서 연인과 산책하기
능내리 연꽃마을

★ 현지인 추천 ★

　팔당댐 드라이브를 즐기며 이동하면 능내리 연꽃마을로 이어진다. 경기도 양평의 볼거리라 하면 흔히 두물머리를 떠올리지만, 동네 주민들이 추천한 곳은 다산의 숨은 명소 '능내리 연꽃마을 – 다산길 2코스' 다. 사람이 적고 산책로가 완만하여 아이들도 걷기 좋은 장소라고 이야기해 주셨다. 능내 1리에 있는 연꽃마을은 2009년 '참 살기 좋은 마을 가꾸기' 사업을 통해 주민들이 직접 조성한 친환경 생태 마을로, 경기도 최우수 마을에도 선정되었다. 사시사철 다양하게 변하는 자연을 흠뻑 느끼며 힐링할 수 있다. 다산길이 시작되는 길에 '두 눈을 감고 걸었다. 그동안 꽃이 피었다' 라고 쓰인 푯말이 있다. 우리는 다산길 2코스를 따라 연꽃마을을 향해 걸어갔다.

　다산길 2코스는 머루 터널을 지나 다산 유적지, 토끼섬, 다솜 울타리를 지나 다시 돌아올 수 있다. 사람들에게 많이 알려지지 않아서 한적하고 고요하며, 생각에 잠겨 걷기 좋을 만큼 평탄한 산책로가 계속된다. 팔당호를 끼고 이어진 길을 따라 아름다운 강의 풍경을 보며 느긋하게 산책할 수 있다.

다산길 코스가 시작되는 곳에 초록빛 가득한 머루 터널 입구가 있다. 동화 속 숲길을 연상시키는 머루 터널은 잔잔한 음악 소리가 흘러나오고 짙푸른 녹음이 가득한 공간이다. 가을이 가까워지면 나무마다 머루들이 가득 찬다고 한다. 초록으로 꽉 찬 터널을 지나면 이 마을의 중심, 연꽃이 피는 호수가 시작된다. 호반을 따라 연꽃잎이 가득한 풍경은 보는 순간 저절로 감탄이 나올 정도다. 하늘이 그대로 내려와 담긴 수면 위로 초록빛이 가득한 호수는 잠시 발길을 멈추게 만들었다. 오랜만에 함께 걷는 산책이었다. 별달리 대화는 하지 않았지만 투명한 호수처럼 서로의 마음을 알 수 있었다. 서로 아끼고 사랑에 빠졌던 풋풋한

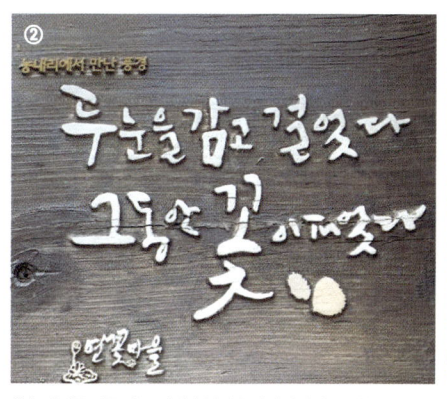 

① 능내리를 가득 채운 연잎이 햇빛을 받아 반짝이고 있다.
② 머루동굴에 들어가면 은은한 음악 소리와 함께 연꽃향이 가득한 시 구절이 적혀있다.
③ 푸르른 머루 터널을 지나면 나오는 아름다운 음악 소리에 마음이 포근해질 것이다.

연애 때가 떠올랐다.

이곳 연꽃 호수에는 그런 나의 마음을 설레게 하는 전설이 하나 전해 온다. 두물머리에 사는 아리따운 연화 낭자는 물에 빠진 자신을 구해준 젊은 사공을 사랑하게 되었다. 그러나 사공은 마을 청년들과는 다르게 무뚝뚝하기만 했다. 연화 낭자는 매일 연못가에서 사공을 그리워했지만 그는 낭자의 마음을 몰라주었다. 그래도 연화 낭자는 매일 밤 달님에게 사랑을 이루어 달라고 간절히 빌었고, 그렇게 기도를 올린지 백 일째 되는 날 연못가에는 연분홍 연꽃이 피어났다. 그 후 사공과 연화 낭자는 혼인을 하여 오래오래 행복하게 살았다고 한다. 사실 연화 낭자의 정성에 마음이 움직인 사공이 몰래 연꽃을 가져다 두었다고 한다.

④ 다산길 2코스는 머루 터널을 지나 다산 유적지, 토끼 섬, 다솜 울타리를 지나 다시 돌아올 수 있다.
⑤ 능내리 연꽃 마을을 천천히 노닐다가 사랑하는 사람과 사진 한 컷!
⑥ 머루 터널을 지나면 시작되는 호수에는 아름다운 연잎이 가득하다.

그 후로 이 마을은 연꽃마을이라 불렸고, 이 연꽃을 바라보며 보름달에 소원을 빌면 짝사랑이 이루어진다는 소문이 전해진다고 한다. 연화 낭자의 짝사랑 프로젝트가 숨겨진 호숫가에서 나도 소원을 빌어볼까 생각하다가 문득 난 이미 결혼했음을 깨달았다.

연꽃마을의 슬로건은 '슬로시티'라고 한다. 그래서인지 이곳에 오면 고민은 잊고 천천히 걷는 것에만 열중하게 된다. 목적지를 정하지 않고 발길 닿는 대로 산책하다 보면 어느새 원하는 곳으로 돌아와 있을 것이다. 연꽃마을로의 여행은 어지럽던 마음을 닦아내고 나를 다시 한번 돌아볼 수 있는 시간을 선물해 주었다. 우리는 가만히 앉아서 하나 둘 연꽃이 피어오르는 모습을 보았다. 어쩌면 저리도 어두운 진흙 속에서 초록 줄기를 힘차게 뻗어 올릴 수 있을까. 은은한 분홍빛을 띤 연꽃들은 아직은 몽우리지만 곧 눈부시게 피어날 것이다. 언젠가는 나도 진흙처럼 어두운 절망 속에서 아름다운 연꽃처럼 피어날 수 있을까.

INFO 주소 경기도 남양주시 조안면 능내리 249-8(능내리 연꽃마을 주차장) ※ 7~8월 방문 추천

⑦ 초록으로 뒤덮인 호수의 모습이 신비롭다.
⑧ 다솜 울타리 산책로에서는 거위와 개구리 등 호수에 서식하는 생물들을 만날 수 있다.

인생샷 포인트

POINT 01 수문이 활짝 열린 팔당댐을 보는 것은 흔치 않은 행운!
팔당댐

팔당댐 삼거리에 잠시 주차할 수 있는 공간이 있다. 팔당댐을 배경으로 멋진 사진을 남겨 보자. 바로 앞이 도로이므로 쌩쌩 지나가는 차들을 조심하자.

POINT 02 연꽃이 피는 호수에서 찰칵!
연꽃마을 호숫가

최고의 사진 스폿은 수련이 가득한 호수가 배경으로 펼쳐지는 곳이다. 연꽃이 가득 피는 7, 8월에 방문하면 아름다운 풍경을 담을 수 있을 것이다.

HIDDEN TIP

TIP 1 — 함께하면 좋은 여행지

2개의 물이 만나는 마을 **두물머리**

두물머리는 북한강과 남한강의 두 줄기 물이 합쳐지는 곳이라는 의미이며, 양수리에서 나루터를 중심으로 한 장소를 의미한다. 2개의 물줄기가 만나 어우러지는 자연 경관이 수려해 많은 이들이 찾는 관광지이며, 영화 및 웨딩 촬영의 명소로도 유명하다. **주소** 경기도 양평군 양서면 양수리 두물머리 **문의** 031-770-1001

물과 꽃의 정원 **세미원**

수생 식물을 이용한 자연 정화 공원으로, 6개의 연못에 연꽃, 수련, 창포가 아름답게 피어나는 곳이다. 6월에서 8월 사이에 방문하면 연꽃이 개화하는 아름다운 세미원의 모습을 볼 수 있을 것이다.
주소 경기도 양평군 양수로 93 **문의** 031-775-1835
운영시간 6~8월 09:00~20:00, 9~5월 09:00~18:00
휴무 10~5월 월요일(단, 월요일이 공휴일인 경우 개관)
입장료 어른 5,000원, 어린이 3,000원

TIP 2 — 추천 맛집

팔당댐 앞에 잠시 앉아 커피와 토스트를! **커피 트럭 카페 502**

남양주시 조안면 팔당댐 삼거리에는 '커피 트럭 카페 502'라는 작은 트럭이 있다. 팔당댐이 정면으로 보이는 장소에 댐을 배경 삼아 미니 카페가 자리한 것. 웅장한 팔당댐 앞에 잠시 앉아 커피와 토스트를 먹으며 멋진 경관을 구경해 보자.
주소 도마 삼거리에서 하남 방향으로 넘어오는 길 중간에 팔당댐이 마주 보이는 곳에 있다. 팔당댐 드라이브를 하며 민트색 카페 트럭을 찾으면 된다(팔당댐 근처에서 위치가 변경됨). **운영시간** 부정기 **가격** 토스트 4,000원, 아메리카노 3000원
인스타그램, 페이스북 아이디 coffeetruck_cafe502

어릴 적 먹었던 추억의 맛 **면포도궁**

상호가 궁전 이름 같지만 '빵도사'라는 뜻이다. '면포'는 개화기 시절 빵을 부르는 말이고, '도궁'은 도사의 집이라는 뜻이란다. 팔당 유원지 근처에 자리한 옛날식 빵집으로 생도넛과 꽈배기, 나비 파이 등을 판매한다.
주소 경기도 남양주시 와부읍 다산로 50 **문의** 0507-1415-0908
운영시간 08:00~20:00 **휴무** 월요일
가격 커피 3,000원, 생 도넛 1봉지(3개) 2,500원, 꽈배기 1봉지(3개) 2,600원

전남 담양

맛과 멋, 모두 잡는 여행
명옥헌 원림

　신선한 재료로 정성을 가득 담아 만든 맛있는 음식을 찾아, '미식'과 '힐링'을 여행의 주제로 우리는 담양으로 떠난다. 여행지를 고를 때 나는 멋을 더 중요시하는 편이고 남편은 맛을 매우 중요시한다. 이런 취향 차이 때문에 가끔 충돌이 생기곤 하는데, 담양만큼은 이 두 가지가 모두 충족된다. 내가 좋아하는 역사 깊은 명소와 남편이 좋아하는 맛있는 음식이 함께 있기 때문이다.

　푸른 하늘 아래 쭉 늘어선 메타세쿼이아길과 울창한 대나무숲이 유명한 담양에는 좋은 식재료, 남도의 깊은 손맛을 한꺼번에 맛볼 수 있는 노포들이 곳곳에 숨어 있다. 그중에서도 우리 가족의 오랜 단골 식당 떡갈비집 사장님께서 추천한 여행지가 바로 '명옥헌 원림(鳴玉軒 園林)'이다. 아담한 정원과 아름다운 정자가 멋드러진 곳이라, 멋 따라 명옥헌 원림을 둘러본 후 맛 따라 담양 미식 투어를 하기로 했다. 맛과 멋, 두 마리 토끼를 잡으러 떠나 보자.

 추천 코스 한눈에 보기

① 명옥헌 원림
자동차 ① 광주송정역에서 하남진곡산단로 11.4km → ② 삼소로 4.6km → ③ 민주로 4km (약 50분 소요)
TIP 명옥헌 원림 무료 주차장(전남 담양군 고서면 산덕리 435-2)에 주차한 후 약 7분 정도 걸어서 올라가면 된다.

② 담양 미식 투어
담양에는 떡갈비, 돼지갈비, 닭볶음탕 등 고기 마니아를 사로잡는 맛집과 다양한 카페가 많으므로 원하는 음식점을 찾아보고 이동하자.

COURSE 01

고즈넉한 시골 정원에서 가을 풍경 감상하기

명옥헌 원림

　가을에 떠나는 여행은 그 길목에서 마주치는 사람이며 사물들마저 흥미로웠다. 주차장에서 명옥헌 원림으로 걸어가는데 감나무밭이 나오길래 잠시 멈춰서 사진을 찍고 있었다. 창고에서 할아버지 한 분이 나오시더니 감을 조끼에 슥슥 닦아 우리에게 건네신다. '먹어 봐'라고 한 마디 던지시곤 뒤도 안 보고 가 버리셨다. 쿨하고 멋진 감 할아버지와의 만남을 시작으로 여러 인연들을 만날 수 있었다. 골목골목마다 아기자기한 벽화에 'THE SLOWER, THE BETTER -느릴수록 더 좋다' 라는 글이 적혀 있었다. 우리는 이 길이 또 마음에 들어 느릿느릿 걸었다. 명옥헌 원림이 있는 후산마을로 들어서자 감이 주렁주렁 열린 감나무가 있는 한옥이 눈에 띄었다. 왠지 범상치 않은 한옥에 이끌려 나도 모르게 마당으로 들어가자 마침 주인 아주머니가 백구에게 밥을 주고 계셨다. 한옥이 너무 멋져서 들어오게 되었다고 말씀드리자, 여기가 나희덕 시인의 시 〈방을 얻다〉에 나오는 장소라고 알려주셨다. 교과서에서 본 유명한 시가 창작된 곳을 찾아오게 되다니! 나희덕 시인은 아랫마을인 지실마을에 작업실을 얻었지만, 〈방을 얻다〉라는 시는 바로 여기 이 안채에서 시작됐다. 주인 아주머니의 고소한 남도 사투리가 글 속에서 들려오는 것 같았다.

여행을 다니다 보면 우연히 뭔가에 이끌려 다다르는 장소들이 있다. 그곳에 잠시 머무르면 이 땅을 삶의 터전으로 삼아 살아온 사람들이 여행 속으로 들어와 품은 이야기를 들려주신다. 그냥 스칠 수 있는 장소도 그렇게 숨겨진 이야기를 듣고 나면 어느새 특별한 장소로 변한다.

방을 얻다 - 나희덕

담양이나 창평 어디쯤 방을 얻어
다람쥐처럼 드나들고 싶어서
고즈넉한 마을만 보면 들어가 기웃거렸다
지실마을 어느 집을 지나다
오래된 한옥 한 채와 새로 지은 별채 사이로
수더분한 꽃들이 피어 있는 마당을 보았다.
나도 모르게 열린 대문 안으로 들어섰는데
아저씨는 숫돌에 낫을 갈고 있었고
아주머니는 밭에서 막 돌아온 듯 머릿수건이 촉촉했다.
-저어, 방을 한 칸 얻었으면 하는데요.
일주일에 두어 번 와 있을 곳이 필요해서요.
내가 조심스럽게 한옥 쪽을 가리켰고
아주머니는 빙그레 웃으며 이렇게 대답했다.
-글씨, 아그들도 다 서울로 나가 불고
우리는 별채에서 지낸께로 안채가 비기는 해라우.
그래제만은 우리 집안의 내력이 짓든 데라서
맴으로는 지금도 쓰고 있단 말이요.
이 말을 듣는 순간 정갈한 마루와
마루 위에 앉아 계신 저녁 햇살이 눈에 들어왔다.
세 놓으라는 말도 못하고 돌아섰지만
그 부부는 알고 있을까.
빈방을 마음으로는 늘 쓰고 있다는 말 속에
내가 이미 세들어 살기 시작했다는 걸.

- 〈창작과 비평〉 2004년 봄호 -

① 명옥헌 원림으로 가는 길목, 나희덕 시인의 〈방을 얻다〉의 배경이 된 시골집 감나무가 탐스럽게 열려 있다.
② 담양이나 창평 어디쯤에 방을 얻어 다람쥐처럼 드나들고 싶다고 이야기한 나희덕 시인이 선택한 시인의 방
③ 명옥헌 원림으로 들어가는 길에는 좁다란 산책로 사이로 호수가 펼쳐져 있다.

똥강아지들과 닭들이 유유자적 돌아다니는 골목을 지나자 명옥헌의 정원, 원림이 펼쳐졌다. '명옥헌'은 물이 바위에 떨어지는 소리가 구슬 소리 같다고 붙은 이름이고, '원림'은 정원이라는 뜻이다. 정원 입구에는 적송과 붉은 백일홍이 우리를 반기듯 탐스럽게 피어 있었다. 네모반듯한 연못 안에는 자그마한 섬이 외로이 있으나 그 위에는 나무 한 그루가 가

지를 화사하게 벌리고 서 있다. 이 연못은 조상들이 우리가 사는 땅이 네모라 생각해서 그 모양으로 만들었다고 한다. 초록색 땅과 지구를 담고 있는 연못, 그리고 둥근 섬 하나. 그 주변을 백일홍과 소나무, 팽나무들이 둘러싸고 있으니 이곳을 얼마나 정성스럽게 꾸몄는지 알 것 같았다.

연못을 지나자 드디어 팔작지붕(八자 모양)을 한 단아한 명옥헌이 모습을 드러냈다. 정면 3칸, 측면 2칸으로 이뤄진 명옥헌은 더할 것도 뺄 것도 없이 깔끔한 한옥 정자였다. 난간에는 사람들이 옹기종기 모여 앉아 담소를 나누고 있었다. 방안에 들어가 정원을 바라보니 아름다운 연못을 둘러싼 나무들 뒤로 무등산이 병풍처럼 펼쳐져 있었다. 명옥헌 원림의 주인은 이 아름다운 정자에서 무엇을 공부하고 있었을지 궁금했다. 이렇게 날씨가 좋은 날에는 글자가 눈에 들어올 리가 없어 정원의 나무들을 벗 삼아 한 바퀴 산책했을 것만 같다.

④ 넓게 펼쳐진 호숫가 주변을 백일홍과 팽나무, 소나무들이 둘러싸고 있다.
⑤ 명옥헌 원림의 입구의 아름다운 호숫가 주변
⑥ 정면 3칸, 측면 2칸의 아담하면서도 깔끔한 명옥헌의 모습
⑦ 선조들은 지구가 네모라고 생각했다. 네모난 지구를 본떠 만든 호수와 그 가운데 떠 있는 섬
⑧ 명옥헌을 둘러싼 맑은 호수 위에 자란 연잎의 모습
⑨ 명옥헌에서 돌아오는 길에 만난 귀한 인연 아기 '백구'

특히 초여름부터 초가을까지 화려하게 피는 백일홍은 이곳에 꼭 한 번은 찾아와 볼 이유다. 백일 동안 핀다는 꽃에 둘러싸인 화사한 명옥헌 원림의 방 한 칸에서 우리는 오래도록 머물렀다.

명옥헌 원림에서 돌아오는 길, 어느 집 백구 강아지가 담장 위로 얼굴만 내놓고 우리를 바라보고 있었다. 마치 벽과 한몸이 된 듯 얼굴을 벽에 기댄 아기 백구가 또 하나의 행복한 추억을 선사해 주었다. 여행 내내 기분이 좋아지고 마음을 다독이는 그런 장소가 있다. 멀리 가느라 고생스러워도 그곳이 우리에게 주는 위안이 더 오래도록 기억에 남아서 그날의 행복한 추억을 몇 번이고 떠올리게 한다. 그래서 우리는 진정한 휴식을 찾기 위해 여행을 떠나는 것이 아닐까 싶다.

INFO 주소 전남 담양군 고서면 후산길 103 문의 061-380-3752

COURSE 02

고기 마니아라면 필수 코스
담양 미식 투어

명옥헌 원림에서 힐링의 시간을 가지며 마음이 가득 채워졌다면, 이제는 배를 채우러 떠날 시간이다. 담양에서 밥을 먹으면 시골 할머니네 집밥을 먹는 기분이 든다. 양념 진한 김치와 들깨 가루로 버무린 죽순 나물 반찬, 대나무 향이 밴 죽통밥, 지글지글 고기 익는 소리를 내는 요리들이 한상 그득 나온다.

특히 담양은 고기 요리들이 유명한데, 한입 베어 물면 고소한 향과 함께 부드러운 고기 사이로 육즙이 쭉 퍼지며 부드럽고 진한 맛을 느낄 수 있다. 고기를 사랑하는 우리는 담양에서 유명한 음식들을 모두 먹어 보기 위해 비장하게 길을 떠났다. 여행지의 맛집을 가는 것 또한 여행의 일부라고 생각하기 때문에 담양의 유명한 고깃집 - 신식당, 쌍교 갈비, 수북회관, 금성 갈비-에 들러 보았다. 결론은 이 모든 곳이 반찬까지도 맛있었다.

여기에 요새 SNS에서 그렇게 '핫'하다는 솥뚜껑 닭볶음탕집과 디저트까지 빼놓을 수 없다. 광주에 사는 친구가 추천한 솥뚜껑 닭볶음탕은 불타는 드럼통 안에서 조리되는 닭볶

①

① 거대한 솥뚜껑 위에서 활활 타오르는 매콤한 닭볶음탕이 일품인 삼거리 농원의 모습
② 4대째 이어온 오래된 식당, 떡갈비의 본가 신식당의 모습
③ 무쇠 판 위에 먹음직스럽게 쌓인 신식당의 떡갈비 육즙이 눈부시다.
④ 돼지갈비를 좋아하는 사람이라면 사랑에 빠질 수 밖에 없는 금성 갈비. 주방에서 구워서 내온다.
⑤ 삼거리 농원의 닭볶음탕이 드럼통의 숯불에 익어가고 있다.
⑥ 닭볶음탕은 야외에서 센 불로 익힌 다음 드럼통 위에 얹어 식당으로 들어온다.
⑦ 베비에르의 '마왕 파이' 속에는 달콤한 팥과 호두, 밤 알갱이가 가득 들어 있다. 선물용으로도 포장되어 나온다.

음탕의 화려한 비주얼로 유명하다.

　소고기, 돼지고기, 닭고기 등 모든 고기를 맛있게 즐길 수 있는 담양은 고기 마니아들에게는 필수 여행지가 아닐 수 없다. 여행하는 동안 배 속이 비어 있던 적이 없던 우리는 디저트까지 챙겨 먹기 위해 또다시 떠났다. 빵집과 디저트 가게(베비에르, 우아한 마카롱, 담양제과)에서 간단한 다과를 사 가지고 잠들기 전 야식으로 먹는 것도 좋을 것이다.

　담양은 파김치에 햄버거를 먹어도 감칠맛이 나는 동네라는 소문이 틀리지 않았음을 깨달았다. 그래서 '나는 볼거리도 좋지만 맛있는 음식을 마음껏 먹을 수 있는 여행을 원해!' 라는 맛남과 멋녀들에게 강력 추천하는 여행지이다. 몸과 마음이 꽉 차도록 살쪄서 돌아가는 진정한 미식 여행을 할 수 있을 것이다.

인생샷 포인트

POINT 01 백일 동안 피는 꽃이 가득한 정원을 담아
명옥헌 원림

명옥헌 안에는 신발을 벗고 들어갈 수 있다. 명옥헌의 정원을 향해 난 방문은 마치 액자처럼 아름다운 원림을 모두 담고 있다. 다정한 커플 샷 남기기 딱 좋다. 정자 안에서 밖을 배경으로 사진을 찍으면 아름다운 구슬 소리의 정원이 모두 담길 것이다.

POINT 02 감이 주렁주렁 달린 감나무 아래에서
명옥헌 원림 가는 길

가을에 명옥헌 원림에 가면 감들이 탐스럽게 열린 감나무가 지천이다. 주홍빛 감이 점점이 매달린 감나무 아래에서 나희덕의 시 <방을 얻다>의 배경이 된 한옥과 함께 사진을 남겨 보자.

HIDDEN TIP

담양 추천 맛집

신식당

4대째 이어 오는 백년 전통의 맛집. 한우 갈빗살로만 만든 원조 주먹 떡갈비가 유명하다.

주소 전남 담양군 담양읍 중앙로 95
문의 061-382-9901　**운영시간** 11:30~20:30
휴무 명절　**가격** 떡갈비구이 32,000원, 죽순 떡갈비 전골 38,000원, 죽순 회 20,000원

금성 갈비

담양에 갈 때마다 꼭 들르는 식당. 돼지갈비를 좋아하는 사람에게 추천한다.

주소 전남 담양군 금성면 담순로 212
문의 061-381-6784　**운영시간** 09:00~21:00
휴무 부정기　**가격** 돼지 숯불갈비 14,000원, 갈비탕 9,000원

삼거리 농원

SNS에 솥뚜껑 닭볶음탕으로 유명한 맛집. 예약을 해야 식사할 수 있다.

주소 전남 담양군 봉산면 면앙정로 155
문의 061-381-3309 / 010-2340-8798 (예약)
운영시간 11:00~21:00　**휴무** 월요일　**가격** 솥뚜껑 촌닭 닭도리탕 65,000원, 삼거리 볶음밥 2,500원

베비에르

크림치즈가 든 빵 종류는 모두 맛있다. 선물용으로 마왕 파이를 추천한다.

주소 전남 담양군 담양읍 죽향대로 1300
문의 061-383-0697　**운영시간** 10:30~20:00
휴무 부정기　**가격** 마왕 파이 1,200원, 담양 떡갈비빵 3,300원

우아한 마카롱

다양하고 통통한 마카롱들이 맛도 있고 가격도 저렴한 편이다. 일찍 매진되기 때문에 오전에 가는 것을 추천한다.

주소 전남 담양군 담양읍 중앙로 95
문의 0507-1319-1522
운영시간 12:00~20:00　**휴무** 월, 화요일
가격 마카롱 2,200원, 6구 세트 12,000원

낼름

천연 재료와 제철 과일로 매장에서 직접 만드는 수제 젤라토 가게. 색소, 방부제를 넣지 않아 안심되며, 깊고 진한 맛을 느낄 수 있다.

주소 전남 담양군 담양읍 중앙로 90-1
문의 0507-1338-0359　**운영시간** 11:30~20:00(재료 소진 시 조기 마감)　**휴무** 화요일　**가격** 젤라토컵 2가지 맛 4,500원, 댓잎젤라토 아포카토 5,500원, 리에주 와플 6,000원

전남 담양

달팽이처럼 천천히 즐기는 여행
창평슬로시티, 오일장 투어

　최근 생긴 습관 중 하나는 침대에 누워서 휴대폰을 보느라 늦게 잠들고 아침엔 일찍 일어나는 것. 그러다보니 늘 피곤했다. 이런 나날을 보내다 여행을 떠나면 종일 걷기 때문인지 금세 피곤해져 곯아 떨어져 버린다. 그러면 숙면 덕분에 다음날엔 가뿐하게 아침을 맞이한다.

　이틀째 담양 여행을 하게 된 우리 부부는 오랜만에 푹 자고 일어났다. 전날 종일 걸으며 돌아다니다 보니 베개에 머리를 대자마자 잠이 들어버린 것이었다. 아침이 되자 커다란 창문으로 햇살이 살며시 들어와 우리의 잠을 깨웠다. 우리는 따듯한 물로 샤워를 하고 나갈 채비를 했다. 오늘은 어떤 곳을 만나게 될까? 여행지에서 맞는 아침은 늘 새로운 곳을 만날 기대감으로 가슴이 두근거린다. 오늘 선택한 곳은 느릿함의 대명사, '달팽이' 마을이라는 별명이 붙은 창평슬로시티-삼지내마을이다.

　창평은 담양의 옛 지명으로, 옛 문화를 사랑하고 보존하려는 삼지내마을의 감성이 물씬 담겨 있는 곳이다. 이곳은 담양에 오래 살아온 분들 사이에서도 의견이 분분했다. 가볼 만한 곳이라는 편과 볼 건 기와집밖에 없다는 의견이 있었다. 의견은 분분해도 어쩐지 도시를 짊어진 달팽이의 이미지와 '슬로시티'라는 문구에 홀린 듯 떠나게 되었다.

✓ 추천 코스 한눈에 보기

1 창평슬로시티

자동차 ① 광주송정역에서 하남진곡산단로 11.4km → ② 고창담양 고속도로 8km → ③ 호남 고속도로 4.7km (약 40분 소요)

2 담양 시장 오일장

자동차 ① 창평슬로시티에서 창평로 6km → ② 죽향대로 4.9km → ③ 중앙로 991m (약 20분 소요)

※ 대중교통으로 이동하기 어려우니 자동차 이용을 추천한다.

달팽이가 기어가듯 느긋하게 걸어 보기
창평슬로시티(삼지내 마을)

    창평면사무소 주차장에 주차를 하고 나오자, '昌平縣廳(창평현청)'이라 쓰인 현판이 멋스럽게 달린 한옥 건물이 슬로시티의 대문처럼 우리를 맞이해 주었다. 면사무소를 지나면 푸른 잔디 위에 아름다운 정원이 펼쳐진 마을 광장이 나온다. 한옥 담장 사이로는 이단 서까래로 된 문이 보인다. 그 문으로 들어서면 몸도 마음도 여유로울 것 같은 슬로시티-삼지내마을이 본격적으로 시작될 것이다.

    작은 문 너머 한 발짝 내딛자 햇빛을 받아 투명하게 빛나는 시냇물과 차분히 들려오는 물소리에 급하게 달려온 나의 마음이 눈 녹듯 녹아내렸다. 내 두 발은 반짝이는 물줄기를 따라, 졸졸 흐르는 시냇물 소리에 맞춰 천천히 움직였다. 주변은 너무나 평온하고 조용해서 오직 물 흐르는 소리만이 내 귓가에 들려왔다. 일요일의 정오. 우리는 슬로시티 속으로 완전히 들어왔음을 느꼈다. 부드러운 흙을 밟으며 옛 담장을 따라 걷다 보면 푸르른 자연과 더불어 살아가는 소박한 사람들을 만날 수 있었다.

①

① 면사무소의 정원을 지나 뒷문을 나서면 창평슬로시티의 돌담길이 보인다.
② 창평슬로시티가 시작되는 창평면사무소가 멋스러운 모습으로 우리를 맞이한다.
③ 면사무소 내 마을 광장의 조경이 전통 정원을 닮았다.
④ 슬로시티 삼지천마을로 들어가는 입구. 이단 서까래로 세워진 전통 문이 멋스럽다.

　'담양 삼지천마을 옛 담장'은 창평면 삼천리 삼지천마을에 대대로 이어온 담장이다. 이 마을은 동쪽에 있는 월봉산에서 흘러내린 물이 세 갈래로 마을을 가로지르고 있어서 삼지천, 혹은 삼지내마을이라 부른다. 이 마을에는 임진왜란 때 의병장 고경명의 후손들인 창평 고씨들이 주로 거주하며, 문화재급의 전통 주택들이 잘 보존되어 있다. 특히 고재선 가옥, 고재환 가옥, 고정주 고택 등은 남부 지방의 전형적인 양반 가옥의 형태를 보여주고 있어 전라남도의 지정 문화재 민속 자료로 지정되어 있다. 또 한과, 쌀엿 등 전통 식품도 활발하게 제조 판매되고 있다. 이처럼 삼지천(삼지내)마을은 전통을 잘 보존하고 이어오는 마을로 가치를 인정받아, 2007년에 슬로시티 국제 연맹이 아시아 최초로 '슬로시티 마을'로 지정하였다.

　삼지내마을을 걷다 보면 '한옥에서 좋은 날'이라는 생활 속 예쁜 정원 장려상을 수상한 한옥을 만날 수 있다. 밖에서 기웃거리다가 아름다운 정원에 반해 들어가 보았다. 대나무를 엮어 만든 대문을 지나면 집 가운데 소나무가 멋들어지게 꾸며져 있고 그 뒤로 돌아 들어가

⑤ '한옥에서 좋은 날'은 카페 겸 민박이라 아름다운 전통 한옥에서 쉬어갈 수도 있다.
⑥ 황금색 벼 머리가 너울대는 논두렁에서 한 컷. 아름다운 날씨가 눈부신 날이다.
⑦ 가을 황금빛 논밭 가운데 남극루가 외로이 서 있다.

면 널따란 정원이 나타난다. 정원을 가운데에 두고 한옥이 'ㄷ' 모양으로 둘러싸고 있었고, 느긋하고 친절한 한옥집 사람들은 봄바람 같은 미소를 짓고 있었다. 뜨거운 햇살에 발갛게 익은 양볼을 식히며 정원을 천천히 둘러보았다. 목적지 없이 담장길을 따라 걷다가 시원한 우물가를 발견한 것만 같았다. 한옥이 만들어 내는 그늘 아래에서 아늑함을 느끼며 휴식을 취했다. 소나무 정원의 산책길을 따라 새끼 고양이들이 호기심 넘치는 얼굴로 돌아다니고 있었다. 한옥을 나서는 길에 〈추월산 단풍〉이라는 시를 볼 수 있었다. 담양의 북단에 있는 추월산의 붉은 단풍을 보고 이곳에 머물러 자녀를 키우고, 기다리는 부모의 마음을 써 내려 간 시였다.

들꽃이 가득 핀 삼지내마을 옛 담장을 따라 끝까지 걸어가 보았다. 벼 머리가 조금씩 황금색으로 변해가는 논의 한가운데 외로이 남극루(1830년대에 지어진 누각)가 자리 잡고 있었다. 마을에서 조금 떨어진 곳에 서 있는 그 모습이 왠지 모르게 고고해 보였다.

우리는 한참을 너른 논두렁을 걷다가 드디어 삼지내마을의 마스코트 달팽이 조형물을 만날 수 있었다. 달팽이는 유유히 흘러가는 구름을 바라보며 있었다. 느림보 달팽이 뒤로는 이름이 예쁜 집들이 나타났는데, '맛있는 쌀엿집' '돌탑을 사랑하는 집' '정원이 이쁜 집' 등 누구누구네 집이라는 흔한 명패가 아닌 고유의 이름을 가진 한옥들이 왠지 모르게 사랑스러웠다. 천천히, 더 천천히 생각하는 것을 멈추고 마음을 비우며 삼지내마을을 걸었다. 그러자 따스한 햇살에 몸이 노곤노곤해졌다. 마을 쉼터를 발견한 우리는 또 다시 걸음을 멈추고 정자에 드러누워 뭉게구름 가득한 하늘을 바라보았다. 따듯한 공기가 콧속을 간질이며, 석류가 익어가는 향기에 취해 달팽이 마을에서 쪽잠이 들었다.

⑧ 창평슬로시티를 나타내는 마스코트 달팽이 조형물이다.
⑨ 전통 가옥들은 저마다 예쁜 이름이 새겨진 명패를 달고 있다.

 주소 전남 담양군 창평면 돌담길 9-22
문의 061-383-3807

※ 슬로시티 해설 ① 매주 월요일, 추석, 설날 휴무 ② 단체 예약은 온라인(담양군청 홈페이지)으로, 개인 예약은 전화(061-383-3807)로 문의(당일 예약 불가)

COURSE 02

재래시장에서 추억의 간식 마음껏 먹기
담양 시장 오일장

　슬로시티에서 평온한 시간을 보낸 후, 시장 먹거리를 좋아하는 우리는 담양 시장에서 점심을 먹기로 했다. 담양의 영산강 변에서는 2일과 7일(2, 7, 12, 17, 22, 27일)에 오일장이 선다. 오일장이 서는 날에 운이 좋게 담양을 여행하게 된다면 장터에서 아침을 든든히 먹고 여행을 시작하는 것도 좋다. 담양 시장 오일장은 300년 동안 지역 특산품인 대나무 제품을 판매하는 국내 유일의 죽물 시장이었다. 1970년대부터 플라스틱 용기들이 보편화되면서 담양의 죽세공품을 찾는 사람들이 줄어 지금은 식료품과 생필품을 주로 판매한다. 방천길을 따라 길게 늘어선 장의 입구에서는 고소한 튀김 냄새가 진동을 하고 있었다.
　신선한 채소와 과일을 파는 곳을 지나자 하얀 설탕이 솔솔 뿌려진 도넛, 옛날 통닭, 쫄깃한 인절미를 판매하는 포장마차가 보였다. 재료를 아낌없이 넣어 만든 큼직한 간식에서 콧속 깊이 밀려오는 먹음직스러운 향기에 침이 고였다. 다이어트 중이라 살까 말까 고민하고 있었는데 이미 계산을 마치고 팔뚝만 한 꽈배기를 한가득 입에 물고 행복한 미소를 짓고 있는 남편을 발견했다. 여행을 하다가 그곳에서만 먹을 수 있는 것을 발견했다면 놓치지 않는 것이 정답! 나도 분식 매대로 달려가 옛날 핫도그에 짭짤한 번데기까지 사서 양볼을 가득 채웠다. 덕분에 칼로리와 정신적 안정, 그리고 행복한 하루를 동시에 얻었다. 여행 중이라 신선한 채소들을 살 수는 없었지만 샤인 머스캣, 블루베리 등 과일을 먹어 보았는데 당도가 높고 맛이 무척 좋았다. 인심 좋은 할머니 할아버지께서 맛보기 과일을 잔뜩 주셔서 그것만으로도 배가 불렀다. 아무것도 사지 않아도 밝고 에너지 넘치는 상인들의 얼굴을 보는 것만으로도 장터 구경은 너무 신나는 일이다.

① 담양 오일장의 입구. 담양교를 지나면 시작된다. 활기찬 상인들과 손님들로 북적인다.
②, ③, ④, ⑤ 김이 모락모락 나는 만두, 견과류와 약초, 팔뚝만 한 크기의 해바라기씨 맛 꽈배기, 닭을 한 마리 통째로 튀긴 옛날 통닭 등 먹음직스러운 간식거리가 가득한 오일장의 모습

 주소 전남 담양군 담양읍 담주4길 40 ※ 날짜의 2일, 7일마다 열리는 재래시장이다. 영산강을 따라서 담양교부터 만성교까지 담양 천변에 길게 늘어서 있다.

인생샷 포인트

POINT 01   반짝이는 시냇물을 따라서
삼지내마을 돌담

청평면사무소의 한옥 담장을 따라 이단 서까래 문으로 들어가면 돌담길이 시작된다.
삼지내마을의 포인트인 옛 돌담과 작은 시냇물이 흐르는 장소를 배경으로 아름다운 사진을 남겨 보자.

POINT 02   아름다운 한옥 정원에서 다정하게
<한옥에서 좋은 날>의 정원

아름다운 한옥 정원의 사랑채에 앉아 마님과 돌쇠가 되어 사진을 남겨 보자. 운이 좋으면 풀밭을 돌아다니는 귀여운 아기 고양이들도 만날 수 있다.

POINT 03   그림 속에 들어온 듯한
코스모스길 (※계절 한정)

담양을 나가는 길목에 있는 고서면사무소 근처(담양군 고서면 가사문학로 312)에서 아름다운 코스모스길을 만날 수 있다. 오직 9~10월에만 만날 수 있는 아름다운 코스모스길에서 높고 푸른 하늘과 더불어 찍은 사진은 여행이 우리에게 주는 귀한 선물일 것이다.

HIDDEN TIP

TIP 1 함께하면 좋은 여행지

유유자적 선비가 된 듯한 **소쇄원**

소쇄원은 담양 하면 연관 검색어로 바로 뜨는 명소 중 하나로, 조선 시대에 지어진 정원이다. 고풍스러운 건축물과 어우러진 원림이 조선 정원의 정수로 손에 꼽힌다. 담양에 유명한 정자들이 많은 이유는 조선 시대 선비들이 이 평온한 땅에 은거했기 때문이라고 한다. 소쇄원을 천천히 걷다 보면 조선 시대의 선비가 된 듯한 착각을 불러일으킨다. 간단히 보려면 30분 정도 걸리므로 잠시 들러도 좋고, 종일 머물러도 좋을 만한 장소이다.

주소 전남 담양군 가사문학면 소쇄원길 17 **문의** 061-381-0495 **운영시간** 09:00~17:00(11~2월), 09:00~18:00(3~4월, 9~10월), 09:00~19:00(5~8월) **휴무** 연중무휴 **요금** 어른 2,000원, 청소년 1,000원, 어린이 700원

TIP 2 추천 맛집

마음이 편해지는 곳 **한옥에서 좋은 날**

100년 고택에 문을 연 한옥 카페이자 민박. 담양군에서 선정한 <예쁜 정원 콘테스트>에서 장려상을 수상할 정도로 잘 가꿔진 정원이 인상적이다. 물론 음료수와 디저트로도 유명하다. 쑥 라테, 눈꽃 흑임자 빙수를 추천한다. 음료와 함께 사장님이 직접 만든 팥떡도 맛볼 수 있다.

주소 전남 담양군 창평면 돌담길 88-9
문의 061-382-3832 **운영시간** 11:00~21:00(4/1~10/31), 11:00~19:00(11/1~3/31) **휴무** 화요일
가격 쑥 라테 5,000원, 눈꽃 흑임자 빙수(1인) 7,000원

차 한잔의 여유 **명가은**

정원 소쇄원 옆에 자리한 전통 찻집이다. 오래된 향기가 가득한 한옥 안에서 비단 방석 위에 앉아 차를 마실 수 있다. 백련잎차, 냉오미자말차 등을 추천한다. 차를 주문하면 백설기를 곁들여 주기 때문에 간단히 허기도 달랠 수 있다. 차방으로 올라가는 길에 꽃신과 장신구를 판매한다.

주소 전남 담양군 가사문학면 반석길 48-8 **문의** 061-382-3513
운영시간 10:00~18:00 **휴무** 월요일
가격 녹차 6,000원, 연꽃차 20,000원

전남 광양 · 경남 하동

비움과 채움의 길, 천년 동백림 산책
옥룡사지 동백나무숲, 쌍계사

텅 빈 장소에 스며드는 채움의 미학을 생각해 본 적이 있다. 흔히 잃어버렸다고 생각한 것들이 사실은 다시 채우기 위해 꼭 필요한 일이었음을 살면서 깨닫곤 한다. 그럴 때마다 남편과 나는 놓지 못하고 양손 가득 쥐고 있는 것들을 조금씩 덜어내기 위해 여행을 떠난다. 문득문득 떠오르는 과거와 욕심들이 우리를 괴롭힐 때, 우리는 비우고 또 새로운 것이 생겨날 자리를 만들기 위해 아무도 없는 숲길을 걷는다.

광양 옥룡사지 동백나무숲은 그야말로 사라진 옥룡사의 흔적과 천년이 넘도록 그 자리를 채우고 있는 동백나무의 이야기가 담겨 있다. 가장 혹독한 계절인 겨울에 꽃을 피워 '겨울의 측백나무 – 동백'이라 불리고 산나목(산에서 사라는 차 나무)이라고도 하는 이 붉은 꽃나무는 아무리 힘들어도 아름답게 피어나 역경을 이겨내는 우리들을 닮았다. 화려했던 옥룡사의 흔적을 채우고 있는 아름다운 동백나무숲에서 사색에 잠겨 보자. 상실에 대한 슬픔이 사라질 수는 없겠지만 그 빈자리를 아름답게 채우는 것은 우리의 몫이다.

✔ **추천 코스 한눈에 보기**

① 옥룡사지 동백나무숲

자동차 ① 운암사를 통해 가는 방법 : 광양역에서 순광로 1.1Km → 신재로 6.2Km → 백계로 1.7Km (약 20분 소요) → 운암사(전라남도 광양시 옥룡면 추산리 295-5) 주차 후 도보 15분 ② 옥룡사지 입구를 통해 가는 방법 : 광양역에서 순광로 1.1Km → 신재로 6.2Km → 백계로 2Km → 옥룡사지 입구 (약 19분 소요)

② 쌍계사

자동차 ① 옥룡사지 동백나무숲에서 황현로 13.6Km → ② 간전중앙로 7.3Km → ③ 섬진강대로 7.9Km (약 1시간 소요)

※ 대중교통으로 이동하기 어려우니 자동차 이용을 추천한다.

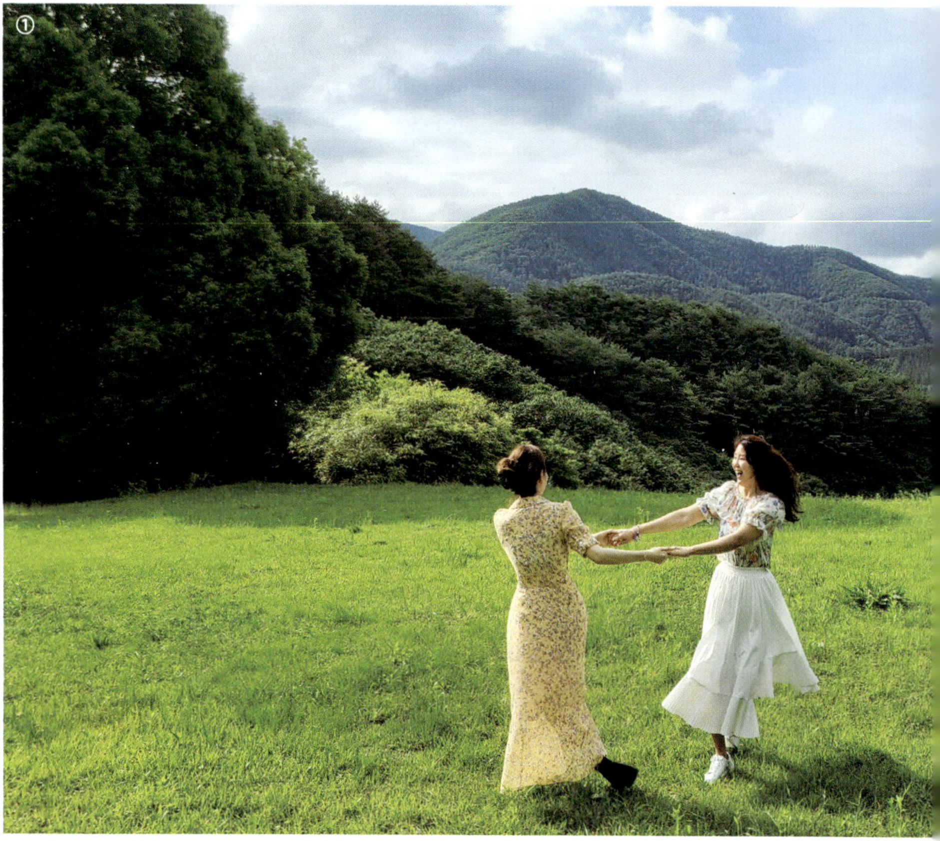

①

천년의 추억이 담긴 동백 숲길 트레킹
옥룡사지 동백나무숲

　천년의 숲길 백운산의 한 줄기인 백계산 남쪽에 있는 옥룡사지 동백나무숲은 8세기 초 신라의 고승 도선국사가 옥룡사의 땅의 기운을 북돋기 위해 동백나무를 심은 데서 시작되었다. 그러나 험난한 사건에 휘말려 1879년에 큰 화재가 일어나 옥룡사는 흔적도 없이 사라졌고, 현재는 그 터만 남아 있다.

　옥룡사지터로 가기 위해서는 먼저 운암사를 지나서 동백나무 사이로 난 오솔길을 따라가야 한다. 높이가 40m나 되는 운암사의 거대한 황동약사여래입상은 오묘한 미소를 짓고

① 푸르른 들판이 펼쳐진 옥룡사지터 주변으로 울창한 동백나무 1만 여 그루가 뿌리를 내리고 있다.
② 옥룡사지터로 가는 길목에 있는 운암사의 대웅전의 모습
③ 운암사의 초입에 있는 황동약사여래입상. 건강을 기원하는 사람들이 많이 찾는다고 한다.

    우리를 내려다보고 있다. 건강을 기원하는 기도를 하러 많은 이들이 찾는다고 한다.
    옥룡사지터로 가는 길에는 걷기에 좋은 '참선의 길'도 있어 상쾌한 동백나무의 향기를 맡으며 산책할 수도 있다. 지금은 텅 빈 옥룡사지터를 아름다운 자연과 동백나무의 향기로운 내음이 가득 채우고 있다. 아쉽게도 우리가 방문했을 때는 빨간 꽃망울을 맺은 동백나무 군락은 볼 수 없었지만, 싱그러운 초록 들판을 보는 순간 그 아름다운 모습에서 눈을 뗄 수 없었다. 동백나무에 둘러싸여 드넓게 펼쳐진 잔디밭 너머로 백계산의 산맥이 훤히 내려다 보이는 풍경은 이국적이기까지 했다. 이 넓은 공간이 붉은 동백꽃으로 물드는 모습도 꼭 보고 싶었다.
    옥룡사지터에는 수령이 100년 이상 된 동백나무 1만여 그루만이 뿌리를 견고히 내려 사시사철 푸르른 채로 천년의 역사를 간직하고 있다. 동백나무 잎에는 수분이 많아 불길을

④ 옥룡사지터로 가는 길목에 보이는 높이 40m의 거대한 황동약사여래입상
⑤ 동백나무숲 산책로를 올라가면 도선국사 참선길이 나온다. ⑥ 소원을 이루어 준다는 '소망의 샘'

⑦ 1879년 화재로 소실되어 현재는 그 터만 남은 옥룡사지터
⑧ 옥룡사지는 5회에 걸쳐 발굴 조사가 진행되어 건물지 17동, 탑 비전지 등 다량의 유물이 출토되었다.

막아주는 방화수의 역할을 하기도 해서 남부 지역의 사찰 주변에는 동백나무숲이 많이 조성되어 있다고 한다. 신라의 승려인 도선은 풍수지리설의 대가로 땅의 약한 기운을 바로 세우고 강한 기운은 눌러서 자연과의 조화를 중요시했다고 한다. 그가 고른

INFO
주소 전남 광양시 옥룡면 백계1길 71
문의 061-797-2363

옥룡사지의 터는 그야말로 높지도 낮지도 않은 평탄하고 양지바른 곳에 있다. 따스한 햇빛이 내리쬐는 푸르른 들판이라는 말이 가장 어울리는 곳이다. 옥룡사지터의 끝에는 소망의 샘이 있어 소원을 빌며 샘물을 마실 수 있다.

붉은 꽃이 가장 아름다울 때 그 모가지가 바닥으로 툭 떨어진다는 동백꽃의 꽃말은 '그 누구보다 당신을 사랑합니다'라고 한다. 2월부터 4월까지 방문하면 수백 송이의 동백꽃들이 그야말로 새빨간 꽃길을 만드는 장관을 볼 수 있다. 봄이 되면 좋아하는 사람과 함께 옥룡사지 동백나무숲을 방문해 동백꽃의 꽃말을 알려주도록 하자.

COURSE 02
역사의 흔적이 깃든 곳에서 산책하기
쌍계사

1591년경 쌍계사의 스님이 바위틈에서 쪽지를 발견했는데, 신라 시대의 학자 최치원이 지었다고 전해지는 '화개동—꽃이 피는 골짜기'라는 시였다고 한다.

<blockquote>
동쪽 나라의 화개동 골짜기에는 호리병 속 별다른 하늘 있는지
신선이 옥 베개를 밀쳐둔 채로 몸과 세상 어느덧 천년이 갔네
봄이 오면 꽃은 땅에 가득하고 가을 가니 낙엽 하늘을 나르네
지극한 도는 문자를 떠나 있어 본래 눈앞에 보이는 것이라네
</blockquote>

호리병 속의 다른 세계는 바로 이곳 화계면에 있는 쌍계사를 말하는 것이다. '신선이 옥 베개를 밀치고 별천지에 머물러 있다'는 시구처럼 쌍계사의 입구는 호리병의 주둥이처럼 좁은 일주문에서 시작된다. 구름 위에 떠 있는 듯 화사한 일주문의 돌다리를 건너면 속세를 떠나 아름다운 사계를 지닌 새로운 세계가 시작된다고 표현된 쌍계사가 자리 잡고 있다. 한

결같은 마음으로 정신을 수양하고 진리의 세계로 향하라는 뜻을 담고 있는 일주문을 지나면 호리병의 중간 허리인 금강문으로 갈 수 있다. 금강문 안에는 불교의 수호신들이 용맹한 자태로 문을 지키고 있다.

　이어 천왕문을 지나 팔영루에 도착하면 드디어 쌍계사의 대웅전을 만날 수 있다. 대웅전 앞에 하동 쌍계사 구층 석탑이 세워져 있다. 석탑 안에는 석가모니의 사리와 전단나무 불상이 있다고 한다. 대웅전의 양측에는 국보인 진감선사탑비와 석등이 세워져 있다. 신라 말의 명승인 진감선사의 덕을 기리기 위해 세운 탑비는 당대의 문장 연구와 불교사 연구에 중요한 자료로서 가치가 높아 국보로 지정되었다.

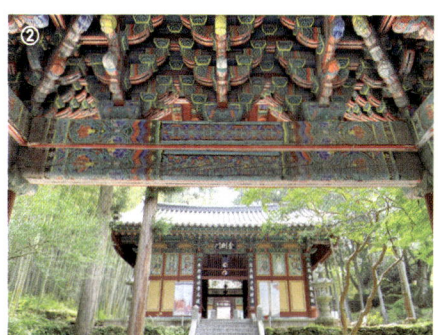

① 쌍계사의 입구. 호리병의 주둥이 부분에 해당하는 일주문의 웅장한 모습
② 일주문을 지나면 호리병의 중간 허리에 해당하는 금강문이 나온다.
③ 천왕문 안에 들어서면 나무로 조각된 사천왕이 자리하고 있다. 이들은 사방을 지키고 중생을 돕는 신이다.
④ 정면 5칸, 측면 3칸으로 이루어진 팔작지붕 형태의 대웅전이다. 임진왜란 때 불에 탄 것을 인조 10년(1632년)에 다시 지었다고 한다.

⑤ 신라의 명승 진감선사를 기리기 위한 진감선사 탑비는 국보로 지정되어 있다. 당대 불교사 연구에 중요한 자료이다.
⑥ 쌍계사 구층 석탑 안에는 스리랑카에서 가져왔다는 석가모니의 사리가 봉안되어 있다고 한다.
⑦ 대웅전 뒤편 금강 계단을 지나면 삼존석불상이 있다.

⑧ 쌍계사에는 템플 스테이도 할 수 있는 공간이 있다.
⑨ 쌍계사는 맑게 흐르는 계곡과 아름다운 자연이 어우러진 공간이다.

    수많은 보물과 국보가 보존되어 있는 쌍계사는 역사적인 의미도 가치가 높지만, 많은 이들이 찾는 이유는 아름다운 자연 속에서 평안과 휴식을 취할 수 있기 때문일 것이다.
    쌍계사의 입구에 쓰인 글이 오래도록 마음에 위안이 된다.

살아 있는 것은 모두 다 행복하라.
태평하라. 안락하라
어떠한 생물일지라도 겁에 떨거나 강하고 굳세거나
그리고 긴 것이건 큰 것이건
중간치건 짧고 가는 것이건
눈에 보이는 것이나 보이지 않는 것이나
멀리 또는 가까이 살고 있는 것이나
이미 태어난 것이나 앞으로 태어날 것이거나
모든 살아 있는 것은 다 행복하라.

– 불교 경전 〈숫타니파타〉 중에서

INFO   **주소** 경남 하동시 화개면 쌍계사길 59   **문의** 055-883-1901   **운영시간** 08:00~17:30   **휴무** 없음
     입장료 ① 어른 2,500원, ② 화동군민 1,000원, ③ 화개면민, 만18세 미만, 경로, 국가유공자, 장애중증, 장애경중본인 무료 (문화재 보존 구역 입장료)

인생샷 포인트

POINT 01   시원하게 펼쳐진 초록 들판
옥룡사지터

비움의 미학을 보여주는 옥룡사지터는 만 그루의 동백나무를 주변에 두고 푸르른 자연 속에 싸여 있다. 조용하고 평안하지만 막힌 곳 하나 없이 시원하게 펼쳐진 들판에서 사진을 찍어 보자. 액자에 넣고 싶을 만큼 멋진 배경이 함께 찍힐 것이다.

POINT 02   화려한 처마 아래에서
칠불사 원음각

칠불사의 범종이 있는 원음각의 모습은 화려하면서도 단정하다. 화려한 칠불사 처마의 오묘한 색상을 배경으로 사진을 남기면 한국적인 전통미가 담긴 예쁜 사진을 남길 수 있을 것이다.

HIDDEN TIP

TIP 1 함께하면 좋은 여행지

100일 동안이나 따뜻한 온돌방
칠불사 아자방지

쌍계사는 유명한 관광지이지만 칠불사는 상대적으로 많이 알려지지 않은 절이다. 조용한 사찰이지만 아름다운 건축물과 화려한 처마가 볼거리를 제공한다.
칠불사의 특이한 점은 신라 시대의 '아(亞)'자 방터가 보존되고 있다는 점이다. 아자방은 온돌의 방식으로, 신라 시대 때 축조되어 천년 동안 한 번도 고친 일이 없다고 하니 원형의 모습을 그대로 유지하고 있다고 볼 수 있다. 온돌을 이중으로 구축하였는데 그 덕에 한 번 불을 넣으면 상하 온돌과 벽면까지 100일 동안 따뜻했다고 전해진다.

주소 경남 하동군 화개면 범왕길 528   **문의** 055-880-2368

TIP 2 추천 맛집

하동의 대표 먹거리 재첩국을 먹어볼까? **쉬어가기 좋은 날**

하동 쌍계사에 갈 때 식사를 하기 좋은 위치에 있다. 하동 섬진강 재첩국은 전국에서도 제일이라고 불릴 만큼 맛이 좋고 시원하기로 유명하다. 해장에도 좋다. 푸짐하고 다양한 반찬이 나오며 재첩 더덕 정식, 산채 더덕구이 정식을 시켜 먹으면 온 가족이 배불리 먹을 수 있다. 산채 더덕 비빔밥과 파전도 맛이 좋다.

주소 경남 하동군 화개면 쌍계사길 6   **문의** 0507-1403-4375
운영시간 09:00 ~ 21:00   **휴무** 부정기   **가격** 산채 더덕구이 정식 15,000원, 재첩 더덕 정식 20,000원

현지인 추천   싱싱한 송어회는 이곳에서 **제일 송어 산장**

옥룡사지터를 방문했다면 들리기 좋은 식당이다. 백운산 정상의 물 맑고 공기 맑은 곳에 있다. 전화로 예약하고 주문하면 신선한 송어와 백숙을 먹을 수 있다. 가격도 적당하고 맛도 좋은 식당이다. 다리를 담글 수 있는 계곡도 가까이에 있으며 식당 안에서 식사를 하거나 계곡이 보이는 별관에서 식사를 할 수도 있다.

주소 전남 광양시 옥룡면 신재로 1821   **문의** 061-762-6630   **운영시간** 09:00 ~ 22:00   **휴무** 부정기   **가격** 송어회 30,000원, 토종닭 숯불구이 35,000원

전남 신안

기도하는 마음으로 한 걸음 내딛는 여행
순례자의 섬 (기점·소악도)

어느 날, 예상하지 못한 일이 순식간에 일어났다. 사랑하는 이가 허망하게 떠났고, 평범했던 일상은 속절없이 무너져 내렸다. 그날부터 내 삶은 마치 풍랑을 만나 표류하는 작은 배처럼 거세게 흔들렸다. 작고 여린 내 마음은 아직도 미움과 슬픔을 다 털어내지 못했다. 시간이 약이라는 말처럼 겉으로는 괜찮아진 척했지만 사실은 괜찮지 않은 복잡한 심정을 풀어내기란 여간 어려운 일이 아니었다. 그러다 어느 순간 아무렇지 않은 척 하기가 힘든 때가 찾아온다. 이 일이 영원히 끝나지 않을 나쁜 꿈처럼 우울한 순간이 나를 덮쳐오는 것이다. 그렇기 때문에 나에게는 다시 열심히 살아가야 하는 이유를 느끼게 해주는 곳이 절실히 필요했다. 무거운 마음의 짐을 내려놓을 수 있는, 아직도 어딘가 뒤틀려 있는 나를 위한 여행지. 한 걸음 한 걸음이 나를 위한 기도가 되는 '순례자의 섬 – 기점·소악도'이다.

✔ 추천 코스 한눈에 보기

❶ 대기점도, 소기점도

자동차 + 배 ① 목포역에서 산정로 1.8Km → ② 고하대로 1.7Km → ③ 압해로 18.1Km (약 1시간 소요) → ④ 송공 여객 터미널(신안군 압해읍 압해로 1852-14) 도착 → ⑤ 천사아일랜드호 탑승(하루 4회 출항, 약 1시간 10분 소요) → ⑥ 대기점도 도착

※ 기점·소악도로 가는 교통편은 배를 타는 방법뿐이다. 송공 여객 터미널에서 배 시간을 확인해서 출발해야 한다.

❷ 소악도, 진섬, 딴섬

도보 각 섬마다 도보 1~2분 걸리는 짧은 노둣길이 있어 쉽게 오갈 수 있다.

TIP 대기점도 선착장 앞에는 1번 '베드로의 집'이 있으니, 바로 여기에서부터 순례자의 길을 시작하면 된다. 소기점도-소악도-진섬-딴섬의 순서로 12사도 예배당을 모두 둘러본 후 진섬의 '소악도 선착장'에서 배를 타고 송공 여객 터미널로 돌아오면 된다.

COURSE 01 현지인 추천

'섬티아고' 작은 순례자의 길 걸어보기
대기점도, 소기점도

순례자의 섬은 친절하지 않다. 그곳에 가려면 하루에 네 번 시간 맞춰 배를 타고 물때를 체크하며 섬들을 건너야 한다. 순례자의 섬은 신안 증도면에 있는 다섯 개의 작은 섬들로, 대기점도-소악도-진섬-소기점도-딴섬이 노둣길(섬과 섬을 잇는 길)을 따라 이어져 있다. 이곳에는 예수의 제자 12사도의 이름을 딴 12개의 아름다운 건축 미술 작품들이 있으며, 미로 속 보물을 찾듯 발견해 나가는 재미가 있다. 스페인의 산티아고 순례길처럼 이 작은 섬들은 '섬티아고'라고도 불리며 종교 상관없이 누구나 들러 기도, 휴식, 명상을 할 수 있는 평화로운 장소이다. 아직도 슬픈 기억 때문에 마음 아파하는 나를 위해 신안군에 근무하는 가족이 이 장소를 추천해 주었다. 그 분은 기점·소악도가 워낙 아름다워서 가족들과 함께 오고 싶었다고, 아무도 없는 조용한 곳에서 기도하듯 걷다 보면 상처받은 마음이 조금은 치유될 것이라고 말해 주었다. 이번 여행은 내가 아파할 때마다 묵묵히 정성스럽게 음식을 만들어 주던 사람, 아낌없이 나를 사랑해주는 엄마와 함께 떠났다.

①

① '순례자의 섬' 기점·소악도의 첫 번째 예배당인 산토리니풍의 '베드로의 집'. 시작을 알리는 종이 달려 있다.
② 해와 달의 공간으로 나뉜 '안드레아의 집'은 동화 속 마을에 들어온 듯한 기분이 든다.
③ '그리움의 집'이라고도 불리는 '야고보의 집'은 나무 지붕과 색유리로 만들어진 거울이 특징이다.
④ '요한의 집'은 모자이크 유리 장식과 천장의 스테인드글라스가 아름다운 돔 형태의 예배당이다.

    신안 송공 여객 터미널에서 배를 타면 순례자의 길이 시작되는 대기점도항에 도착할 수 있다. 대기점도가 가까워지자 선명한 푸른 지붕을 머리에 인 산토리니풍의 첫 번째 장소 '베드로의 집'이 눈에 들어왔다. 베드로의 집은 겨우 두 사람이 들어갈 만한 내부에 기도를 드릴 수 있는 작은 예배당이 있다.

    순례자의 길을 따라가면 두 번째 '안드레아의 집'이 나온다. 해와 달의 공간으로 나뉘어 있으며 바다를 배경으로 청량한 아름다움을 뿜어내고 있는 예배당을 바라보니 동화 속 마을에 들어온 기분이 들었다. 푸른 눈을 한 고양이 조각상이 문을 지키고 있다.

    세 번째 '야고보의 집'은 그리움의 집이라고 불린다. 독특한 나무 문이 특징인 이곳에서 그리운 이를 위한 기도를 했다. 각 예배당에는 여러 가지 감정이 담긴 이름 붙어 있다. 특히 '그리움의 집'에서는 많은 생각이 들었다. 만남이 있으면 헤어짐이 있듯, 누군가를 그리워하다 보면 언젠가는 다시 만날 수 있지 않을까 하는 생각이 들었다. 세 번째 예배당을 지나 섬 가운데 숨은 '요한의 집'으로 향했다.

⑤ 작은 소인족이 살 것 같은 앙증맞은 '필립의 집'은 뾰족한 고깔모자를 쓴 듯 프랑스풍의 건축 양식이 특징이다.
⑥ 호수 위에 피어난 꽃잎처럼 유리가 색색으로 빛나는 '바르톨로메오의 집'
⑦ 소기점도가 끝나는 곳에 있는 청아하고 맑은 이미지의 '토마스의 집' 바닥에는 유리 구슬이 별처럼 빛난다.

    네 번째 '요한의 집'은 긴 창을 통해 들어갈 수 있으며 천장의 스테인드글라스가 아름답게 빛나는 장소이다.
    대기점도와 소기점도를 잇는 노둣길가에 다섯 번째 '필립의 집'이 있다. 영화 '반지의 제왕' 주인공 호빗족이 문을 열고 나올 듯한 프랑스풍의 귀여운 건축물이다. 소기점도 호수 위에 한 송이 꽃처럼 핀 여섯 번째 '바르톨로메오의 집'은 햇빛을 받아 색유리가 눈부시게 빛난다. 예배당이라기보다는 흩날리는 꽃잎 모양을 한 예쁜 예술품 같다.
    소기점도가 끝나는 길에 자리한 일곱 번째 '토마스의 집'은 새하얀 도자기 위에 박힌 유리 구슬이 마치 별빛처럼 반짝인다. 청아하고 맑은 예배당은 '마음껏 기도를 하라'는 듯 아늑하게 우리를 품어 주었다.

INFO   **주소** 전남 신안군 증도면 병풍리 산 170-2(대기도점 선착장)

COURSE 02 방랑자에서 순례자가 되어보기
소악도 – 진섬 – 딴섬

대기점도와 소기점도를 모두 보고 소악도로 넘어가는 노둣길은 꽤나 긴 거리를 자랑한다. 노둣길의 중앙에 태양처럼 빛나는 여덟 번째 '마태오의 집'이 있다. 황금빛을 띤 양파 모양의 지붕이 만화에 나오는 왕궁 같다. 자전거를 타고 좁고 길다란 노둣길을 넘어오는 길, 예배당을 지날 때 나도 모르게 눈을 감았다. 시원한 바닷바람과 고요한 공기만이 주변을 감싸고 있었다. 아주 오랜만에 행복하다는 감정이 밀려왔다. 주변이 조금 바뀌었을 뿐인데, 머릿속을 채우던 나쁜 생각들이 사라지고 있었다. 나는 어느새 여행자에서 순례자로 바뀌고 있었다. 예배당을 지나며 짧은 기도를 드릴 때마다 조금씩 마음이 가벼워지고 있었다. 노둣

① 대기점도에서 소기점도로 가는 노둣길에 있는 '마태오의 집'. 아라비안나이트에 나오는 궁전처럼 화사한 금색으로 반짝인다.
② 곡선을 이룬 물고기 모양 스테인드글라스가 특징인 '작은 야고보의 집'
③ 소악도 삼거리에 자리한 '유다 다대오의 집'. 다른 이름은 '칭찬의 집'이다.

④ 작은 하트가 얼굴을 내밀고 있는 '사랑의 집'의 이름은 '시몬의 집'. 바닷가가 보이는 예배당이다.
⑤ 유배된 듯 딴섬에 홀로 자리 잡은 '유다의 집'은 섬티아고 순례길의 마지막 장소로, 끝을 나타내는 종이 매달려 있다.
⑥ 진섬에 있는 작은 배. 순례자의 섬을 천천히 걷다 보면 어느새 방랑자에서 순례자가 된 자신을 발견할 것이다.

    길을 지나 소악도로 넘어오면 아홉 번째 '작은 야고보의 집'이 있다. 유럽에 흔한 작은 오두막 같은 느낌이며, 물고기 모양의 스테인드글라스가 특징이다.
    소악도 삼거리에 도착하면 나오는 열 번째 '유다 다대오의 집'은 뾰족한 삼각 지붕에 작은 창들이 앙증맞게 나 있다. '유다 다대오의 집'에 붙은 또 다른 이름은 '칭찬의 집'이다. 갑자기 엄마가 말했다. "우리 딸 장하네. 잘하고 있다. 자랑스럽다."라고. 뜬금 없다는 생각이 들었지만 기분이 좋았다. 또 다시 행복이 차올랐다.
    진섬 북쪽에 열한 번째 '시몬의 집'은 조가비 문양의 부조와 바다를 향해 시원하게 열린 창이 바다로 들어가는 성문 같은 느낌을 준다. '시몬의 집'은 바다처럼 모든 것을 품는 '사랑'을 의미하는 예배당이다. 두 손을 꼭 마주 잡은 엄마는 나를 위한 기도를 올리고 있었다. 나는 이제 다 컸으니 엄마도 자신을 위한 기도를 해도 될 텐데, 아직도 자식을 위해 애쓰는 엄마의 모습이 고맙기도 하고 안쓰럽기도 했다. 나도 언제부터인가 나를 위해서가 아닌 가족이나 사랑하는 이를 위한 기도를 올리고 있었다. 그렇지만 오늘만큼은 나를 위한 기도를 하기로 했다. 내가 조금 더 행복해졌으면, 아프지 않았으면. 그래서 주변 사람들을 아끼고 지켜줄 만큼의 힘을 얻기를 간절히 기도했다. 그리고 마지막인 딴섬에는 외로이 유배된 열두 번째 '가롯 유다의 집'이 보인다. 안타깝게도 노둣길이 막혀 가롯 유다의 집으로는 다가갈 수 없었고 멀리 붉은 벽돌의 높은 첨탑만 바라볼 수밖에 없었다.

시몬의 집에서 유다의 집으로 가는 숲과 해변은 기점·소악도 내에서도 절경으로 손꼽힌다. 은빛 모래사장이 펼쳐진 해안선을 천천히 걸으며 잡념을 버리고 편안하게 마음의 짐을 내려놓을 수 있었다. '즐거운 불편'을 지향하는 여행지인 순례자의 섬은 마치 게임의 미션을 완수하듯 12개의 지점을 때맞춰 통과해야 하지만 그만큼 흥미롭고 눈부시게 아름답다. 누군가가 최근에 한 여행 중에 가장 기억에 남는 여행지를 한 곳만 뽑으라고 하면 나는 주저하지 않고 이 기점·소악도를 선택할 것이다. 믿었던 사람에게 상처를 받고, 무거운 관심과 시선이 나를 꼭꼭 숨게 했다. 그럼에도 다시 사람들에게서 용기를 얻고 온기를 느낀다. 그리고 이제는 나 스스로에게서 위로를 받게 되었다. 얼굴을 스치는 부드러운 바람, 짭쪼름한 바다 냄새, 따뜻한 햇살, 그리고 조용한 공간에서 올리는 나를 위한 기도, 마음이 원하는 대로 길을 걸었더니 조금 더 행복해졌다. 그것만으로도 나는 또 다시 살아갈 힘을 얻는다. 내 마음속의 흔들리던 배는 고요해지고, 가야 할 길을 찾아 떠났다.

⑦ 기점·소악도의 순례길을 따라 걷는 길. 바닷가를 바라보고 있는 열두 예배당을 모두 만나 보자.

인생샷 포인트

POINT 01 내 취향의 예배당 앞에서 멋진 사진을!
마태오의 집안, 안드레아의 집, 시몬의 집

12사도의 이름을 딴 건축물 앞에서 사진을 찍어 보자. 가장 마음에 드는 작품을 찾아보는 것도 좋다. 특히 여덟 번째 집 '마태오의 집'은 노둣길 갯벌 위에 지어져 햇살이 내리쬐면 창 너머 바다를 배경으로 앉아 몽환적인 분위기를 낼 수 있다.

POINT 02 사랑하는 사람 이름 적어보기
노둣길 해안

열한 번째 '시몬의 집'에서 열두 번째 '가롯 유다의 집'으로 가는 노둣길 해안은 사람의 손이 타지 않은 듯 티끌 하나 없이 깨끗하다. 고운 모래와 조개들로 둘러싸인 아름다운 해안 절경과 유다의 집을 품고 있는 딴섬을 배경으로 사진을 남겨 보자.

HIDDEN TIP

TIP 1 순례자의 섬 100배 즐기기

TIP 1 순례자의 섬 가는 방법

목포 → 송공 여객 터미널 → 대기점도 순서로 이동해야 한다. 대기점도항에 있는 '베드로의 집'부터 순례자의 길을 시작하면 된다. 딴섬의 열두 번째 '가룟 유다의 집'까지 본 후 진섬의 소악도 선착장에서 배를 타고 송공 여객 터미널로 다시 돌아오면 된다. 날씨 상태에 따라 배가 운항하지 않을 수 있으니 미리 체크하자.

송공 여객 터미널 주소 전남 신안군 압해읍 압해로 1852-14

TIP 2 12사도의 집을 모두 돌아보는 데 체력은 필수!

첫 번째 '베드로의 집'부터 열두 번째 '가룟 유다의 집'까지는 약 12Km, 각 집마다 약 900m씩 떨어져 있다.

TIP 3 전기 자전거를 이용해도 ok!

첫 번째 '베드로의 집'에서 두 번째 '안드레아의 집'으로 가는 길에 전기 자전거 대여소가 있다. 섬 내에 자전거 도로는 따로 없으니 천천히 조심히 다녀야 한다. 자전거는 마지막 섬인 진섬의 대여소에 반납하면 된다. 전기 자전거를 탈 경우 모두 둘러보는데 1시간 30분 ~ 2시간 정도 걸리며, 걸어 갈 경우 2~4시간 정도 걸린다.

자전거 이용료 10,000원

TIP 4 편의 시설은 미리 알아두기!

소기점도에서 소악도로 넘어가는 노둣길의 시작점에 안내소, 마을 식당과 게스트하우스, 공공 화장실이 있다. 게스트하우스는 남녀 각 8인실(1인당 1박 2만원)이다. 게스트하우스는 문을 열지 않을 때도 있으니 미리 전화해서 체크해 보자. 기점·소악도 내에서는 슈퍼마켓 등 편의시설을 찾기 힘들 수도 있으니 미리 물과 가벼운 간식을 준비하자.

TIP 5 물때를 미리 체크하자.

노둣길은 하루 두 번 사라졌다가 생기는데, 물때에 따라서 노둣길을 건너지 못하는 경우가 있다. 약 3~4시간 뒤 썰물이 되면 길이 다시 나타나니 그때까지 주변을 느긋하게 산책하며 기다리면 된다. 기점·소악도 홈페이지(www.기점소악도.com)에 접속해 물때를 미리 체크해서 대기점도 도착 시간과 진섬의 출발 시간을 정해 배표를 사야 한다.

TIP 6 섬에서도 매너를 지키자.

한적한 농어촌 마을이기 때문에 주민들에게 폐가 되는 일, 작물이나 산나물, 야생화 채취, 쓰레기 버리기 등은 절대 하지 말아야 한다.

TIP 7 상냥한 미소도 장착 완료

기점·소악도의 주민들은 육지 손님들을 자주 보기 어렵다고 한다. 상냥하고 다정한 주민들에게 먼저 가벼운 인사와 목례를 해보자.

문의 ① 신안군청 <가고 싶은 섬 TF팀> 061-240-8687 ② 마을 식당 식사, 민박 예약 061-246-1245

TIP 2 추천 맛집

마음이 따뜻해지는 **쉬랑께 2호점**

진섬 소악도 선착장 근처에 자리한 '쉬랑께'는 기부형 카페라 메뉴에 가격이 정해져 있지 않다. 찻값은 손님이 알아서 내면 형편이 어려운 학생들에게 전액 기부된다. 사장님이 손녀를 위해 키우는 귀여운 토끼 부부가 있으며, 상냥한 가족이 만든 맛있는 마카롱과 쿠키를 맛볼 수 있다. 향긋한 솔잎차가 추천 메뉴다.

주소 전남 신안군 증도면 소악길 11 **문의** 010-2918-9122
운영시간 부정기 **휴무** 일요일 09:00~11:30(예배 시간)

아무도 없는 먼 곳으로 떠나기
비금도·도초도 여행

학교를 졸업하자마자 취업하고 10년 넘게 회사를 다닐 때까지, 난 곧게 잘 닦인 길만을 따라 걸어왔다. 매일 똑같은 일상이 지겨울 때도 있었지만 안정적인 삶에 만족하며 머물러 있었다. 가끔 창밖을 바라보며 '언젠가는 멀리 떠날 수 있겠지.', '아무 제약이나 한계 없는 나그네가 되어 자유롭게 여행할 수 있을 것'이라고도 생각했다. 그러나 인생은 예고 없이 커다란 상처를 남기기도 한다. 일상이 흔들리도록 심하게 앓고 나니 인생은 당장 내일만 해도 어떻게 될지 모른다는 것을 깨달았다. 그러자 가고 싶은 곳이 있다면 미루지 말아야겠다는 생각이 들었다. 그제서야 나는 비포장도로로 내려올 수 있었다. 내가 어떻게 살았는지 돌아보고 나니 겨우 맨발로 땅을 밟을 용기가 생겼나 보다. 이제는 가고 싶은 곳, 아무도 없는 곳으로 멀리 멀리 떠나 봐야 하고 출발해 도착한 곳은 먼 남해의 섬. 걷고 또 걸어도 바다가 보이는 곳, 산 위에서 내려다보면 섬과 나만 존재하는 이곳은 바로 신안군 비금도와 도초도다.

✓ 도초도/비금도로 가는 세 가지 방법

① **목포 연안 여객선 터미널에서 '쾌속선' 타고 도초도 가기** : 하루 세 번 운행, 약 50분 소요.

② **목포 북항 선착장에서 배를 타고 도초도 가기** : 하루 네 번 운행, 약 2시간 소요.

③ **암태도 남강 선착장에서 배를 타고 가산(비금) 가기** : 1시간 간격 운행, 약 40분 소요.

※ 배를 탈 때는 신분증 필수 지참.

TIP 비금도와 도초도 사이에는 다리가 놓여 있어 자동차로 이동이 가능하고, 두 섬을 왕복하는 버스가 있다. 자동차 없이 도착한 여행자의 경우, 비금도의 택시 회사(비금 택시 전화 061-275-5166)가 각 관광사와 연계를 맺어 코스별로 관광객의 투어를 돕고 있다.

✓ 추천 코스 한눈에 보기

① 수국 공원

자동차 ① 도초 여객선 터미널에서 불섬길 49m → ② 도초북길 422m → ③ 도초서길 2.2km (약 5분 소요)

② 발매리 <자산어보> 영화 촬영지

자동차 ① 수국공원에서 도초서길 1km → ② 발매길 1.5km (약 5분 소요)

TIP 내비게이션 '신안군 도초면 발매리 1067 원발매제'를 검색해서 가면 영화 <자산어보> 촬영지인 발매마을에 도착, 표지판을 따라 이동한다. 표지판이 보이는 곳으로 들어가면 언덕 위 초가집이 보인다. 초가집 근처까지 운전을 해서 올라가기에는 길이 좁고 험하므로 아래 주차장에 차를 주차하고 걸어 올라갈 것을 추천.

③ 시목 해수욕장

자동차 ① 영화 <자산어보> 촬영지에서 발매길 1.5km → ② 도초서길 1.2km → ③ 도초서길 760m (약 13분 소요)

COURSE 01

섬 안에 피어난 작은 꽃처럼 쉬어가기
수국 공원

    신안군 도초도에는 국내 최초로 성인을 위한 '섬마을 인생 학교'가 문을 열었다. 어른이 되어 인생의 길을 잃었다고 생각될 때, 다시 앞으로 나아가기 위해 잠시 쉬어갈 시간을 마련해 주는 학교라고 한다. 현재 코로나19로 인해 잠시 휴교 중이다.
    인생 학교 옆에는 수국 공원이 자리하고 있다. 주차장에서 수국 공원으로 올라가는 길에 귀여운 동물들의 벽화가 그려져 있다. 실제로 움직이는 듯 생생하게 표현된 벽화에 마음을 빼앗겨 버렸다. 수국은 초여름에 피기 때문에 내가 도착한 한겨울에는 화사한 수국 대신 애기 동백이 수줍게 얼굴을 내밀고 있었다. 도초도는 사시사철 아름다운 꽃이 피는 섬이라는 이름에 걸맞게 추운 겨울에도 꽃이 피어 있었다. 여름이 되면 800만 송이의 수국이 공원 가득 피어난다고 하는데, 한겨울에 바닷바람을 맞고 피어난 빨간 애기 동백도 못지않게 아름다웠다.
    작은 동산을 따라 빼곡하게 난 애기 동백길을 오르면 파란색 지붕들이 눈길을 사로잡는다.

신안군에서는 컬러 마케팅을 통해 섬과 마을마다 테마 컬러를 정했는데, 도초도의 테마 컬러는 시원한 파란색이다. 수국 공원에 오르다 마을을 내려다보면, 푸르른 산맥 아래 청아한 파란색 지붕이 옹기종기 모여 있는 모습이 정겹다. 그 덕분에 각 마을이 가진 특성과 분위기가 돋보이면서 마을이 한층 생기 넘쳐 보였다.

완만한 능선을 따라 전망대에 오르면 나무가 우뚝 서 있고 그 옆에 나팔 부는 소녀상이 우리를 맞이해 준다. 수국 공원에서 가장 높은 곳에 올라 도초도를 천천히 내려다보았다. 너무나도 고요한 곳이었다. 시끄럽게 귓가를 괴롭히던 자동차 소리도, 사람들이 통화하거나 대화하는 소리도 들리지 않았다. 내 눈에 비치는 풍경은 사람 하나 없는 푸른 시금치밭과 도초도의 아름다운 풍경뿐이었다.

① 수국 공원 주차장 담벼락에 그려진 귀여운 동물 벽화. 다양한 동식물들이 담벼락을 따라 그려져 있다.
② 겨울 바람을 맞은 듯 빨간 얼굴을 수줍게 내밀고 있는 애기 동백나무
③ 전망대에서 도초도 전경을 등지고 있는 나팔 부는 소녀상. 사진 포인트이다.
④ 수국 공원의 가장 높은 곳에 있는 전망대에 우뚝 솟은 나무
⑤ 수국 공원 전망대에서 마을을 내려다 보면 도초도의 테마 색 파란 지붕을 볼 수 있다.

 주소 전남 신안군 도초면 지남리 973

바닷가 언덕 위의 초가집 풍경 감상하기
발매리 <자산어보> 영화 촬영지

　아름다운 도초도의 풍경을 마음속에 가득 채운 후 이동한 곳은 바다가 내려다보이는 도초도의 끝자락이었다. 발매리의 언덕 위, 뒷편으로 바다가 보이는 자리에는 마치 오래전부터 이 섬에 있었던 것처럼 당당히 도초도를 바라보는 초가집이 있다. 이 집은 2021년 4월 개봉한 이준익 감독의 영화 <자산어보> 촬영장이다. 조선 순조 14년, 정약전이 흑산도로 귀양을 온다. 정약전은 마을 청년 창대와 교류를 통해 근해의 수산물을 채집하여 수산, 동식물 사전을 만들었는데 그것이 바로 <자산어보>라고 한다. 최근 아름다운 자연 경관이 입소문이 나면서 영화나 드라마 촬영지로 인기 높은 이 장소는 특히 소셜 미디어의 인증 샷 명소로 떠오르고 있다.

　집안으로 들어서면 전통식 서까래와 방과 방 사이로 보이는 장면이 액자처럼 느껴진다. 이 초가집의 존재는 아름답고 신비한 분위기를 뿜어내고 있다. 아마도 자연을 해치지 않고 주변 경관과 어우러져 풍경을 만들어 내기 때문인 것 같다. 인적이 없는 언덕 위에 초가집

①

① 바닷가 언덕 위에 외로이 서 있는 초가집은 다도해와 우이도를 모두 품고 있다.
② 영화 <자산어보>의 주요 배경인 신안 발매리의 초가집
③ <자산어보> 초가집 뒤편으로 나 있는 산책로. 문바위, 아편바위로 갈 수 있다.
④, ⑤ 문 바위와 아편 바위 방향의 산책로는 아름다운 도초도의 해안선을 바라보며 걸을 수 있는 곳이다.

이 얹힌 풍경은 수채화처럼 은은하다. 초가집 사이로 보이는 우이도와 다도해의 모습은 그림 속 한 장면 같다.

초가집 왼편으로 문바위, 아편바위까지 걸어갈 수 있는 산책로가 이어져 있다. 깊이 들어갈수록 바닷가 길을 따라 멋진 풍경을 만날 수 있지만 길이 험해지기 때문에 운동화나 등산화를 신기를 추천한다. 단아한 분위기를 풍기는 초가집 대청마루에 앉아서 끝없이 펼쳐진 바다를 바라보면 마치 영화 속 한 장면을 보고 있는 듯한 착각이 들기도 한다. 바다를 품고 있는 초가집에서 마음껏 나만의 시간을 보낼 수 있었다.

 주소 전남 신안군 도초면 발매리 1356(원발매제 근처)

①

COURSE 03   고요한 바닷가에서 나와 소중한 사람 되새기기 ──
시목 해수욕장

〈자산어보〉 촬영지에서 차로 10분 내외 거리에 잔잔한 파도가 치는 조용한 바닷가 시목 해변이 있다. 주변에 감나무가 많이 자라 '시목'이라 이름 붙은 이 해수욕장은 물이 맑기로 유명하며 바닷길이 반달 모양으로 펼쳐진 아름다운 바닷가이다. 백사장 뒤로 소나무와 수림 대 숲길이 울창하게 조성되어 있으며, 주변이 산으로 둥글게 둘러싸인 해안선의 모습은 백 두산 천지를 닮았다고 한다. 시목 해변은 결이 고운 모래에 쓰레기 하나 없이 깨끗한 모습이 인상적이다. 바닷가 뒤쪽에는 1만 평 규모의 청소년 야영장이 있어 캠핑하기에 좋다. 여름 과 가을에 캠핑용품을 싣고 이곳에 오면 야영장에서 쉬다가 바닷가로 달려가 시원하게 해수

① 반달 모양의 해안선을 가진 물이 맑은 바닷가 시목 해수욕장
② 고운 모래밭 위에 그리운 사람의 이름을 조개로 새겨 보았다.
③ 시목 해수욕장 입구의 소나무와 수림대 숲길, 자전거길
④ 시목 해변 뒤편으로 1만 평 규모의 청소년 야영장이 자리하고 있다. 캠퍼들을 위한 공간이다.

욕을 하면 좋을 것 같았다.

집에서 멀리 떠나 사람도 별로 없는 섬으로 들어오니 어지럽던 마음이 점차 나아지는 듯했다. 드넓은 모래사장을 걷다 보니 한국에 이렇게 아름답고 조용한 곳이 있었나 싶은 생각이 들었다. 아무도 없는 해수욕장에는 나와 푸른 바다만이 존재했다. 잔잔한 파도 소리는 미움도 슬픔도 다 버리고 가라고 말해주는 듯했다. 선뜻 대답하지 못하는 나를 바다가 안아주는 것 같아, 마음이 풀릴 때까지 계속 걷고 싶었다. 이 시간은 행복했지만 한편으로는 쓸쓸했다. 두고 온 사람이 생각났기 때문이다. 나만의 시간이 필요할 때 적극적으로 떠나보라고 등 떠밀어 준 사람, 혼자서 집을 지키고 있을 남편이 생각나 작은 조개들을 주워서 모래밭에 이름을 새겨 보았다. 나와 바다의 시간을 충분히 가졌으니 이제는 그 사람의 곁으로 돌아가야 할 시간이다.

 주소 전남 신안군 도초면 오류리 시목 해변

인생샷 포인트

POINT 01 아름다운 수국 벽화 앞에서 찰칵
인생 학교, 수국 공원 돌담

주차장을 통해 수국 공원으로 올라가는 길에는 귀엽고 화사한 벽화가 그려져 있다. 아름다운 수국과 귀여운 너구리, 토끼, 살아 움직이듯 생생한 고양이들이 그려진 벽화를 배경으로 귀여운 사진을 남겨 보자.

POINT 02 SNS 인증샷 포인트 '바다를 품은 초가집 풍경'
<자산어보> 촬영장

언덕 위, 바다를 배경으로 신비로운 분위기를 내는 이 초가집은 SNS를 통해 뷰 맛집, 인증샷 장소로 떠오르고 있다. 문과 문 사이, 대청마루 뒤로 나가 서면 등 뒤로 푸른 바다가 펼쳐진 액자에 인생 샷을 남겨볼 수 있다.

HIDDEN TIP

TIP 1 함께하면 좋은 여행지

신안의 자랑거리 천재 바둑기사의 고향 **이세돌 바둑 기념관**

비금도는 인공지능 알파고를 이긴 유일한 인간, 바둑 기사 '이세돌'의 고향이다. 신안군에서는 자랑스러운 비금도의 인물인 이세돌 기사를 기리기 위해 이세돌 바둑 기념관과 기념비를 세웠다. 또한 이세돌 기사의 어머니인 춘경말 여사를 그린 벽화가 수국 공원에서 나오는 길에 그려져 있다. 잠시 벽화와 바둑 기념관을 둘러보는 것도 좋은 여행이 될 것이다. 도초도에서 서남문 대교를 통해 비금도로 가면 이세돌 바둑 기념관에 갈 수 있다.

주소 전남 신안군 비금면 비금북부길 573-1　**문의** 061-240-8188　**운영시간** 3~10월 09:00~18:00, 11~2월 09:00~17:00
휴무 월요일, 명절과 전후 1일 포함　**입장료** 무료입장

TIP 2 추천 맛집

전통이 있는 깊은 맛
보광 식당

도초 여객 터미널 앞에 있는 보광회 타운은 1987년에 문을 연 식당으로, 간재미초무침과 우럭탕, 매콤한 장어볶음이 일품이다.

주소 전남 신안군 도초면 불섬길 85-12
문의 010-2618-7976
운영시간 08:00~21:00(출발 전 확인 필요)　**휴무** 부정기적
가격 장어볶음(중) 40,000원, (대) 50,000원, 우럭탕(중) 45,000원, (대) 55,000원

놓치면 아쉬운 명물 맛집
비룡 식당

신선한 우럭을 통째로 넣은 맑은 우럭간국이 별미로, 시원한 무가 가득 들어 있다. 도초도의 명물인 간재미초무침과 전복도 저렴한 가격으로 먹을 수 있다.

주소 전남 신안군 도초면 불섬길 85-12
문의 061-275-3100
운영시간 08:00~21:00(출발 전 확인 필요)　**휴무** 부정기적
가격 농어·광어 1kg 50,000원, 우럭탕 40,000원, 간재미 무침 30,000원

내몸을 위한 차 한잔!
꽃띄움

여객 터미널 2층에 자리한 꽃띄움에서 깊고 향기로운 꽃차를 꼭 맛보자. 차수국을 일곱 번 덖어 만든 이슬차는 끝맛이 달콤하며 향이 좋아 이 집의 명물이다.

주소 전남 신안군 도초면 불섬길 85-22(도초 여객 터미널 2층)
문의 010-2393-7369
운영시간 부정기적　**휴무** 부정기적
가격 산수국차 5,000원, 대추 품은 유자차 5,000원 ※ 방문 시 미리 전화해서 찾아가면 좋다. 식사는 예약 필수.

제주

'마음'이 쉬는 치유의 여행
성산·오조 지질 트레일, 광치기 해변

요즈음 나는 인생의 2막을 사는 중이다. 무작정 주어진 일만 열심히 하면서 살았던 지난 삶이 1막이었다면, 회사를 그만두고 하고 싶은 일을 하기 시작한 지금이 2막이다. 하지만 내가 좋아하는 것을 하려고 선택한 길인데도 아직 확신은 없다. 가끔 밀려오는 현실적인 걱정에 지치기도 한다. 그래서 이번에 선택한 여행은 불안한 나의 마음을 치유하고 보듬어주기 위한 '힐링' 여행이다. 해변을 걷는 것, 땀이 날 때까지 몸을 움직이는 것, 붓을 들어 그림을 그려보는 것. 이 모든 체험이 내가 잊고 있던 감각들을 깨워 마음속에 담아둔 상념들을 환기해줄 것이다. 열심히 뛰고 나면 휴식이 필요하듯 오래 집중하고 긴장한 마음에도 휴식과 치료가 필요하다. 도약을 시작하는 나의 삶에 작은 쉼표 같은 여행을 떠나 보자. 충분히 쉬는 시간을 가진 후 다시 일상으로 돌아오면 된다. 잘하고 있는지, 미래는 어떻게 될지 알 수 없지만 뒤는 돌아보지 않기로 했다. 마음을 다잡고 나아갈 것이다.

✓ 추천 코스 한눈에 보기

 성산·오조 지질 트레일

자동차 ① 제주 공항에서 번영로 20km → ② 금백조로 6km → ③ 금백조로 4.6km → ④ 성산일출봉 입구 도착(약 1시간 10분 소요)

대중교통 ① 제주 공항에서 도보 121m → ② 제주국제공항1(표선, 성산, 남원) 승차에서 버스 111번 승차 → ③ 성산일출봉입구 하차 후 도보 370m → ④ 성산일출봉 입구 도착 (약 1시간 30분 소요)
※ 성산일출봉에서 지질 트레일을 시작한다.

 광치기 해변

도보 지질 트레일을 하며 도보 이동을 추천한다. (약 30분 소요)

COURSE 01

새롭게 떠오르는 트레킹 코스 걸어보기
성산·오조 지질 트레일
(성산 일출봉-시인 이생진 시비 거리-성산항 코스)

제주도 여행을 여러 번 왔지만 지질 트레일 도보 여행은 처음이었다. 지질 트레일이란 지질학적 역사와 자원을 담은 길을 걷는 새로운 여행 방식이다. 특히 제주에서 제주의 역사와 문화, 전통 등 다양한 이야기와 함께 걸을 수 있는 테마길을 부르는 이름이라고 한다. 현재 제주에는 산방산·용머리, 김녕·월정, 성산·오조, 수월봉 등 4개의 지질 트레일이 있다. 성산·오조 지질 트레일은 성산 일출봉에서 오조리마을 - 터진목 - 성산항을 연결하는 8.3km의 구간이다. 제주도의 도보 여행은 올레길만 알았던 사람이라면 요즈음 떠오르는 '지질 트레일'을 걸어 보는 것을 추천한다. 특히 성산·오조 지질 트레일은 제주의 해양 문화와 아름다운 풍경을 인정받은 길이다. 눈부시게 빛나는 해안가를 따라 성산 일출봉에서 성산항까지 천천히 걸었다. 이 길은 앞을 바라보면 소가 누워 있는 모양의 우도가, 옆을 보면

① 눈부신 바닷가와 푸르른 성산 일출봉을 바라보고 있으면 마음이 평안해진다.
② 멀리 소가 누워 있는 듯한 우도의 모습
③ 매년 정월에 포신과 용신에게 제사를 지내던 성산 마을 제단. 제주 민속 신앙의 모습을 엿볼 수 있다.

성산 일출봉이 가까이 보이는 절경을 품었다. 어디에서 보아도 성산 일출봉이 바다를 병풍 삼아 위풍당당하게 솟아 있는 모습을 볼 수 있다.

성산항으로 가는 길목에서 이생진 시비 거리를 만날 수 있다. 제주도를 좋아하고 특히 성산포를 사랑한 시인 이생진의 시집 〈그리운 바다 성산포〉에는 81편의 시가 실려 있다. 시를 읽다 보면 시인이 이렇게 말하는 것 같다. 보고 싶지만 더는 볼 수 없는 사람은 이 섬에 놓아주어 그리움이 없어질 때까지 머무르라고. 우리는 이 시를 '바다로 뛰어드는 시'라고 부른다.

시와 바다 풍경이 어우러진 아름다운 이 길을 우리는 손을 꼭 잡고 걸었다. 그리움과 기다림을 담은 시구는 우리 부부에게 작은 위안을 주었다. 파도가 부서지는 해안가를 따라 다리가 아픈 줄도 모르고 걷고 또 걸었지만 하나도 힘들지 않았다. 눈이 부시도록 맑은 날의 제주도는 우리에게 잊을 수 없는 풍경을 선물해 주었다. 하늘을 보고 싶을 땐 고개를 들지 않고 바다로만 눈길을 돌려도 볼 수 있는 곳. 제주의 아름다운 바다를 바라보며 사랑하는 사람과 함께 걷는 이 시간은 너무나도 행복했다. 언제까지고 이 길이 계속되기를 바라며 남편의 손을 꼭 잡았다.

⑤ 시인 이생진 거리에서 보이는 성산 일출봉의 모습. '그리운 바다'를 비롯한 많은 시가 탄생한 곳이다.

INFO **주소** 제주 서귀포시 성산읍 오조로 30   **문의** 064-740-6074

신비한 검은 모래 해변에서 노을 감상하기
광치기 해변

　성산·오조 지질 트레일에서 걸어서 30분 거리에 신비한 모래사장을 갖춘 광치기 해변이 있다. 광치기 해변은 일출과 낙조가 아름답기로 유명하다. 특히 모래는 검은색을 띠고 있고 썰물 때의 바닷가는 초록빛으로 빛나는 독특하고 이국적인 매력을 내뿜는다. 광치기 해변의 특색이라고 할 수 있는 검은색 모래는 현무암이 오랜 기간 동안 풍화 작용을 받아 생겨난 모래 입자들이라고 한다. 검은 모래 사이로 보이는 흰 조개껍질 가루가 밤하늘에 뜬 별처럼 보인다.

　우리는 노을을 보기 위해 해가 지는 시간에 맞춰 해변에 도착했다. 비가 조금씩 내리던 탓에 안개가 자욱하게 내려앉아 뭔지 모를 미스터리한 장소로 변해 있었다. 성산 일출봉을 감싸고 있는 희뿌연 비구름 덕분에 '캐리비안의 해적'들이 폭풍을 뚫고 도착한 보물섬 같이 신비한 분위기도 들었다. 자욱한 구름 사이로 다행히도 붉은 해가 넘어가는 모습이 보였다. 횃불이 꺼져가는 듯한 낙조가 초록빛 해변을 물들이고 있었다. 묘하고 낯선 광경을 바라보

① 검정색을 띤 해안가 모래와 초록빛 이끼가 가득한 바위가 특징인 광치기 해변

①

② 광치기 해변에서 보이는 성산 일출봉의 모습이 자욱한 안개에 둘러싸여 신비롭다.
③ 광치기 해변에 지는 아름다운 석양이 구름에 가려 오묘한 색을 띠고 있다.

니 내가 마치 영화 속에 들어온 것 같은 착각이 들었다. 많은 사람이 불꽃이 사그라지는 듯한 일몰에서 눈을 떼지 못하고 있었다. 시간 가는 줄도 모르고 멍하니 하늘을 바라보다 보니 머릿속을 채웠던 복잡한 생각들이 모두 사라지는 것 같았다. 자연이 주는 휴식과 정화의 시간이었다.

   제주에 오는 이유는 바로 이런 쉼의 공간을 찾기 위해서인 것 같다. 우리는 새로운 장소를 찾으면 서로 어떤 느낌을 받았는지 의견을 나누곤 한다. 내가 느낀 광치기 해변은 신비로운 분위기의 영화 촬영장 같은 느낌이었다면, 남편은 공룡이 나올 듯한 원시림의 느낌을 받았다고 한다. 그만큼 독특하고 이색적인 장소였다. 특히 썰물 때를 맞춰서 방문하면 물이 빠지면서 녹색 바위들이 모습을 드러내 광치기 해변이 자랑하는 비경을 볼 수 있다. 녹색 이끼로 덮인 초록빛 해변은 마치 바닷속의 숲처럼 신비하게 다가온다. 독특하고 특색있는 해안 지형이 아름다운 광치기 해변에 노을을 맞이하러 떠나 보자.

④ 썰물 때 방문하면 초록빛 이끼가 융단처럼 둘러진 바위 해변을 볼 수 있다. 광치기 해변의 '비경'으로 불린다.
⑤ 물이 빠진 시각에 방문한 여행객들이 해안가 안쪽까지 들어와 있다.

 주소 제주 서귀포시 성산읍 고성리 224-33

인생샷 포인트

POINT 01 성산 일출봉을 병풍 삼을 수 있는 곳
오조·성산 지질 트레일

오조·성산 지질 트레일을 걷는 길목은 어디 하나 아름답지 않은 곳이 없다. 탁 트인 하늘과 바다, 그리고 꽃이 가득한 산책로 등 어디에서 찍어도 성산 일출봉이 배경이 된다. 앞으로는 우도를, 옆으로는 푸른 바다와 성산 일출봉을 바라보며 아름다운 제주의 사진을 찍어 보자.

POINT 02 바닷속에 숨겨진 푸른 숲
광치기 해변의 초록 이끼 바위

신비로운 분위기의 광치기 해변은 검은 모래와 녹색 이끼가 가득한 바위가 특징이다. 초록 이끼가 덮인 바위에서 바다를 배경으로 멋진 사진을 남겨 보자. 광치기 해변에서는 섭지코지와 성산 일출봉이 보이며, 녹색 바다와 함께 멋진 광경을 한 컷에 담을 수 있다.

HIDDEN TIP

TIP 1 — 함께하면 좋은 제주도의 힐링 프로그램

PROGRAM 1
힐링 요가

제주도의 맑은 공기를 마시며 산뜻하게 하루를 시작해 보자. 자연 속에서 명상하며 들숨과 날숨을 쉬다 보면 일상 속에서 잊고 있던 여유를 느낄 수 있을 것이다. 많이 걸어 다니느라 고생한 다리를 시원하게 풀어주고, 굳어 있던 몸을 요가의 흐름에 맡겨 보자. 아름다운 자연 속에서 요가 수업을 들을 수 있는 숙소나 체험 프로그램들을 찾아서 예약해 보자.

취다선 리조트
주소 제주 서귀포시 성산읍 해맞이해안로 2688   **문의** 064-735-1600
숙박하면 요가, 명상, 다도 프로그램을 무료로 들을 수 있다. 그 외에 감정 치유 아로마테라피, 싱잉볼 사운드 힐링 등 유료 클래스도 운영한다.

PROGRAM 2
다도 배우기

아름다운 제주도의 절경을 바라보며 한국의 전통 다도를 배워볼 수 있다. 다구의 종류, 찻물을 우리는 법, 차를 음미하는 법과 다도의 의미까지 알게 될 좋은 기회가 될 것이다. 따뜻하게 데운 다기에 직접 선택한 차를 담아 마셔 보자. 깊고 진한 찻물이 혀끝부터 몸속에 들어오는 것을 천천히 느끼면서 안온한 휴식 시간을 가져 보자.

※ 취다선 리조트와 정보 동일

PROGRAM 3
그림 그리기

그림을 주제로 한 카페에서 미술 도구를 빌려 제주의 풍경이나 그리고 싶은 것을 그려 보자. 자연스럽게 마음속에 담고 있던 생각들을 도화지 위에 풀어 놓게 될 것이다. 달콤한 차를 마시며 아름다운 제주의 풍경을 남기다 보면 제법 기분 전환이 된다. 커플이라면 서로의 얼굴을 그려보는 것도 달달한 추억이 된다.

에곤 카페
주소 제주 서귀포시 성산읍 신고로 52-18, 1층   **문의** 0507-1305-5213
화가 에곤 실레의 화방을 콘셉트로 한 아트 카페. 맛있는 디저트와 차를 마시며 그림을 그릴 수 있는 체험 프로그램이 있다.

※ 체험 장소는 다양하고 많으니 검색해서 나에게 맞는 곳을 찾아가 보자.

TIP 2 — 추천 맛집

든든하고 맛있는 한 끼 **식을 탐하다**

성산 일출봉 근처의 식당이다. 돌문어, 한치, 주꾸미덮밥 등이 메뉴이며, 특히 추천 메뉴는 돌문어 고추장덮밥이다. 통통한 돌문어를 짭짤한 양념에 버무려 부추와 함께 비벼 먹으면 더 없이 든든하고 맛있는 한 끼가 된다. **주소** 제주 서귀포시 성산읍 일출로 293   **문의** 070-8833-3526   **운영시간** 11:30~22:00   **휴무** 연중무휴
가격 제육 고추장 덮밥 10,000원, 돌문어 고추장 덮밥 15,000원

성산 일출봉이 바로 보이는 **오르다**

제주도 동쪽 끝, 성산 일출봉이 바로 보이는 카페 '오르다'. 특히 우도와 성산 일출봉을 함께 볼 수 있어 전망이 아주 멋지다. 카페 안의 조형물과 정원이 아름다워 사진을 찍을 수 있는 장소가 많은 곳이다. **주소** 제주 서귀포시 성산읍 한도로 269-37
문의 064-783-8368   **운영시간** 1층 09:00~21:00, 2층 09:00~19:00   **휴무** 연중무휴
가격 코코넛 커피 스무디 10,000원, 코코넛 셰이크 15,000원

ENERGETIC TOUR

스트레스 풀며 신나게 걷는 길

맛있는 경험, 인기 있는 장소를 찾아가는 것도 좋지만, 가장 좋은 것은 역시 자연의 아름다움을 오감으로 느끼는 것이다. 두 다리를 사용해서 가슴이 벅차오를 때까지 걸어 보자.

PART 3.

경기 안산 | 대부도 해솔길
경기 포천 | 산정호수, 포천 아트밸리
강원 강릉·속초 | 송정 해변 딴봉마을 산책로, 아바이마을
경북 경주 | 경주 남산 등산
충남 태안 | 드르니항 꽃게 다리, 어촌계 수산 시장, 삼봉 해변 갱지 동굴
부산 | 오륙도 스카이워크, 이기대 해안 산책로
제주 | 한라산 영실 탐방로

경기 안산

우리나라의 서쪽, 태양이 지는 길을 따라서
대부도 해솔길

답답한 마음에 여행을 떠나고 싶은데 멀리 갈 수는 없고, 바다가 보고 싶은데 남해나 동해가 너무 멀 때 우리는 서해안을 선택하곤 한다. 몇 주 동안 집에 머무르던 우리는 답답한 마음을 조금이나마 풀기 위해 바닷가 드라이브 겸 트레킹을 가기로 했다. 그런데 우리처럼 함께 한 지 10년이 넘으면 각자 자기만 알고 있는 여행 장소가 별로 없게 된다. 그래서 새로운 장소를 계속 찾아야만 하는데, 남편은 그때마다 귀찮아하며 "네가 가고 싶은 곳을 정하면 따라가겠다."는 말만 한다. 입으로만 떠나자고 하는 그가 얄밉기도 하다. 그래도 어디로든 떠나고 싶었던 나는 투덜거리면서도 열심히 여행지를 찾아보았다. 가까운 곳으로 바다를 보러 가려면 어디가 좋을까 찾아보다가, 어느 사진 속 해가 저무는 바닷가 풍경에 마음을 빼앗기고 말았다. 태양이 지구의 눈처럼 보이는 사진이었다. 머릿속에서는 이미 붉은 태양을 바라보고 있는 우리의 모습이 그려졌다. 태양이 지는 길을 따라 걸으며 아름다운 석양을 보기 위해 이곳으로 떠나기로 했다. 아침 일찍 일어나 출발해야 하는 곳이 아니라, 늦잠을 자다 깨서 가기에도 부담이 없고 산과 바다를 모두 만날 수 있는 곳, 바로 서울에서 1시간 반 걸리는 경기 안산시에 있는 대부도이다.

✔ 추천 코스

① 시화 나래 조력 공원, 방아머리 해수욕장

자동차 ① 서울역에서 수도권 제1순환 고속도로 8.2km → 서해안로 6.8km → 대부황금로 7.3km → 시화 나래 조력 공원 (약 1시간 30분 소요) ② 시화 나래 조력 공원에서 대부황금로 3.8km → 방아머리 해수욕장 주차장 (약 9분 소요)

※ 방아머리 해수욕장 주차장
• 대부도 공원 주차장(경기 안산시 단원구 대부황금로 1546)
• 대부 바다 향기 테마파크 주차장(경기 안산시 단원구 대부황금로 1480-7)

대중교통 ① 지하철 4호선 서울역 승차 → 사당역 14번 출구 앞 직행버스 3400번 승차 → 이지더원 하차 후 일반버스 123번 승차 → 시화조력 발전소 하차 후 도보 60m → 시화 나래 조력 공원 (약 1시간 34분 소요) ② 시화호 조력 발전소에서 일반버스 123번 승차 → 방아머리 선착장 하차 (약 7분 소요)

② 구봉도 낙조 전망대

자동차 ① 방아머리 해수욕장 주차장 → 대부황금로 1.7km → ② 구봉길 738m → ③ 연목이길 419m → ④ 낙조 전망대 (약 10분 소요)

대중교통 ① 방아머리 선착장에서 일반 버스 737번 버스 승차 → ② 구봉도 펜션 단지 하차 후 도보 2.6km → ③ 낙조 전망대 (약 55분 소요)

COURSE 01

갯벌 바닷가에서 낭만적인 낙조 감상하기
시화 나래 조력 공원, 방아머리 해수욕장

　여행지를 선택할 땐 대부분 내가 장소를 정하곤 한다. 가끔은 남편이 여행 계획을 짜면 좋겠는데, 매번 내가 계획하다 보니 오늘처럼 목적지 없이 무작정 떠나고 싶은 날엔 고민이 가득하다. 갑자기 산으로 들로 떠나고 싶어도 장소를 정해야만 출발할 수 있기 때문이다. 아침도 제대로 먹지 못하고 급하게 장소를 찾아보았다.
　우리는 바닷가 걷는 것을 좋아한다. 겨울 바다는 운치 있고 여름 바다는 뜨겁게 빛나며 사계절 다 그 나름대로 아름답기 때문이다. 서울에서 가까운 바닷가를 열심히 찾다가 우연히 가까이에 있는 섬의 사진을 보게 되었다. 그곳은 바로 낙조가 아름답기로 유명한 대부도였다. 대부도는 서쪽 끝에 있어서 해가 지는 마지막 순간까지 볼 수 있다고 한다. 경기도의 하와이라고도 불리는 대부도는 아름다운 바닷가와 멋진 일몰 포인트, 갯벌과 산이 모두 모여 있어, 한 장소에서 다양한 여행을 즐길 수 있는 수도권의 대표적 관광지다. 대부도라는 이름은 화성시 쪽에서 보면 큰 언덕처럼 보인다고 해서 붙은 이름이라고도 하고, 서해안에서 제일 큰 섬이라 하여 큰 언덕이란 뜻으로 지었다고도 한다. 답답할 때 시원한 바닷가를 바라보며 드라이브하기에도 멀지 않은 장소이다.

도시를 떠나오자 어느덧 시원한 바닷길이 펼쳐졌다. 대부황금로를 지나자 시화 나래 조력 공원과 대부도의 입구를 나타내는 달 전망대가 보였다. 시화 나래 조력 공원은 신재생 에너지의 순환을 주제로, 조력 발전소 건설 과정에서 발생한 토사를 이용하여 친환경적으로 조성된 해상 공원이다. 시화 나래 편의 공간에는 휴게소가 있어서 열심히 달려와 출출

① 물이 빠진 방아머리 해수욕장의 모습. 가족들이 바다 깊숙이 들어가 갯벌을 구경하고 있다.
② 시화 나래 조력 공원의 달 전망대의 모습
③ 조력 공원 입구의 하늘로 쏘아질 듯한 첨탑 '빛의 오벨리스크'의 모습
④, ⑤ 시화 나래 편의 공간에 있는 휴게소에서 꼬치, 게 그라탕 등 맛있는 간식을 사 먹어 보자.
⑥ 시화 나래 조력 공원 스마트 가든에서 보이는 큰가리섬의 모습
⑦, ⑧ 방파제를 따라 이어지는 서해안의 모습

⑨ 방아머리 해수욕장의 전경. 시화 나래 조력 공원에서 자동차로 10분 거리이다.
⑩ 해수욕장 입구에서 보이는 풍력 발전기의 모습
⑪ 공원의 바다 계단에서 서해안을 배경으로 찰칵

해진 배를 맛있는 간식들로 달랠 수 있었다. 공원 안에는 하늘을 향해 쏘아 올린 듯한 '빛의 오벨리스크' 조형물이 바다를 등지고 형형색색으로 빛나고 있었다. 우리는 오랜만에 바다를 바라보며 개운한 마음으로 바다 전망 광장까지 걸어갔다. 길게 늘어진 덱을 따라 걷다 보니 낮게 떠 있는 해가 보였다. 겨울이라 해가 짧아졌기 때문에 바다 가까이 잔물결이 눈부시게 반짝이고 있었다. 한참을 너울거리는 윤슬을 바라보다 바닷바람이 차가워 모자를 눌러쓰고 서로 까르르 웃으면서 사진을 남겼다.

    시화 나래 조력 공원에서 차로 약 10분 거리에 있는 방아머리 해수욕장은 대부도 관광 안내소 바로 앞에 있다. 관광 안내소 뒤편으로 완만한 언덕을 넘으면 갯벌과 함께 너른 바다가 펼쳐진다. 날씨가 꽤 쌀쌀했는데도 많은 사람이 바닷가 산책을 즐기고 있었다. 어린이들은 진흙이 드러난 바닷가에 나온 꽃게를 쫓아 다니고, 어른들은 발목에 감겨오는 부드러운 흙을 밟으며 행복한 한때를 보내고 있었다. 방아머리 해수욕장은 갯벌 체험이 가능하니 미리 물때를 체크하고 가면 더 즐겁고 안전한 여행을 할 수 있다고 한다.

　오후에 도착하니 바닷물이 다 빠져서 갯벌에 박혀 있는 조개껍데기를 주우며 바다의 안쪽까지 들어갈 수 있었다. 우리는 이상하게 바닷가를 보면 왠지 마음이 편안해진다. 기분이 좋아져 물이 빠진 갯벌 위에서 마치 어린아이가 된 것처럼 신나게 달렸다. 여행 장소를 내가 골라야 하는 것에 불만이 있긴 했지만, 내가 열심히 찾아서 온 여행지에서 남편이 행복해하는 모습을 보면 그렇게 뿌듯할 수가 없다. "역시 내가 선택을 잘했지?"라고 거들먹거리면 역시 믿음직하다고 어디든 따라가겠다고 말하는 그를 보며, 다음 여행지 선택에 대한 막중한 책임감과 부담감을 느끼곤 한다. 그래도 새로운 장소를 상상하는 것은 늘 즐겁다. 그래서 매번 내가 다음 여행지를 선택하나 보다.

⑫ 물이 빠진 갯벌을 따라 걷는 길
⑬ 해수욕장 입구에 설치된 하트 조형물
⑭ 해안가를 따라 해송이 자라나 있어 시원한 그늘이 생긴다.

 · 시화 나래 조력 공원 ｜ **주소**　경기도 안산시 단원구 대부동동
　　　 · 시화 나래 휴게소 달 전망대 ｜ **주소**　경기도 안산시 단원구 대부황금로 1927　**문의**　032-885-7530
　　　　운영시간　10:00~18:00(종료 30분 전까지 입장)
　　　 · 방아머리 해수욕장 ｜ **주소**　경기도 안산시 단원구 대부북동

COURSE 02
서쪽 끝에서 해가 지는 마지막 순간 감상하기
구봉도 낙조 전망대

이번 여행을 떠날 때 사진을 보고 한눈에 반해버린 구봉도 낙조 전망대를 향해 출발했다. 구봉도는 아름다운 봉우리가 9개라고 해서 붙여진 이름이다. 바다 위에 세워진 전망대는 붉은 석양이 아름답게 보이기로 유명한 장소였다. 대부도의 해안선은 61km나 될 정도로 넓고 거대한 갯벌이 온통 주위를 감싸고 있다. 옹진군을 이루는 섬들의 객선 항구인 방아머리와 구봉리를 지나서 메추리섬에 이르는 남쪽 바닷길은 울창한 송림과 갯벌과 모래사장이 아주 근사하다.

구봉도 낙조 전망대까지 가는 경로는 다양한데, 우리가 정한 코스는 대부도 해솔길 1코스로, 안산 1경 시화 나래 휴게소 → 방아머리 해수욕장 → 안산 3경 구봉도 낙조 전망대였다. 이 코스는 시간에 쫓기지 않고 여유롭게 둘러볼 수 있다.

구봉도에서 일몰을 보려면 해 지는 시간 체크가 가장 중요하다. 주차장에서 낙조 전망대까지 30분 정도 걸어야 하기 때문이다. 많은 사람이 시간 계산을 잘못해 해지는 시간을

①

① 구봉도에서 바라보는 눈부신 석양
③ 선돌 바위. 할매, 할아배 바위라고도 불린다.
⑤ 낙조 전망대로 가는 길은 완만한 산책로가 이어진다.
② 낮게 떨어지는 태양을 손으로 잡아보았다.
④ 낙조 전망대로 가는 길. 개미 허리 아치교를 따라 올라가야 한다.
⑥ 시간이 지남에 따라 물이 조금씩 차오르는 모습

놓치고 아쉬워한다고 한다. 주차장에 차를 세우자 창 너머로 낮게 내려앉은 해가 보였다. 마치 해가 일과를 마치고 집으로 돌아가듯 바닷속으로 서둘러 들어갈 채비를 하고 있었다. 우리는 낙조 전망대에서 일몰을 못 보게 될까 봐 급히 걸음을 서둘렀다.

    해안선을 따라 1km 정도 걸으면 선돌 바위가 보인다. 할매, 할아배 바위라고도 불리는 선돌 바위는 낙조 전망대로 가는 길목에 있었다. 오랜 시간을 함께한 부부 바위는 매일 아름다운 일몰을 바라보며 바람에 조금씩 깎이고 있었다. 무릎을 꿇고 앉은 듯한 할배의 모습과 누군가를 기다리는 듯 바닷가에 서서 지평선을 바라보고 있는 할매는 육지로 떠난 자녀를 기다리는 듯 보였다.

    조금씩 바다로 떨어지는 해를 보며 바쁜 걸음을 옮기자 드디어 개미 허리에 도착했다. 전망대로 가는 도중에, 마치 개미의 허리처럼 잘록 들어간 이 장소는 밀물

⑦ 산책로를 따라 약 10분 정도 걸으면 낙조 전망대가 보인다.

⑧ 낙조 전망대의 빨간 등대와 석양이 지는 곳을 바라보고 있는 조형물의 모습
⑨ 서쪽을 향해 눈을 크게 뜨고 있는 듯한 이 조형물의 이름은 '석양을 가슴에 담다'이다.

⑩ 서쪽 바다 끝으로 태양이 사라지는 모습이 아름답다.

때는 뱃길이 되지만 썰물 때는 물이 빠져 사람이 걸어서 지나갈 수 있다. 개미 허리 아치교에 올라가면 약 10분간 가벼운 트레킹을 할 수 있는 길이 이어진다. 숲길을 둘러싼 해송의 향과 함께 바다 냄새가 기분을 상쾌하게 만들어준다. 발길을 재촉했지만 곧 해가 넘어갈 것만 같았다.

    오늘 여행의 하이라이트인 낙조를 놓치고 싶지 않아 우리는 산길을 열심히 달렸다. 드디어 낙조 전망대의 길목으로 들어서자, 카푸치노 크림같이 보드라운 색을 띤 하늘과 함께 붉은 태양이 시야에 들어왔다. 바다 위에 세워진 전망대 길의 끝에, 태양의 눈동자라고 해도 될 법한 조형물이 서 있었다. 이 조형물은 '석양을 가슴에 담다'라는 이름의 스테인리스 스틸 오브젝트로, 잔잔하게 일렁이는 파도 위에 비치는 아름다운 노을을 형상화한 것이라고 한다. 그 모습은 마치 바다를 바라보고 있는 거대한 눈 같았다.

    드디어 태양이 낮게 내려앉아 내 눈 안으로 들어오는 순간이 되었다. 태양의 눈동자가 채워지는 모습은 가히 환상적이었다. 연기가 모락모락 피어나는 굴뚝 사이에서 지고 있는 저 태양은 매일매일 열심히 일하는 사람들을 닮아 있었다. 종일 최선을 다해서 일하고 일터를 떠나 집으로 돌아가는 우리처럼 말이다. 지는 태양을 바라보면서 우리는 아무런 대화가 없었다. 아마도 덧없이 사라져가는 태양과 함께 모든 고민이 사라졌기 때문이 아닐까. 커다란 태양이 바닷속으로 가라앉는 모습이 내 안에 가득 찰 때, 마치 영화의 한 장면처럼 시간이 천천히 흘렀다. 옆에서 손 잡은 사람의 온기가 느껴져 꿈에서 깨듯 현실로 돌아왔다. 태양처럼 따스한 눈동자로 나를 바라보는 그에게 방긋 미소를 지어주었다.

INFO 주소 경기도 안산시 단원구 대부북동 산23

인생샷 포인트

POINT 01 태양의 눈 바라보기
낙조 전망대

대부도의 볼거리를 찾다가 낙조 전망대의 사진을 보고 반하게 되었다. '석양을 가슴에 담다'라는 작품의 가운데에 석양이 눈동자처럼 맞아 떨어지는 시간이 있는데, 그 타이밍을 맞춰서 사진을 찍어보자. 태양의 눈처럼 아름다운 모습으로 추억을 남길 수 있을 것이다.

HIDDEN TIP

TIP 1 — 대부도에서 즐기는 다양한 액티비티

1. 대부도 전동 바이크

1,000여 그루의 메타세쿼이아가 늘어선 길과 코스모스, 해바라기꽃이 가득한 아름다운 대부 바다 향기 테마파크를 전동 바이크를 타고 시원하게 달려 보자.

탑승 시 준수 사항 음주자 탑승 금지 | 헬멧 착용 후 운행 | 지정 범위 외 운행 금지 | 운전면허증 필수 | 대부 바다 향기 테마파크 공원 주변 이용 가능
주소 경기도 안산시 단원구 대부황금로 1504
문의 070-4129-3223, 010-7443-7723
이용 요금 1시간 전동 바이크 20,000 | 전기 삼륜차 30,000원 | 다인승 깡통 열차 40,000원 **운영시간** 09:00~19:00(마지막 대여 마감 18:00) **휴무** 연중무휴

2. 대부도 갯벌 체험

대부도 주변의 갯벌 지역에서 물때를 확인해 아이들과 함께 갯벌 체험을 해보자. 천혜의 자연에서 즐기는 생생한 바다 체험은 즐거운 기억을 선물해 줄 것이다.

갯벌 체험장 ① 종현 어촌 체험 관광 마을 : 경기도 안산시 단원구 구봉길 240 (문의 032-886-6044)
② 선감 어촌 체험 마을 : 경기도 안산시 단원구 개건너길 78 (문의 032-886-6133)
③ 탄도 어촌 체험 마을 : 경기도 안산시 단원구 대부황금로 5-14 (문의 032-885-3745)
체험비 무료(체험 프로그램마다 상이)

3. 대부 해솔길 드라이브, 트레킹

대부 해솔길은 총 7개의 코스로 이루어져 있다. 코스별로 아름다운 대부도의 여러 가지 모습을 발견할 수 있을 것이다. 해솔길을 따라 드라이브를 하다가 관광명소에 들러 관광을 즐겨 보자.

- **1코스** 대부도 관광 안내소 - 돈지섬안길 (10.5km)
- **2코스** 돈지섬안길 - 어심 낚시터 (4.8km)
- **3코스** 어심 낚시터 - 대부남동 (9.6km)
- **4코스** 대부남동 - 베르아델 승마 클럽(12.3km)
- **5코스** 베르아델 승마 클럽 - 대부도 펜션 타운 (12.1km)
- **6코스** 대부도 펜션 타운 - 탄도 (6.8km)
- **7코스** 탄도항 - 대부도 관광 안내소 (17.2km)

4. 시화 방조제 - 인라인 스케이트/사이클

시화 방조제를 따라 자전거 도로가 나 있어 하이킹이나 인라인 스케이트를 타기에 매우 좋다. 시화 방조제에서 인라인 스케이트를 즐길 수 있는 도로 길이는 12.7km이다. 방조제 양쪽으로 시화호와 바다가 둘러싸고 있어 시원한 바람이 불어오고, 오후에는 아름다운 노을까지 볼 수 있어 인라인, 조깅하기에는 완벽한 환경이다. 오르막이 없는 평탄한 도로라 매우 쉬운 코스이며 동호인들이 자주 모이는 곳이기도 하다.

TIP 2 — 추천 맛집

대부도 인기 카페 **불란서 다방**

불란서 찐빵으로 유명한 대부도 인기 카페 '불란서 다방'. 핑크빛 네온사인이 둘러진 화려한 간판이 눈에 띈다. 이곳은 찐빵뿐만 아니라 만두와 각종 음료도 판매하고 있다. 찐빵은 우리가 자주 먹던 맛과 비슷하지만 바닷가의 시원한 바람을 맞으며 먹는 찐빵은 더 달콤할 것이다.

주소 경기도 안산시 단원구 대부황금로 1502 1층 **문의** 0507-1340-1706
운영시간 10:30~22:00 **휴무** 부정기
가격 옥수수 찐빵(5개) 4000원, 고기 만두(6개) 4000원

경기 포천

가족과 함께 즐기는 근교 나들이
산정호수, 포천 아트밸리

　어느 일요일 오전, 늦잠을 자고 있는데 갑자기 언니에게서 전화가 왔다. 언니와 형부는 독일에서 한국으로 돌아와 자가격리를 하다가 얼마 전 격리가 해제되어 자유로워졌다는 소식을 전해주었다. 거기다 오늘은 모든 가족이 쉬는 날이니 어디든 나들이를 가자는 것이었다. 갑작스러운 전화에 준비도 없이 세수만 하고 바로 여행을 떠나게 되었다. 우리가 선택한 장소는 서울에서 가까운 포천이다. 거리도 멀지 않고 관광지도 많은 이 장소는 아름다운 자연과 맛있는 식당이 많아 예전부터 자주 찾던 곳이다. 우리는 오랜 격리 기간으로 고생했던 언니네 부부를 위해 가볍게 트레킹하며 힐링할 수 있는 장소를 찾아보았다. 어릴 적 부모님과 함께 스케이트를 타던 산정호수와 푸르른 숲속에 아름다운 화강암 절벽이 있는 아트밸리는 그 두 가시를 만족시킬 수 있을 만한 장소였다. 오늘 하루 우리 가족은 산정호수 길을 산책하고 아트밸리에서 아름다운 에메랄드빛 천주호의 절벽을 본 후 백운 계곡에 시원하게 발을 담그고 나서 맛있는 저녁을 먹을 것이다. 그게 바로 온 가족을 위해 '유리 투어'가 준비한 포천 여행 코스이다. 가슴이 탁 트이는 푸르른 자연 속 관광지와 맛있는 식당까지 가득한 포천에서 즐거운 가족 나들이를 즐겨보자.

✔ 추천 코스 한눈에 보기

① 산정호수

자동차 ① 서울역에서 내부순환로 8.6km → ② 세종포천 고속도로(구리-포천) 40.6km → ③ 호국로 19.1km → ④ 산정호수 (약 1시간 40분 소요)

대중교통 ① 지하철 1호선 서울역 승차 → ② 도봉산역 하차 후 1번 출구 도보 533m → ③ 도봉산역 광역환승센터 직행버스 1386번 승차 → ④ 하동 주차장 하차 후 도보 47m → ⑤ 산정호수 (약 3시간 소요)

② 포천 아트밸리

자동차 ① 산정호수에서 산정호수로 3.8km → ② 호국로 17.2km → ③ 아트밸리로 1.3km → ④ 포천 아트밸리 (약 35분 소요)

대중교통 ① 산정호수·하동 주차장에서 직행버스 1386번 승차 → ② 신북면행정복지센터, 포천 아트밸리에서 하차 후 도보 1.7km → ③ 포천 아트밸리 (약 1시간 6분 소요)

COURSE 01
병풍처럼 산이 둘러싼 호숫가로 나들이하기 ──
산정호수

  산정호수를 향해 걸어가는 길에는 오래된 회전목마와 하늘 그네가 빙글빙글 돌아가고 있었다. 어릴 적 가족과 왔을 때 있었던 놀이공원이 아직도 남아 있어 놀랍고도 반가웠다. 특산물을 판매하는 장터가 있는 작은 길을 지나면 진한 초록빛의 산정호수가 펼쳐진다. 맑은 하늘 아래 수많은 가족들이 호숫가로 나들이를 나와 있었다. 호수 위에는 오리 보트와 수상스키를 타고 있는 사람들로 북적였다. 명성산 아래 있는 산정호수는 잘 다듬어진 수변 산책로와 길게 이어지는 너른 호수의 아름다운 모습 때문에 많은 이들이 찾고 있는 관광지이다.

  '산속에 있는 우물'이라는 뜻의 산정호수는 1925년 영농조합의 저수지로 농업용수를 공급하기 위해 만들어졌다고 한다. 깊은 산속에 숨겨진 보물처럼 푸르게 빛나는 호수의 모습이 많은 이들에게 오랫동안 사랑받고 있는 이유일 것이다. 호수 속에는 명성산이 비쳐 장관을 이루고 산그늘 외에는 아무것도 시야를 막는 것이 없이 탁 트여 있다. 울창한 나무들이 호숫가의 수변 덱에 그늘을 만들어 주어 햇빛을 피해 아름다운 광경을 감상하며 시원하게 산책을 할 수 있다.

　산책로의 끝에 드라마 〈낭만닥터 김사부〉의 촬영지인 '돌담 병원'이 있다. 오밀조밀한 매력이 있는 장소이니 잠시 들렀다 가기에 좋다. 수변 덱 곳곳에 쉴 수 있는 휴식 장소와 조형물들이 있어 볼거리를 제공한다. 또한 왕건에게 쫓겨 이곳으로 도망친 궁예의 이야기가 담긴 동상을 볼 수 있어 역사적 사건도 알 수 있다.

① 산정호수가 시작되는 길에 넓게 펼쳐진 호수와 명성산의 모습. 가족들이 오리배를 타며 즐기고 있다.
② 호숫가로 가는 길에 노점과 작은 놀이 기구들이 있다.
③ 깊은 산속에 보물처럼 숨겨진 넓은 호수의 모습이 신비롭다.
④, ⑤ 산정호수를 따라 난 산책길 곳곳에는 포천시에서 설치한 조형물들이 세워져 있다.
⑥ 산정호수 산책로에는 태조 왕건에게 쫓겨 이곳까지 도망친 궁예의 이야기가 기록되어 있다.
⑦ 북쪽 명성산 아래에 궁예의 동상이 세워져 있다.

초등학생 때 우리 가족은 산정호수에서 번데기를 사 먹고 스케이트를 타며 부모님과 함께 행복한 시절을 보냈었다. 어른이 되어 온 여름의 산정호수는 변함없이 아름다운 모습 그대로 우리를 맞이해 주었다. 새로운 가족을 만들어 더 행복해진 우리들은 산정호수와 함께 반짝이고 있었다.

⑧ 산정호수에서는 수상스키도 즐길 수 있다.
⑨ 산책로는 수변 코스와 궁예 코스가 있다. 이곳은 망봉산을 바라보며 걷는 궁예 코스이다.
⑩ 산정호수 둘레길을 따라 걷다 보면 드라마 <낭만닥터 김사부>의 촬영지인 '돌담 병원'이 나온다.

 주소 경기도 포천시 영북면 산정호수로411번길 89 **문의** 031-532-6135

COURSE 02

아름다운 에메랄드빛 절벽 감상하기
포천 아트밸리

다음으로 간 여행지는 언니가 선택한 포천 아트밸리였다. 아트밸리는 방치되었던 폐채석장을 포천시가 문화와 예술이 접목된 친환경 공간으로 재탄생시킨 곳이다. 아트밸리 입구에서 모노레일을 타고 편하게 올라갈지, 천천히 능선을 따라 천문 과학관까지 걸어갈지 고민을 했다. 부모님과 언니, 나는 우리에게 윙크를 하고 있는 노란 모노레일을 타고 올라가기로 했고, 형부와 남편은 가볍게 트레킹을 하듯 걸어 올라오기로 했다. 모노레일을 타고 올라가며 천주산의 물줄기가 모여 만들어진 선녀탕을 내려다보고 푸르른 산길도 감상하다 보니 어느새 정상에 도착해 있었다. 형부와 남편이 먼저 도착해서 산책로가 너무 좋으니 내려갈 때는 꼭 걸어가야 한다고 이야기해 주었다.

언니 부부가 가보고 싶어했던 천문 과학관도 관람하고 산마루 공연장으로 내려왔다. 산 정상으로 향하니 천주호의 화강암 절벽이 강물에 반사되어 푸르스름한 빛을 띠며 웅장한

① 포천 아트밸리의 윙크하는 모노레일. 주말에는 대기하는 줄이 길다.
② 모노레일을 타고 올라가는 길. 아래를 내려다보면 여유롭게 누워 있는 조각상을 발견할 수 있다.
③ 천문 과학관으로 오르는 길에 있는 민들레와 소년의 조형물

④ 모노레일 위에서 내려다본 선녀탕의 모습
⑥ 산책로에 마련된 아름다운 식물 터널

⑤ 아트 밸리의 가장 안쪽에 있는 천문 과학관의 모습

⑦ 조각 공원에 설치된 우리나라 지도 모양의 조형물

자태를 뽐내고 있었다. 아트밸리를 가족 여행지로 선택하게 된 이유는 바로 이 장소의 분위기에 반했기 때문이다. 과거 채석장이었던 이곳은 깎아지른 듯한 기암절벽이 아름답고도 신비로운 분위기를 풍기고 있어 마치 무협영화의 고수들이 은둔하고 있을 것만 같은 느낌을 준다. 그 덕에 드라마 〈달의 연인 - 보보경심 려〉의 1화를 장식하기도 했다. 이곳은 고전적인 분위기나 신비한 광경을 연출하는 데 안성맞춤이어서 수많은 영화와 드라마에 배경으로 사용되었다고 한다. 병풍처럼 펼쳐진 기암절벽과 함께 빼어난 자연 경관은 보는 이의 눈과 마음을 시원하게 만들어 준다.

⑧ 깎아지른 듯한 화강암 절벽이 강물에 반사되어 에메랄드빛으로 빛나는 아름다운 천주호
⑨ 천주호는 독특한 분위기 덕분에 드라마와 영화에 자주 등장했다.
⑩ 하늘 정원으로 가는 계단과 돌문   ⑪ 하늘 정원에서 내려오는 길에 자리한 조각 공원의 조경

    아트밸리의 곳곳에는 귀여운 마스코트인 아트리오 도기, 래비, 캐티가 자리하고 있고, 푸른 잔디가 드넓게 펼쳐진 조각 공원은 어린아이들이 가족들이 함께 뛰어놀기 좋은 장소를 제공하고 있다. 아트밸리를 산책하는 가족들의 웃는 얼굴을 보니 이곳을 선택하기를 잘했다는 생각이 들었다. 아름다운 아트밸리의 자연 경관을 마음껏 즐기며 가족의 평온한 일요일이 지나가고 있었다.

INFO **주소** 경기도 포천시 신북면 아트밸리로 234 **문의** 031-538-3463 **운영시간** 월~목요일 09:00~19:00(입장 마감 18:00), 금~일요일 09:00~22:00(입장 마감 20:00) **휴무** 매월 첫 번째 월요일 **입장료(개인, 관외 기준)** ① 어른 5,000원 ② 청소년, 군인 3,000원 ③ 초등생 1,500원 **모노레일 요금(개인, 관외, 왕복)** ① 어른 4,500원 ② 청소년, 군인 3,500원 ③ 초등생 2,500원

인생샷 포인트

POINT 01 여기 오길 잘했지?
산정호수 포토 존

산정호수 곳곳에는 조형물과 예쁜 사진 스폿들도 많이 만들어 놓았다. 귀여운 문구들과 산정호수를 배경으로 담은 액자 속에서 사진을 찍어 보는 것도 좋을 것이다. 망무봉과 명성산을 담고 있는 호수를 배경으로 가족들과 함께 행복한 추억을 남겨 보자.

POINT 02 에메랄드 절벽 앞에서
포천 아트밸리 호수 전망대

푸른빛을 띤 천주호의 신비한 절벽에서 사진을 찍을 수 있는 장소는 두 군데가 있다. 천주호를 내려다볼 수 있는 전망대에서 아름다운 절벽을 내려다 볼 수도 있고, 하늘 정원으로 가는 1코스길이 시작되는 곳에서 천주호를 가까이에서도 볼 수 있다. 어느 곳에서 찍어도 에메랄드빛 호수와 절벽을 아름답게 담을 수 있을 것이다.

HIDDEN TIP

TIP 1 — 함께하면 좋은 여행지

흰 구름이 머무는 계곡 **백운 계곡**

백운 계곡은 산정호수에서 가까운 곳으로, 물이 깨끗하고 수심이 얕아서 아이들이 물놀이를 하기에 좋다. 광덕산 줄기에서 흘러내린 물과 백운산의 물이 모여 맑고 시원한 물이 흐르고 있다. 한여름에 잔잔히 흐르는 백운 계곡에 다리를 담그면 몸속까지 시원해지며 더위가 싹 가실 것이다. 백운 계곡 주차장 위쪽에는 세종의 친필이 보존된 흥룡사가 있으니 천천히 절을 한바퀴 돌아보는 것도 추천한다.

주소 경기도 포천시 이동면 포화로 236-73

TIP 2 — 추천 맛집

제철 재료로 건강까지 가득 채우는 **참살이 토속 청국장**

저렴한 가격에 구수한 청국장과 직접 만든 밑반찬을 먹을 수 있는 한식당. 식당 뒤에는 텃밭이 있어 직접 농사지은 작물로 반찬을 만드신다고 한다. 청국장과 함께 제육볶음, 수육 등을 세트로 시켜 먹을 수도 있다. 시골집에서 만든 듯한 진한 청국장과 정성스러운 찬들이 여행객들의 배를 든든하게 채워 줄 것이다.

주소 경기도 포천시 일동면 수입로160번길 10 **문의** 031-532-4022
운영시간 매일 11:00~21:00 **휴무** 월, 화요일
가격 청국장 8,000원, 참살이 정식 20,000원

색다르게 즐기는 포천의 대표 메뉴 **갈비1987**

포천 하면 이동 갈비로 유명한데, 갈비1987은 맛도 맛이지만 독특한 퓨전 갈비를 먹을 수 있는 떠오르는 맛집이다. 내 마음대로 속을 넣어 갈비를 패티 삼아 버거를 만들어 먹을 수 있다. 버거용 번이 촉촉하고 맛있어서 갈비의 맛을 해치지 않는다. 추가 메뉴들도 맛이 좋으며, 포천 이동 갈비의 달콤하면서도 깊은 맛을 느낄 수 있을 것이다.

주소 경기도 포천시 이동면 화동로 2065-1 **문의** 031-532-3077
운영시간 12:00~21:00, 브레이크 타임 15:00~17:00 **휴무** 부정기
가격 와인 숙성 이동 갈비 45,000원, 11cm 이동 갈비 47,000원

뷰와 맛 두 가지 모두 사로잡는 **가비가배**

산정호수 둘레길을 걷다 보면 옛 김일성 별장이 있었던 자리 옆에 멋진 한옥 카페가 있다. 호수가 보이는 창가 자리는 전망이 좋아 항상 인기가 많다. 고즈넉한 분위기의 한옥에서 시원한 차 한잔에 와플을 먹으며 산정호수를 바라보자. 추천 메뉴는 쑥라테로, 그 외 음료들도 정성스럽고 맛이 좋다.

주소 경기도 포천시 영북면 산정호수로 849-130 **문의** 031-535-3460
운영시간 평일 10:00~17:30, 주말·공휴일 10:00~18:00 **휴무** 부정기
가격 아메리카노 5,000원, 미숫가루 라테 6,000원

강원 강릉·속초

소나무 향이 가득한 바닷가의 산책
송정 해변 딴봉마을 산책로, 아바이마을

아침에 조용히 출렁거리는 바닷가를 바라보며 백사장을 걷는 일은 항상 기분이 좋다. 강원도의 수많은 해변 중에서도 촉촉한 바닷바람에 소나무 향이 은은하게 담긴 산책로가 있는데, 해변 산책 코스로도 유명한 이 길의 이름은 '딴봉마을 산책로'다. 원래 강원도의 해변에는 소나무들이 많기도 하지만 이곳의 해송은 더 아름답기로 유명하다. 경포 해변에서 송정 해변으로 가는 길을 가득 채우고 있는 울창한 소나무 사이로 바닷가가 보인다. 드라이브 코스로도 그만인 이 길을 창문을 활짝 열고 달리다 보면 상쾌한 솔향기에 답답한 고민이 모두 날아갈 것이다. 두 눈 가득 반짝이는 경포대의 바다를 충분히 담고 난 다음에는 딴봉마을의 소나무숲 산책로 속으로 들어가 힐링해보자. 그리고 실향민들의 가슴 아픈 이야기가 담긴 아바이마을도 방문해 보기를 추천한다. 솔향기 가득한 산책길과 바닷가 마을을 여행하다 보면 강원도의 다양한 매력에 흠뻑 빠지게 된다.

✓ 추천 코스 한눈에 보기

① 경포 해변 드라이브, 송정 해변 딴봉마을 산책로

자동차 ① 서울역에서 올림픽대로 18.5km → ② 서울양양 고속도로 150.9km → ③ 동해 고속도로(삼척-속초) 37.4km → ④ 경포 해변 (약 3시간 소요) ⑤ 경포 해변에서 해안로 457m → ⑥ 해안로 2.5km → ⑦ 창해로 1.4km → ⑧ 송정 해변 (약 10분 소요)
※ 송정 해변에서 딴봉마을 산책로는 도보로 이동

대중교통 ① KTX 서울역 승차 → ② 강릉역 하차 후 도보 146m → ③ 강릉역에서 일반버스 202-1번 승차 → ④ 경포 해변 하차 후 도보 286m → ⑤ 경포 해변 (약 2시간 30분 소요) ⑥ 경포 해변에서 일반버스 202번 승차 → ⑦ 강릉역 건너편 하차 후 도보 241m → ⑧ 화부산 막국수에서 일반버스 211-1번 승차 → ⑨ 해당화 연립 하차 후 도보 283m → ⑩ 송정 해변 (약 47분 소요)

② 속초 아바이마을

자동차 ① 송정 해변에서 동해대로 4.8km → 동해고속도로(삼척-속초) 48.3km → ② 동해대로 4.6km (약 1시간 15분 소요)

대중교통 ① 송정 해변에서 도보 844m → ② 송정 노인회관 일반버스 302번 승차 → ③ 강릉 고속버스 터미널 하차 후 속초행 시외버스 승차 → ④ 속초 시외버스 터미널 하차 후 도보 1.3km (약 2시간 15분 소요)

COURSE 01

해풍을 맞고 자라난 해송 숲에서 상쾌하게 삼림욕
경포 해변 – 송정 해변 딴봉마을 산책로

강원도의 향을 꼽으라면 바다 향, 커피 향 그리고 솔향기를 말하겠다. 그래서 향기 가득한 이번 바다 여행은 경포 해변에서 시작했다. 고운 모래가 드넓게 펼쳐진 경포 해변은 많은 손님을 맞이할 준비가 된 듯 입구부터 포토 존과 경포 해변을 나타내는 조형물들이 중앙 광장을 가득 메우고 있다. 게다가 주변에는 숙박 시설과 편의 시설도 많아 가족들이 편안하게 휴식을 취하기에 좋은 장소다. 해변 바로 뒤편의 경포호는 수많은 바닷새의 안식처가 되고 있다.

경포 해변을 산책하다가 문득 집이 아닌 다른 지역에서 한 달 살기를 해보면 어떨까 하는 생각이 들었다. '제주도 한 달 살기'가 한동안 유행했을 때, 나는 제주도가 아닌 다른 곳에서 한 달 살기를 꿈꾸었다. 날씨가 따뜻한 남도나 항구 도시인 부산이나 창원, 조용한 남해안의 섬까지도 생각해 보았다. 그런데 강원도가 문득 떠올랐다. 아름다운 바닷가와 자연 휴양림, 맛있는 해산물과 재래시장, 그리고 다양한 명소들까지 포함하면 딱 맞아떨어지는 장소였다. 다음에 한 달 살기를 할 기회가 된다면 꼭 이곳으로 오겠다는 생각을 하며 소나무길이 아름다운 송정 딴봉마을로 향했다.

① 바닷가를 배경으로 멋진 소나무가 늘어선 경포 해변의 중앙 광장의 모습
② 경포 해변의 한가롭고 평화로운 풍경. 가족들이 여유롭게 모래사장을 산책하고 있다.
③ 해변 뒤쪽으로 펼쳐진 경포호의 탁 트인 전망
④ 여름이 시작되기 전의 경포 해변에 세워진 보트의 모습
⑤ 송정 해변 주차장에서 딴봉마을 산책로가 시작된다.

경포 해변에서 송정 해변으로 가는 길은 그야말로 드라이브에 최적화된 코스이다. 바닷가를 따라 푸른 소나무길이 이어진 이곳은 강릉 바우길 5구간중 한 구간으로, 그 아름다운 풍경 덕에 자전거 여행을 하는 사람들이 많이 찾고 있다. 경포 해변에서 송정 해변까지 길게 연결된 소나무숲길을 걷고 싶을 때는 딴봉마을 산책로로 찾아가면 된다. '딴봉'은 경포와 송정 중간에 있는 강문으로 가는 곳인데, '외따로 떨어진 봉'에 소나무숲이 우거졌다는 데서 유래했다. 사람이 적어 한적한 송정 해변에 도착해 바닷가를 산책하다가 해변 주차장

⑥, ⑦, ⑧ 소나무 향이 가득한 딴봉마을 산책로의 모습. 하늘 높이 자란 소나무의 모습이 마치 하늘을 향해 춤을 추고 있는 것 같다.

을 통해 딴봉마을 산책로로 들어섰다. 해변 도로 건너편에 있는 울창한 소나무숲길로 들어서면 시원하면서 상쾌하게 온몸을 감싸는 솔향기를 느낄 수 있을 것이다. 송정 해변에서 불어오는 해풍과 해송의 향이 어우러져 천혜의 삼림욕을 즐길 수 있다. 평탄한 산책로는 편안하고 한적한 힐링의 길로, 오랜 세월 풍파를 견디며 곧게 자란 소나무 하나하나가 모두 예술 작품 같다.

동해를 바라보며 멋지게 춤추고 있는 소나무 숲속에서 깊게 숨을 들이마셔 보자. 들숨과 날숨에 시원하고 깊은 솔향기가 몸과 마음을 채워 줄 것이다. 이렇게 아름다운 풍경과 상쾌한 솔향기를 마시다 보니 언젠가는 강원도에 오랫동안 살아 보고 싶다는 생각이 더 강하게 들었다. 아침에는 소나무숲을 산책하며 명상하고, 뜨거운 햇빛이 조금 누그러지면 바닷가에 몸을 담그면서 느긋하게 지내보고 싶다는 작은 꿈이 생겼다.

· **경포 해변** | 주소 강원도 강릉시 강문동 산 1-1 문의 033-640-4901
· **송정 해변 딴봉마을 산책로** | 주소 강원도 강릉시 송정동 산 63-1 문의 033-640-4922

※ 강릉 송정 해수욕장 주차장에 산책로 입구가 있다.

> COURSE 02 — 갯배 타고 테마 마을 체험하기

아바이마을

독특한 체험 공간이자 실향민의 가슴 아픈 이야기가 숨겨진 마을. 속초 아바이마을은 '갯배'라는 독특한 운송 수단을 알게 된 후 꼭 타 보고 싶어서 찾아가게 됐다. 아바이마을을 상징하는 것은 단연 '갯배'다. 이 배는 모터도 노도 아닌 사람이 쇠갈고리로 줄을 끌어당겨 움직이는 특이한 방식의 교통수단이다. 원래 트럭과 우마차 등을 나르는 도선이었는데, 현재는 관광용으로 이용되고 있다. 아바이마을로 가려면 갯배를 타고 청초호를 건너는 것이 가장 가까운데, 지금은 설악 금강 대교를 통해 자동차로도 건너갈 수 있다. 순서를 기다려 배에 오르면 승객이 직접 두꺼운 쇠줄을 끌어당겨 갯배를 건너편으로 이끈다. 모터보트처럼 빠르게 이동하는 수단은 아니지만, 갯배는 향수를 느낄 수 있는 운치 있는 여행으로 우리를 이끌어 줄 것이다.

아바이마을은 한국전쟁 당시 북한에서 피난을 온 실향민들이 정착한 마을이다. 언젠가는 통일이 되어 고향으로 돌아가리라는 희망을 품고, 북쪽에 가까운 청초호 바닷가 모래톱

① 청초호를 지나 아바이마을로 넘어가는 갯배의 모습

② 갯배를 타고 쇠줄을 직접 끌어당겨 아바이 마을로 가는 모습. 도착까지 걸리는 시간은 5분 이내로 짧으며, 수시로 운항한다.
③ 드라마 <가을 동화>의 주인공 은서가 살던 집. 원래는 작은 가게였지만 드라마로 인기를 끌면서 식당으로 바뀌었다.
④ 교각에 그려진 아바이마을의 사람들의 모습
⑤ 아바이마을은 문화, 관광 마을로 거듭나 수많은 북한식 식당이 가득하다.

에 하나둘 정착하여 우리나라 최대의 피난민촌을 형성하게 되었다. 이 실향민 중에는 함경도 출신이 많아, 할아버지를 뜻하는 함경도 사투리인 '아바이'를 따서 아바이마을로 부르기 시작했다고 한다. KBS 드라마 〈가을동화〉, 예능 프로그램 〈1박 2일〉 등 매스컴과 드라마 등에 많이 등장해 유명한 관광지로 거듭나게 되었다.

마을 곳곳에는 아바이마을의 이야기가 담긴 벽화와 피란 당시의 사진들이 전시되어 있다. 아바이마을 동남쪽에는 백사장이 길게 펼쳐져 있는데, 이 앞에는 미소를 띠었지만 동시에 슬픈 표정을 한 아바이 동상이 있다. 고향에 돌아갈 수 없는 실향민의 마을이지만, 지금은 슬프거나 무거운 분위기는 전혀 없다. 황무지나 다름없던 이곳을 60년간 개간해 지금은 활기차고 맛있는 식당들이 즐비한 관광지로 거듭났다. 속이 두툼한 평양만두와 아바이순대를 좋아하는 우리는 원조의 맛을 느낄 수 있는 맛있는 북한식 식당을 찾아 헤맸다. 평이 좋은 곳을 찾아가 먹어 본 아바이순대와 오징어순대는 쫄깃하고 고소했다. 평소엔 자주 먹을 수 없는 함경도의 별미를 맛보고 아바이마을이 가지고 있는 독특한 분위기도 느낄 수 있었다. 이 마을은 고향으로 돌아가고 싶은 실향민들의 마음은 남아 있지만, 오히려 우리가 쉽게 접할 수 없는 문화와 특색을 살려 많은 이들이 찾는 마을이 되었다.

⑥, ⑦ 마을 곳곳에 그려진 아바이마을의 옛 이야기를 접해 보자.
⑧ 오징어순대가 특산물인 아바이마을의 마스코트 오징어를 그린 벽화

 주소 강원도 속초시 청호로 122 **문의** 033-633-3171 **갯배 요금** ① 어른 500원 ② 초등학생 300원 ③ 손수레 500원 ④ 자전거 500원 ⑤ 속초시민 무료(신분증 제시)

인생샷 포인트

POINT 01 경포 해변의 바닷가 액자
경포 해변 중앙 광장

고운 모래와 푸른 바다가 어우러진 아름다운 경포 해변의 중앙 광장에는 여러 가지 조형물들이 세워져 있다. 많은 사람이 푸르른 경포 해변이 사각 프레임에 담기는 커다란 액자 조형물에 앉아 사진을 찍는다. 바다 냄새가 물씬 풍기는 이곳에서 바다와 하늘, 백사장을 모두 함께 사진에 담아 보자.

POINT 02 설악 대교를 눈앞에
속초 청년 몰 '갯배st.'

속초 청년 몰 '갯배st.'의 옥상에서 바라보는 바닷가의 풍경은 시야가 탁 트여 시원하고 아름답다. 멀리 아바이마을을 지나가는 갯배도 내려다보이고 속초 시내의 모습도 볼 수 있다. 특히 옥상에서 붉은 설악 대교를 배경으로 사진을 남겨 보자. 해가 지기 시작하면 설악 대교에 불이 들어와 더욱 감성적인 사진을 남길 수 있다.

HIDDEN TIP

TIP 1 · 함께하면 좋은 여행지

병풍을 두른 호수 **영랑호**

영랑호에는 이름에 얽힌 일화가 전해온다. <삼국유사>에 따르면, 무술 대회에 참가하러 가던 화랑 '영랑'이 이 호수에 이르렀는데 잔잔한 호수와 울산 바위, 범 바위의 비경에 반해 오래 머물렀다. 그의 이름을 따 영랑호라고 지었고, 그 후 화랑들의 수련장으로 이용되었다고 한다. 영랑호 뒤에는 병풍처럼 웅장하게 둘러싼 울산 바위가 하얀 자태를 뽐내고 있다. 아바이마을로 가기 전 잠시 들르기 좋은 장소이다.

주소 강원도 속초시 동명동 595-37
주차 통천군 순국 동지 충혼비 앞 주차장 이용

젊은 속초 **속초 청년 몰 갯배st.**

아바이마을의 갯배 선착장 가까이에 세워진 속초 청년 몰 '갯배st.'는 카페와 식당, 상점 등이 감각적으로 꾸며진 속초의 젊은 공간이다. '갯배st.'는 갯배+스트리트를 합친 말로 '갯배스트'라고 읽는다. 원래는 옛 수협 건물이었는데 현대 감각에 맞춰 리모델링했다. 실제로 은행에서 사용하던 금고와 등대도 확인할 수 있다. 금고를 만지면 금전운이 생긴다고 하니 2층에 올라가 찾아보자. 갯배스트의 옥상에 올라가면 설악 대교를 품은 전경이 눈앞에서 펼쳐진다.

주소 강원도 속초시 중앙부두길 24

TIP 2 · 추천 맛집

아바이순대의 맛 **함경도 명천 순대**

아바이마을에서 맛있는 식당을 추천받아 찾아간 곳. 오징어순대, 생선구이, 순댓국, 물회, 명태순대 등 함경도의 별미를 맛볼 수 있다. 아바이순대와 오징어순대가 함께 나오는 모둠 순대를 시켜서 조금씩 맛 보는 것도 추천한다.

주소 강원도 속초시 청호동 863　**문의** 033-638-8893　**운영시간** 09:00~22:00
휴무 부정기　**가격** 아바이순대(소) 10,000원, 순댓국 8,000원

조선소에서 마시는 차 한잔 **칠성 조선소**

1952년에 피난을 와서 조선소를 열어 65년간 3대째 배를 만들고 운영해 온 가족의 이야기가 담긴 독특한 공간이다. 2017년에는 조선소의 문을 닫고 오랜 사택을 활용한 조선소 살롱 카페와 전시 공간, 독립 서점 칠성 북 살롱, 그리고 레저용 카누·카약을 제작하는 Y CRAFT BOATS를 함께 운영하고 있다.

주소 강원도 속초시 중앙로 46번길 45　**문의** 033-633-2309　**운영시간** 11:00~20:00
휴무 연중무휴　**가격** 아메리카노 5,000원, 콜드브루 6,500원

경북 경주

천년고도 경주의 숨겨진 보물 찾기
경주 남산 등산

    신라의 수도, 천년고도 경주에 왔으면 멋스럽게 한옥에 묵어야 한다는 생각으로 한옥 숙소를 열심히 찾았다. 남편은 숙소에 대해 크게 신경을 쓰지 않는 성격이지만, 나는 숙소도 하나의 여행이라고 생각한다. 경주의 한옥 숙소는 예상대로 인기가 많아 이미 예약이 꽉 차 있었지만, 열심히 전화품을 팔아 황리단길의 한옥 숙소에 묵을 수 있었다. 우리는 따뜻한 온돌방에서 꿀잠을 자고 우물가를 산책하다가 숙소 매니저에게서 경주의 숨겨진 여행지를 추천받았다. 그곳은 바로 보물의 산 '남산'이었는데, "남산에 오르지 않고서는 경주를 보았다고 말할 수 없다."는 말이 전해질 정도로 유명했다. 내가 아는 남산은 서울 중심부에 있는 그 남산밖에 없었는데 경주에도 같은 이름의 산이 있다니 신기하고도 놀랍다. 그 남산에는 우리가 상상도 못할 보물들이 가득 숨겨져 있다는 이야기를 슬쩍 해 주셨다. 보물이라는 말에 우리는 눈이 동그래져서 부랴부랴 등산복을 갈아입고 짐을 싸서 남산으로 떠났다.

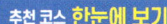

추천 코스 한눈에 보기

자동차 ① 서울역에서 영동 고속도로 46.6km → ② 중부내륙 고속도로 127.5km → ③ 상주영천 고속도로 92.5km (약 4시간 소요)

대중교통 ① KTX 서울역 승차 → ② 신경주역 하차 후 도보 270m → ③ 신경주역 일반버스 70번 승차 → ④ 서라벌 사거리 하차 후 도보 436m → ⑤ 내남 사거리 승차 → ⑥ 삼릉 하차 후 도보 198m (약 3시간 10분 소요)

①

COURSE 01

신라 시대의 흔적이 가득한 산에서 보물 찾기
삼릉 - 삼릉 계곡 코스

    신혼 시절, 우리는 등산이라면 진저리를 치곤 했다. 가끔 운동 삼아 뒷산을 오르곤 했지만, 그건 남편이 부기를 빼기 위해 후다닥 올랐다가 내려가는 것이 전부였다. 그런데 보물이 가득한 산이라니! 호기심이 많은 남편은 이 말을 듣자마자 여행지를 변경했다. 나는 편하게 걸으면서 관광을 하고 싶었지만 보물에 마음을 빼앗겨 눈이 반짝이는 남편을 보니 함께 가야 할 것만 같았다.

    경주 남산을 오르는 코스가 여럿 있다는데, 우리는 탐방 지원 센터 직원에게서 가장 많은 유적과 보물이 남은 코스를 추천받았다. 그래서 선택한 코스는 삼릉에서 시작하여 금오봉을 지나 용장골로 내려오는 문화유산탐방로의 1구간 '삼릉~용장골(4.6km)' 코스였다. 다른 코스에 비해 오르기 쉽고 아름다운 보물들이 가득한 길이라고 한다. 다정한 경주 사람들 덕분에 보물 지도를 얻었으니, 우리가 할 일은 보물을 찾는 것뿐이었다. 간단하게 준비

운동을 한 후 날아갈 듯한 가벼운 걸음으로 산을 오르기 시작했다.

완만한 산길을 걷다 처음으로 발견한 보물은 소나무숲 가득한 곳에 나란히 누운 삼릉이다. 신라의 아달라 이사금, 신덕왕, 경명왕이 나란히 누운 능이다. 이곳부터 삼릉 계곡이 시작된다. 삼릉계는 골이 깊고 여름에도 찬 기운이 돌아 냉골이라고 불린다. 이 계곡에는 11개의 절터와 15구의 불상이 산재하여, 남산에서 가장 유적이 많고 금오봉으로 이어지기 때문에 찾는 사람이 많다고 한다. 이야기로만 듣다가 직접 등산을 하면서 진귀한 보물과 유적들을 만나다 보니 가슴이 두근두근 뛰었다. 이곳이 바로 내가 찾던 보물섬! 아니 보물산이구나!

삼릉곡 제1 사지에서는 탑재와 불상을 만날 수 있었다. 약 9세기에 만들어진 것으로 추정된다고 하는데, 사라진 신라의 흔적을 손이 닿을 듯 가까운 거리에서 느낄 수 있다는 것이 신기할 뿐이었다. 다음으로는 삼릉곡 제2사지 석조여래좌상을 볼 수 있었다. 8세기 중반의 불상으로 추정되며 높이가 160m에 달하는 큰 불상이었다. 1964년에 옆 계곡에 묻혀 있던 것을 발견해 옮겨 놓은 것이라고 한다. 만들어진 지 수 세기가 지났음에도 가슴팍의 매듭과 가사 끈의 꼬임이 과거의 유려한 복식을 보여주고 있었다. 천년이 넘게 남산에서

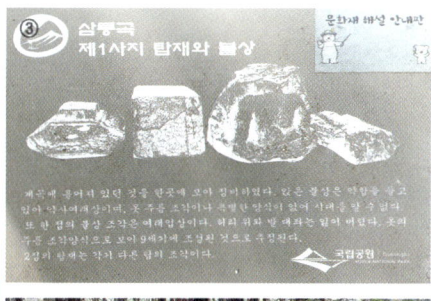

① 신라의 아달라 이사금, 신덕왕, 경명왕이 나란히 누운 삼릉의 모습
② 남산의 초입부 삼릉계는 여름에도 찬 기운이 돌아 '냉골'이라고도 불린다.
③, ④ 삼릉계에 보존된 삼릉곡 제1사지 탑재와 불상의 모습이다. 문화재 해설 안내판이 친절하게 설명해준다.

⑤ 만들어진 지 수 세기가 지났음에도 가슴팍의 매듭과 가사 끈의 꼬임의 형태가 생생히 남아 있는 삼릉곡 제2사지 석조여래좌상. 머리와 무릎이 사라져 더 신비로운 모습을 띠고 있다.

⑥ 삼릉 계곡 선각육존불이 바위에 새겨져 있다. 약 3m 높이로, 세월이 오래 지나 흐려졌어도 그 당시의 정교한 조각 수법을 엿볼 수 있다.

살아온 석조여래좌상의 의상은 마치 몇 년 전 새겨진 듯 생생했다. 머리와 무릎이 어디론가 사라져 더 궁금하고 신비로운 보물이었다. 은은한 푸른빛을 띤 돌에 새겨진 부처의 자애로운 미소를 볼 수 없는 것이 너무나도 안타까웠다. 그 아름다운 몸에 새겨진 매듭을 손으로 만져 보고 싶었지만, 눈으로 보는 것만으로도 만족했다. 그 위에 삼릉 계곡 선각육존불이 바위에 새겨

⑦ 문화재 해설 안내판을 보면 조각이 어떤 모습인지 더 자세히 알 수 있다.

져 있었다. 바위 면 두 곳에 여섯 불상이 새겨져 있는데, 가운데 불상(본존)이 오른쪽 어깨에 법의를 걸치고 연꽃 대좌에 앉은 모습이 보인다. 길고 긴 세월 동안 바위 속에서 그윽한 눈으로 산 아래를 내려다보았을 여섯 부처님의 흐려진 모습을 바라보았다. 푸른 바위 속에서 매일 밤 일어나 신라 사람들을 지켜주고 있었을 것 같다.

COURSE 02
바위 절벽에 있는 숨은 불상 찾기
상선암 - 바둑 바위 코스

   다음 보물을 찾는 데는 한참이 걸렸다. 바위 절벽에 얼굴 부분만 새겨져 있는 마애불상이다. 입가에 부드러운 곡선으로 여유로운 미소를 짓고 있는 이 불상은 숲속에 숨어서 산을 오르는 등산객들을 바라보고 있었다. 도대체 어디에 숨어 계신지 주변을 두리번대며 한참 뒤졌지만 만날 수 없어 포기하려다 날카로운 눈썰미를 가진 남편의 도움을 받아 찾을 수 있었다. 장난스러운 미소를 띤 부처님과 눈 맞춤을 하고 다시 산을 오르기 시작했다.

   상선암에 도달해 약수로 마른 목을 축이고 뒤돌아보니 선각보살입상이 바닥에 드러누워 있었다. 조금만 눈을 돌리면 여기도 보물 저기도 보물, 보물산이라는 이름이 괜히 붙은 것이 아니라는 생각이 들었다. 다음은 커다란 바위에 새겨진 건장한 풍채의 선각마애불이었다. 바위의 마모와 갈라짐이 심해 자세히 찾아야만 볼 수 있었다. 이러한 시간의 흐름 때문일까, 선각마애불은 바위에 새겨진 게 아니라 스며들어 있는 것처럼 보인다.

① 바둑 바위로 향하는 길. 하늘이 낮게 내려앉은 평화로운 경주의 풍경을 볼 수 있었다.

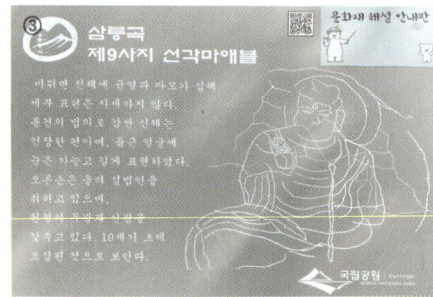

②,③ 높은 바위 속에 숨은 삼릉곡 제9사지 선각마애불의 모습. 바위면 전체에 균열과 마모가 심하다. 건장한 신체와 둥근 얼굴에 가늘고 길게 표현된 눈이 특징이다. 10세기 초에 조성된 것으로 보인다. 문화재 해설 안내판을 보면 조각의 모습을 더 자세히 볼 수 있다.

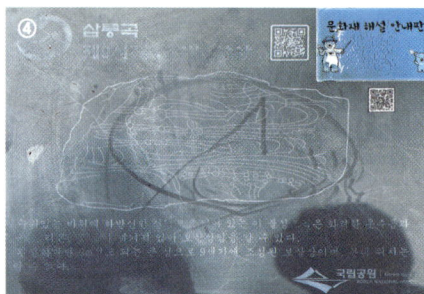

④,⑤ 상선암 약수터에 있는 선각보살입상의 모습. 화려한 옷 주름과 구슬, 리본, 꽃이 새겨져 있으며 9세기에 조성된 보살상이다.

　우리는 바둑 바위에 올라 금빛 찬란한 경주 시내를 내려다보았다. 들판엔 추수를 끝낸 곳도 있고 아직 노란 머리를 내밀고 순번을 기다리는 곡식도 있었다. 하늘은 낮고 경주는 평온했다. 아직도 시끄러운 것은 보물을 하나라도 더 찾아내려는 불타는 나의 마음뿐이었다.
　이번에는 엄청난 크기의 보물을 만났다. 바위에 새겨진 6m 높이의 마애석가여래좌상이다. 이곳에서도 한참을 찾지 못해 이 바위 저 바위 둘러보다가 어마어마한 불상을 발견하고 놀라고 말았다. 깎아지른 벼랑의 중턱에 거대한 부처님이 가부좌를 틀고 앉아 있었다. 그 모습이 신기하기도 했지만 당시 신라인들의 신앙심과 기술에 감탄하고 말았다. 지금처럼 기술

⑥ 바둑 바위에 올라 내려다본 금빛 찬란한 경주의 모습. 추수를 끝낸 곳도 있고 아직 노랑머리를 내밀고 차례를 기다리는 곡식도 있었다.

이 발달하거나 돌을 깎아내는 기구가 있는 것도 아니었을 텐데, 아름다운 모습을 남기기 위해 6m가 넘는 바위산에 매달려 불상을 새겨 넣었을 이름 모를 조각가가 존경스러웠다. 기나긴 세월이 지났음에도 눈꼬리부터 볼의 주름까지 생생하게 살아 있는 부처님의 표정이 신비로웠다. 그리고 아무나 갈 수 없는 깊은 산속의 불상이 거센 비바람에도 마모되지 않고 남아 있다는 것에 감사함을 느꼈다. 아름답고도 고풍스러운 남산의 숨겨진 보물들을 찾아내는 것은 큰 행운이었다. 아직도 살아 있는 신라의 손길을 느끼며 우리는 다음 보물을 만나기 위해 길을 떠났다.

⑦ 바위에 새겨진 6m 높이의 마애석가여래좌상의 모습. 깎아지른 벼랑에 거대한 부처님이 스며들어 있다.

COURSE 03 금오봉 - 용장골 코스
산의 정상까지 등산 후 돌탑 쌓아 소원 빌기

   드디어 정상인 해발 468m 금오봉에 도착했다. 당당하게 정상 샷을 찍고 용장골로 내려가는 길목에서 용장사곡 삼층 석탑, 석조여래좌상, 용장사지 마애여래좌상을 만날 수 있었다. 사진으로 보는 것과 눈앞에서 수천 년 전 문화재의 살아 숨 쉬는 것을 보는 것은 감동의 차원이 달랐다. 우리는 보물을 한가득 눈에 새기고 용장골을 통해 산에서 내려왔다.

   용장골은 조선 시대 생육신의 한 사람인 매월당 김시습이 머물렀던 곳이다. 김시습은 수양대군이 단종을 폐위한 소식을 접하고는 통곡한 뒤 책을 모두 불태우고 방랑의 길을 떠났다. 수년간 전국의 명산을 떠돌다 29세 되던 해 찾은 곳이 바로 용장골-용장사다.

① 자연 암벽에 조각된 풍만한 얼굴에 단정한 이목구비를 가진 용장사지 마애여래좌상의 모습이다. 옷의 주름선이 얇고 평평한 평행선으로 섬세하게 표현되어 있다.
② 아득한 구름 위 해발 약 400m 위에 지어진 용장사곡 삼층 석탑. 자연 암반을 다듬어 만들었으며 자연과의 조화미가 돋보이는 통일 신라 후기의 대표적인 석탑 중 하나이다.
③ 용장사곡 석조여래좌상의 모습이다. 비록 머리는 사라졌지만 목 아랫부분은 보존 상태가 좋다. 특히 불상이 입은 옷은 매우 숙달된 조각 솜씨를 보여주며, 부드러운 층단식 옷 주름은 신라 시대 최전성기의 조각 양식을 반영하고 있다.
④ 용장사지터 탑 부재의 모습이다. 형태를 보아 9세기에 만든 것으로 추정된다.

용장골에서 - 매월당 김시습

용장골 골 깊으니
오는 사람 볼 수 없네
가는 비에 신우대는 여기저기 피어나고
비낀 바람은 들매화를 곱게 흔드네
작은 창가엔 사슴 함께 잠들었어라
낡은 의자엔 먼지만 재처럼 쌓였는데
깰 줄을 모르는구나 억새 처마 밑에서
들에는 꽃들이 지고 또 피는데

⑤ 돌을 우묵하게 파서 절구 모양으로 만든 돌확의 모습. 계곡에서 발견되어 2019년 정비하였다.
⑥ <금호신화>를 지은 매월당 김시습을 기려 용장골에 다리를 놓고 그의 법호를 따 '설잠교'라 하였다.

아무도 오지 않는 용장골에서 매월당은 누구를 기다리고 있었을까. 누군가 잠에서 깨어나 자신을 데리러 오기를 바라며 이렇게 슬픈 시를 지었을까. 내려오는 길에서 본 안내판의 시 구절에서 지금은 세상을 떠난 충신의 절절한 마음이 아직도 느껴졌다. 그리고 사람들의 소원이 담긴 돌탑도 가득히 볼 수 있었다. 천년 전 신라인들이 부처님께 소원을 빌면서 이렇게 많은 보물을 산속에 남겨 두었듯, 지금 산을 오르는 사람들도 자그마한 손으로 돌탑을 쌓고 있었다. 나의 소원이 이루어지길 바라는 마음으로 돌탑을 쌓아 보았다.

초등학교 때 소풍을 가면 보물 찾기 시간이 있었다. 나무와 돌 사이에 숨겨진 쪽지를 찾아 선생님에게 가면 스케치북, 크레파스 등을 선물로 받을 수 있었다. 지금, 나는 다시 두근거리는 마음으로 보물 찾기를 시작했다. 내가 찾아 헤맬 때마다 천년 전의 보물들이 신비하게도 말을 걸어 와 만날 수 있었다. 보물들은 나에게 잊지 못할 감동을 선물해 가장 소중한 보물이 무엇인지를 생각해 보라고 질문을 던지고 있었다. 역시 나의 보물은 어디든 함께 다녀주는 나의 배우자다.

INFO **주소** 경북 경주시 배동 남산 **문의** 054-777-7142(경주 남산 연구소) **산행 가능 시간** 06:00~18:00(야간 산행 금지)

인생샷 포인트

POINT 01 바둑 바위 위에서 황금빛 경주를 담다
남산 바둑 바위

너무나도 아름다운 품격을 가진 유물들을 보며 남산을 오르다 보니 어느새 정상이 가까워지고 바둑 바위에 도착했다. 바둑 바위는 바닥이 바둑돌처럼 평평하고 넓게 펼쳐진 바위로, 등산객들이 그 위에 서서 아름다운 경주의 황금빛 들판을 바라보고 있었다. 그 광경이 또 다른 보물처럼 아름답게 다가왔다. 나는 다음 보물을 찾아 지도를 열심히 보고 있었고, 남편은 그런 옆얼굴을 여행자의 모습처럼 담아 주었다.

HIDDEN TIP

경주 남산을 더 제대로 즐기는 등산 TIP

TIP 1 가장 많은 문화재를 보고 싶다면?

남산은 수많은 등산로가 있는데, 추천 코스 '삼릉~용장골' 구간에 가장 많은 문화재가 있다.
삼릉 1.2km(1시간) → 바둑 바위 0.9km(30분) → 금오봉(총 1시간 30분) → 용장골

TIP 2 주차장은 어디에?

서남산 주차장(삼릉 주차장)에 주차하고 길을 건너면 바로 등산로 입구다.

TIP 3 하산할 때는 편하게!

용장골로 내려오다 보면 나오는 내남 치안 센터에서 주차장까지 버스를 타고 두 정거장만 가면 된다. 버스의 배차 간격이 긴 편이니 다음 여행지까지의 시간 계산에 신경 쓰자.

TIP 4 산속 곳곳 숨겨진 보물을 찾아라!

남산에는 100여 곳의 절터, 80여 구의 석불, 60여 기의 석탑, 11개의 보물, 9개의 지방유형문화재가 산재해 있어 보물 찾기하듯 지도를 가지고 찾아보는 것을 추천한다. 보물 지도는 탐방 지원 센터에서 얻을 수 있다. 보고 싶은 문화재가 있는 코스를 선택해서 올라가 보자.

추천 맛집

경주에서 유명한 원조 달걀 김밥 경주 교리 김밥 본점

담백한 달걀지단이 꽉 찬 김밥과 참기름 향 솔솔 나는 국수를 맛볼 수 있는 곳. 산 정상에 올라가면 먹을 도시락을 찾는다면 이곳을 추천한다.

주소 경북 경주시 탑리3길 2 **문의** 054-772-5130 **운영시간** 평일 08:30~17:30, 주말·공휴일 08:30~18:30 **휴무** 수요일 **가격** 김밥 2줄 9,000원, 잔치 국수 6,000원

 든든한 건강 한정식 소담정 곤드레

경주 관광 안내 센터 직원분께서 점심으로 자주 먹는 곳이라며 추천한 식당이다. 맛있는 곤드레밥과 통통한 코다리찜, 다슬기탕이 맛있게 차려진다. 든든히 먹고 나면 허기졌던 배가 만족스럽게 불러올 것이다.

주소 경북 경주시 배동 728-11 **문의** 054-776-8100 **운영시간** 11:00~20:30 **휴무** 연중무휴 **가격** 금상첨화 곤드레 16,000원, 곤드레 A(고디탕 + 생선구이) 11,000원, 곤드레 B(코다리 맑은 탕) 11,000원

충남 태안

활기 넘치는 바닷가 마을 탐험
드르니항 꽃게 다리, 어촌계 수산 시장, 삼봉 해변 갱지 동굴

귓가에 들려오는 파도 소리, 커튼 사이로 쏟아지는 눈부신 햇살. 바닷가에서 맞는 아침은 유난히 더 상쾌하다. 여행만 오면 머리를 대자마자 잠이 들어서인지 깨우지 않아도 일찍 눈이 떠진다. 한참을 멍하니 앉아서 바다를 바라보다가 천천히 씻고 나갈 준비를 한다. 문을 나서면 은은히 퍼지는 바다의 냄새와 함께 활기찬 하루가 시작된다. 항구로 나가 보니 일찍부터 신선한 해산물을 판매하는 상인들이 목청 높여 행인들의 이목을 끌고 있었다. 한 가게를 지나가다 신나는 목소리로 새우튀김을 판매하는 아저씨에 이끌렸다. 어찌나 열정이 넘치는지 새우튀김 만드는 방법을 듣다가 홀린 듯 그 자리에서 사고 말았다. 아저씨는 가게 안에서 바삭한 새우튀김에 해물라면을 먹는 우리를 흐뭇한 얼굴로 바라보다가 다시 나가서 화려한 언변으로 고객을 끌어 모으고 있었다. 바닷가 마을의 아침은 사람도 물고기도 에너지가 넘친다. 이렇게 일찍 일어나 항구에서 식사를 하고 해안가를 산책하는 하루. 내가 생각하는 이상적인 바닷가 마을의 모습이다. 오늘은 갯벌을 따라 해안선 끝까지 걸어가 볼까?

✔ 추천 코스 한눈에 보기

① 드르니항 꽃게 다리
자동차 ① 서울역에서 강남순환도시 고속도로 9.4km → ② 서해안 고속도로 115.3km → ③ 천수만로 23km → ④ 서해안 고속도로 홍성IC → ⑤ 서산A.B지구 → ⑥ 원청 사거리 (약 2시간 30분 소요)

대중교통 ① 센트럴시티 터미널(호남선)에서 태안행 고속버스 탑승 → ② 태안 공영버스 터미널 하차 후 도보 145m → ③ 태안 공영버스 터미널에서 버스 701번 승차 → ④ 창기5리·백사장 하차 후 도보 1.3km (약 4시간 35분 소요)

② 어촌계 수산 시장
도보 드르니항 꽃게 다리를 건너면 바로 이어진다. (약 10분 소요)

③ 삼봉 해변 갱지 동굴
자동차 ① 어촌계 수산 시장에서 백사장1길 880m → ② 해안관광로 1.2km → ③ 삼봉길 310m (약 5분 소요)

대중교통 ① 어촌계 수산 시장에서 도보 379m → ② 창기5리·백사장에서 버스 559번 승차 → ③ 삼봉 해수욕장 하차 후 도보 555m (약 20분 소요)

COURSE 01
그림 같은 바닷가 마을과 꽃게 다리 감상하기
드르니항 꽃게 다리

살짝 열어놓은 창문 사이로 바닷바람이 불어왔다. 우리는 상쾌한 기분으로 잠에서 깨 아침을 맞으며 창밖을 바라보았다. 푸른 하늘과 멀리 보이는 바닷가 마을의 풍경이 마치 그림 속 한 장면처럼 아름답게 펼쳐졌다. 한참 바닷가를 바라보며 오늘은 어디를 가 볼지 도란도란 이야기를 나누는 도중 어디선가 '꼬르륵'하는 소리가 들려왔다. 전날 피곤해서인지 저녁을 조금 먹고 잠든 남편의 배는 이른 아침부터 밥을 달라고 아우성치고 있었다. 그래서 우리는 항구에 들러 아침을 잔뜩 먹기로 정하고 항구 옆 수산 시장이 넓게 펼쳐진 드르니항으로 출발했다.

①

발음하면 입에 착 붙는 '드르니항'의 이름은 '들르다'라는 우리말에서 비롯되었다고 한다. 이곳의 명물은 '대하랑 꽃게랑'이라는 귀여운 이름의 다리로, 2013년 드르니항과 백사장항 사이에 세워진 길이 250m의 해상 인도교다. 꽃게가 양팔을 활짝 벌리고 서 있는 듯 특색 있는 다리인 '대하랑 꽃게랑' 인도교는 바다 풍경과 낙조가 아름답기로 유명한데 밤 풍경도 그렇게 멋지다고 한다.

드르니항에 도착하면 두 눈을 부릅뜨고 있는 거대한 꽃게의 모습을 발견할 수 있을 것이다. '꽃게 다리'로도 불리는 이곳은 길이가 약 250m로, 그 독특한 모습에 태안을 대표하는 하나의 관광 명소가 되었다. 바닷길을 향해 당당히 서 있는 꽃게 다리는 차로는 지나갈 수 없고 걸어서 건너가야 한다. 나선형으로 빙글빙글 난 양쪽 계단은 소라의 모형을 본떠 만들어진 것이라고 한다. 다리의 정중앙에 도착하면 조타실 모형의 포토 존이 있는데, 그곳

① 오전 일찍 찾은 드르니항의 모습. 썰물 때에 드르니항은 갯벌이 드러나 새우와 주꾸미잡이 배가 나란히 정박한 모습을 볼 수 있다.
② 태안 '꽃게랑 대하랑' 인도교의 모습. 꽃게의 두 눈과 양 집게발을 활짝 펴고 있는 듯한 모습이다.
③ 꽃게 다리라고도 불리는 이곳의 양면에는 나선형으로 둥글게 말린 길을 통해 다리 위로 올라갈 수 있다. 이는 소라의 모양을 본떠 만든 것이라고 한다.

④ 꽃게 다리의 중앙에 도착하면 조타실 모양의 조형물이 있다. 푸르른 하늘과 바다를 배경으로 멋진 사진을 남길 수 있는 곳이다.

⑤ 썰물 때의 백사장 해수욕장에서는 갯벌 체험을 할 수 있다.

에 서면 앞으로는 백사장항의 수산 시장이 있고, 뒤편으로는 드르니항의 모습이 보여 마치 배를 타고 있는 듯한 착각이 든다. 그 사이에 바닷길이 끝없이 펼쳐질 것이다. 이곳은 규모가 아담하고 한적한 항구이지만 부근에 새우 양식장이 많아 새우와 조개, 게 등 신선한 해산물과 호박 고구마도 유명하다. 새우와 주꾸미잡이 어선들이 질서 정연하게 항구에 정박되어 있고, 간조 때에는 갯벌이 훤히 드러나 있다. 백사장 해수욕장에는 바닷물이 모두 빠져나가 많은 가족들이 갯벌 체험을 하고 있었다.

길게 이어진 다리 위를 천천히 걷다 보니 어느새 바닷물이 차올라, 황색 갯벌이 검푸른 바닷물로 덮혀가고 있었다. 소리도 없이 빠르게 밀려 들어오는 물결에 바닥에 누워 있던 새우잡이 배들이 다시 일어서고 있었다. 드디어 아침을 맞은 드르니항이 잠에서 깨어나 기지개를 펴는 시간이었다. 다리 건너 수산 시장에서 활기찬 목소리들이 들려왔다. 우리의 바닷가 마을 탐험이 시작되는 참이다. 태안에 왔다면 한 번쯤 들러보기 좋은 항구이자 수산 시장이 있는 곳이다.

 주소 충남 태안군 남면 신온리 드르니항 꽃게 다리

①

COURSE 02

활기찬 바닷가 삶의 현장 엿보기

어촌계 수산 시장

　드르니항을 건너 백사장항으로 넘어가면 재미있고 활기 넘치는 수산 시장과 맛집들이 즐비하다. 여느 수산 시장과 마찬가지로 상인들과 고객들의 힘찬 목소리가 왕왕 울려대는 에너지 넘치는 공간이다. 작은 가게들이 길게 늘어선 시장 골목에는 보따리 가득 새우와 조개, 말린 가자미와 횟감 등을 담겨 있었다. 주인들과 함께 나온 강아지들은 비릿하면서도 먹음직스러운 냄새에 이끌려 정신없이 좌판을 넘보고 있었고, 생선 가게 고양이는 배가 부른 듯 나른한 얼굴로 잠을 자고 있었다.

　우리가 좋아하는 가자미나 신선한 조개들을 보니 잔뜩 사서 집으로 가 구워 먹고 싶었지만 남은 일정이 있어 포기할 수밖에 없었다. 대신 이곳에서 맛있게 먹고 가기로 했다. 시장이 끝나가는 길에는 식당들이 늘어선 거리가 시작된다. 우리는 그중 가상 열정이 넘치는 사장님을 따라 식당으로 들어갔다. 직원들에게 추천받은 통통한 새우튀김과 꽃게튀김을 시키고, 남편이 좋아하는 해산물이 가득 든 해물라면도 추가했다. 입안 가득 튀김을 물고, 국물 하나 남기지 않고 배불리 먹은 우리는 배를 통통 두드리며 자리에서 일어섰다. 그때 목청 높여 가게를 홍보하던 사장님이 땀을 닦으며 들어와 가게에 앉은 손녀를 바라보며 흐뭇한 미소를 지으셨다. 열심히 일하고 잠시 쉬는 시간에 가족을 바라보며 위안을 받는 가장의 모습을 본 것만 같았다. 식당에 감사 인사를 드리고 다시 수산 시장으로 돌아와 천천히 부둣가를 산책했다. 따뜻한 햇살을 맞으며 부른 배를 두드리면서 시장을 구경하다 보니, 문득 이것이 행복인가 하는 생각이 들었다. 식사의 마무리로 커피 한 잔을 마시고 수산 시장에서 내가 좋아하는 구운 감태를 사고 나니 오전이 쏜살같이 지나가 버렸다. 활기찬 시장의 분위기에 우리도 덩달아 기분이 업 되어, 본격적으로 태안 여행을 시작하기로 했다.

① 다리를 건너면 백사장 어촌계 수산 시장의 입구가 보인다. 새우와 조개, 말린 가자미와 신선한 횟감을 살 수 있다.
② 드르니항의 특산물은 새우라고 한다. 그래서인지 새우 요리를 파는 식당이 많이 있다.

 주소 충남 태안군 안면읍 백사장1길 126

①

COURSE 03
물길을 헤치고 신나는 동굴 탐험하기
삼봉 해변 갱지 동굴

항구에서 맛있는 음식으로 배를 채웠으니, 이제는 마음을 채우기 위해 삼봉 해변으로 떠났다. 삼봉 해변은 성난 사자처럼 달려들 것 같은 우람한 세 봉우리에서 딴 이름이라고 한다. 아름다운 서해를 품고 있는 삼봉 해변은 특이한 동굴과 낮은 수심으로 해안가 생물들을 구경하기에 그만인 해양 박물관이라고 볼 수 있다. 독특한 포토 존으로도 핫한 갱지 동굴로 가는 길에는 형형색색의 조개껍질들이 가득하고, 아이들은 모래 속에 숨은 게, 불가사리를 구경하며 생생한 갯벌 체험을 할 수 있는 곳이다. 해는 어느새 머리 위에 떠 있어 물때가 높아지는 시간이 다가오는 걸 알려주었다. 물때를 맞추지 못하면 삼봉 해변의 갱지 동굴을 못 볼 수도 있다는 생각에 서둘러 달려갔다.

고운 모래밭을 지나 울퉁불퉁한 바윗길을 따라가면 갱지 동굴에 도착한다. 그러나 이게 무슨 일이람. 동굴 속에서 멋지게 사진을 찍고 나가려는데, 들어왔던 길이 바닷물에 잠겨 없어져 버렸다. 순식간에 일어난 일이었다. 그 순간, 내 머릿속에는 '바위를 타고 올라가나? 해양 구조대에 전화해서 SOS를 청해야 하나?'는 둥 별의별 생각이 들었다. 다행히도 반대편의 길은 바다에 잠기지 않아서 무사히 해변으로 돌아올 수 있었다. 만조가 시작될 때에는 바닷가 쪽 길은 물에 잠긴다고 하니 물때를 꼭 체크하고 방문해야 한다. 하마터면 탈출기를 쓸 뻔 했지만 드넓은 바닷길을 따라 자연이 만들어낸 기암괴석과 해식 동굴은 어떤 미술 작품보다도 멋있었다. 항구를 지나, 걸어도 걸어도 끝이 보이지 않는 바닷가 산책, 나의 행복한 바닷가 마을에서의 하루가 지나고 있었다.

① 삼봉 해변은 수심이 낮아 해안가에 사는 생물들을 구경하기 좋은 해양 박물관이다.
② 갯벌에 숨은 게, 조개, 불가사리 등을 손쉽게 발견할 수 있어, 생생한 갯벌 체험을 할 수 있다.
③ 썰물 때 드러난 갯벌의 모습이 신비롭다.
④ 바닷물이 빠져 드러난 삼봉 해변의 모습. 거친 바다와 해풍에 마모된 바윗돌을 볼 수 있다.
⑤ 서해안은 물길과 파도가 세서 이렇게 거칠게 깎인 바위들을 볼 수 있다.
⑥ SNS에서 떠오르는 포토 스폿 갱지 동굴에서 찍은 바닷가의 모습
⑦ 삼봉 해변에서 갱지 동굴로 가는 길. 거친 파도에 깎인 바윗길의 모습

 주소 충남 태안군 안면읍 창기리   문의 041-670-2691   ※ 삼봉 해수욕장은 매년 7월 5일부터 8월 15일까지 개장, 물때 체크는 www.badatime.com에서 검색

인생샷 포인트

POINT 01 들렀다 가세요~!
드르니항 꽃게 다리

꽃게 다리(대하랑 꽃게랑 다리)가 보이는 장소에는 작은 배들이 나란히 정박해 있다. 아기자기하게 장난감처럼 늘어선 배들 뒤로 대하랑 꽃게랑 다리를 배경으로 재미난 포즈를 취하며 사진을 찍어 보자.

POINT 02 SNS에서 핫한 동굴 샷
삼봉 해변 갱지 동굴

요즘 유행하는 인스타 감성의 동굴이다. 동굴 안에서 바깥을 찍으면 동굴 모양이 반달처럼 나타나며, 왼쪽 윗편에는 작은 소나무가 운치 있게 늘어져 있다. 사진으로 보면 큰 동굴 같지만 허리를 굽혀야 간신히 들어갈 수 있는 작은 동굴이라 자칫하면 모르고 지나칠 수 있다. 이곳 사진의 포인트는 가운데에 있는 의자처럼 보이는 낮은 바위이며, 사진을 찍는 사람은 동굴 속으로 들어가 무릎을 굽히고 앉아서 위를 보면서 찍으면 된다.

POINT 03 자연이 만들어 준 커다란 의자
삼봉 해변 바위 의자

바위 의자는 마치 회오리치는 듯한 모양의 암벽이다. 현대미술 작품처럼 보이는 이 자연 현상은 파도가 거센 서해안만의 특징을 보여준다. 자연이 만들어 낸 바위 의자에 앉아 멋진 사진을 남겨 보자.

HIDDEN TIP

TIP 1 · 함께하면 좋은 여행지

바다 위에 떠오르는 탑
안면암

삼봉 해변에서 자동차로 15분쯤 가면 안면암이 나온다. 바다 위에 떠 있는 부상탑과 화려한 사찰이 아름다운 곳이다. 물때를 맞춰가면 부교를 타고 여우섬까지 들어갈 수 있다. 안면암 내에는 팔부신장상과 귀여운 동자승 조각 등 독특한 조형물을 구경하는 재미가 있다. 흔한 절과는 다른 활기찬 분위기가 인상적이다.

주소 충남 태안군 안면읍 여수해길 198-160   **문의** 041-673-2333
운영시간 평일 09:00~21:00, 주말 09:00~23:00   **휴무** 연중무휴
※ 부상탑이 있는 여우섬을 들어가고 싶다면 물때를 미리 확인하자.

TIP 2 · 추천 맛집

열정이 넘치는 새우튀김집
대한 횟집 만세 튀김

백사장항은 새우가 유명한 곳이니 신선한 새우를 맛봐야 한다. 대한 횟집의 만세 튀김(모듬튀김) 중에서도 새우튀김은 살이 잘 오른 새우만 엄선해 통통하고 맛이 좋다. 조개구이도 유명하고 해산물라면도 시원해서 두 가지를 함께 먹으면 케미가 아주 좋다.

주소 충남 태안군 안면읍 백사장1길 119
문의 0507-1307-8831, 041-673-8831
운영시간 평일 09:00~21:00, 주말 09:00~23:00
휴무 부정기
가격 껍질 있는 대하튀김 8개 10,000원, 꽃게튀김 4개 10,000원

바닷길 따라가는 신나는 트레킹
오륙도 스카이워크, 이기대 해안 산책로

가끔 바다를 보러 훌쩍 떠나고 싶은 날이 있다. 이유야 여러 가지다. 좋아하는 사람과 즐거운 휴가를 갈 수도 있고, 울적한 날 기분 전환을 하고 싶을 수도 있다. 이유가 뭐든, 깊고 푸른 물과 끝없이 펼쳐진 수평선을 바라보고 있으면 잡생각들이 사라지는 것을 느낀다. 철썩이는 파도 소리를 들으면 어느새 현실은 잊어버리게 되고 마치 꿈꾸는 듯 몸도 마음도 두둥실 떠올라 바다를 타고 떠내려간다. 아름다운 바다가 도시를 감싸고 있는 곳, 부산에서 바닷길을 따라 트레킹을 해보았다. 이 물결이 과연 우리를 어디로 데려다줄까 생각하며 바다를 따라 걷는 길은 너무나도 행복했다. 파도 소리는 내 발자국을 따라오고 눈 속에는 푸른 바다와 하늘만이 가득 담기는 이곳. 따듯한 햇살을 받자 저절로 외투를 벗게 되었다. 마치 근심이 벗겨진 듯 내 어깨는 한결 가뿐해졌다. 이렇듯 기분 좋은 날도 슬픈 날도 바다는 넓은 마음으로 우리를 안아준다. 바다는 내가 서 있는 땅이 끝나는 지점에서 시작된다. 바로 이런 이유 때문에, 마무리를 하거나 또는 새로운 일을 시작할 때 바다를 찾는 것 아닐까. 마음속의 고민이 있다면 그것이 모두 풀릴 때까지 바닷길을 걸어 보자.

✔ 추천 코스 한눈에 보기

① 오륙도 스카이워크

자동차 ① 서울역에서 중부내륙 고속도로 127.5km → ② 상주영천 고속도로 92.5km → ③ 경부 고속도로 89.2km (약 5시간 소요)

대중교통 ① KTX 서울역 승차 → ② 부산역 하차 후 도보 200m → ③ 부산역 일반버스 27번 승차 → ④ 오륙도 스카이워크 하차 후 도보 256m (약 3시간 30분 소요)

② 이기대 해안 산책로

도보 오륙도 스카이워크에서 이기대 해안 산책로 트레킹 (약 2시간 소요, 4.7Km)

①

COURSE 01 고민이 있는 날 바다 위 걸어보기
오륙도 스카이워크

    어느 날 이유도 없이 막연한 불안감이 가슴 속에 모락모락 피어났다. 내가 생각하는 나의 그릇은 자그마한데, 커다란 것을 담아야 하는 상황이 자꾸 생겨나고 있었다. 작은 접시에 큰 음식을 담으면 뒤집혀 버리듯, 해야만 하는 일이 나에게는 너무나도 크고 벅찼다. 그러면서도 욕심은 많아서 하나도 놓지 못하고 손에 꽉 쥐고 있었다. 걱정은 많고 도전하기엔 겁이 나서 머리가 복잡한 나날이었다. 불현듯 바다가 보고 싶었다.
    대지의 끝과 바다의 시작, 그리고 하늘이 맞닿은 곳으로 떠나면 복잡한 머릿속이 조금은 풀릴까. 그런 장소를 부산의 친구가 추천해 주었다. 그곳은 바로 해파랑길의 시작점 '오륙도'다. 이 곳은 독특한 모양의 봉우리와 산이 바다 가운데 나란히 있는데, 동쪽으로 보면 여섯 봉우리이고 서쪽에서 보면 다섯 봉우리가 되어 오륙도라는 이름이 지어졌다고 한다. 오륙도 스카이워크의 옛 지명은 "승두말"로 말안장처럼 생겼다고 하여 붙여진 이름이며 해녀들은 질록개라고 불렀다고 한다. 이 승두밀이 바다를 연모해서 여섯 섬을 차례내로 순산하였다는 이야기가 전해져 내려오는데, 이 곳에는 방패섬, 솔섬, 수리섬, 송곳섬, 굴섬, 등대섬이 해운대를 바라보며 옹기종기 모여있다. 이 아름다운 관경이 시작되는 오륙도 해안 절벽 위에 철제빔을 설치하고 그 위에 유리판 24개를 말발굽형으로 이어 오륙도 스카이워크를 만들었다고 한다. 해파랑길은 '동해의 떠오르는 해와 푸른 바다를 길동무 삼아 함께 걷는다'라는 뜻으로, 오륙도 스카이워크에서 시작된다. 스카이워크는 방탄유리로 만들어져 있지만 한 번에 올라설 수 있는 사람 수를 제한하여 입장시키고 있으며 제공된 덧신을 착용해야만 들어갈 수 있다. 유리로 만들어진 투명한 다리 위에 올라서면 발아래 하얗게 부서지는 파도와 검푸른 바다 속을 볼 수 있다. 끝없는 수평선을 바라보며 바다를 밟고 걷다 보면 하늘 위에 떠 있는 듯한 기분이 들어 답답한 마음도 어느새 시원해질 것이다.

① 오륙도의 끝에 말발굽 형태의 유리로 된 다리 '스카이워크'의 모습. 그 모습이 마치 하늘을 걷는 것과 같다고 하여 지어진 이름이다.
② 스카이워크로 가는 길에 해안 산책로를 따라 해운대의 모습이 멀리 보인다.
③ 스카이워크의 바닥 유리는 특수 제작한 방탄 유리로 안전하게 설계되었다고 한다.
④ 발아래 투명한 바닥을 통해 보이는 파도치는 바다의 모습은 아름답고 신비롭다. 날씨가 좋은 날에는 대마도를 가장 가까이서 볼 수 있다.

INFO **주소** 부산 남구 오륙도로 137 **문의** 해파랑길 관광 안내소 051-607-6395, 시설 관리 사업소 051-607-4937
운영시간 09:00~18:00(입장 마감 17:50), 설날·추석 12:00~18:00 **휴무** 연중무휴(기상 악화, 시설 개보수 시 운영 제한) **입장료** 무료

①

COURSE 02
부산의 전망 포인트가 모두 있는 해파랑길 걷기
이기대 해안 산책로
(오륙도 해맞이 공원-이기대 도시 자연 공원)

　오륙도 스카이워크에서 이기대 쪽으로 올라오면 해파랑길 1코스의 시작점, 해맞이 공원이 나온다. 아름다운 꽃들이 가득 핀 해맞이 공원을 따라 올라가면 오륙도와 스카이워크의 전경을 볼 수 있다. 여기서 해파랑길이 시작된다. 바다와 정면으로 마주하는 장소가 스카이워크였다면, 이기대 해안 산책로는 바다를 옆에 끼고 마치 친구처럼 함께 걸어가는 길이다.
　나무 덱으로 만들어진 계단과 평지가 적절히 분포되어 트레킹하기에 좋지만, 길목이 좁

① 오륙도 해맞이 공원에서 이기대 도시 자연 공원까지 이어지는 해안 산책로의 전경
② 옷장을 의미하는 옛말 '농'과 닮았다고 해서 지어진 농 바위의 모습. 해녀들은 이 바위를 기준으로 서로의 위치를 알리고 연락했다고 한다.

고 오르막길이 있어 운동화나 트레킹화를 꼭 신어야 한다. 걷다 보면 '농 바위'가 나온다. 옷장을 나타내는 옛말인 '농'과 닮았다고 해서 농 바위란다. 해녀들은 이 바위를 기준으로 서로 위치를 알리고 연락했다고 한다. 농 바위에 앉은 부처 모양의 돌은 아기를 가슴에 안고 바다를 바라보며 배들의 무사 안녕을 기원하는 모습처럼 보여 돌부처상 바위라고 불린다.

해안 절경을 바라보며 산책을 하다 보면 그 감동적인 풍경에 잠시 길을 멈춰 서게 된다. 해송에 둘러싸인 기암절벽과 잔잔히 바윗돌을 훑고 떠나가는 파도를 바라보면 고민이 파도와 함께 떠내려가는 것만 같았다. 걷기 좋게 덱으로 잘 포장해 놓은 수변 산책로는 풍경을 즐기면서 갈 수 있지만, 그림자가 지는 산과는 다르게 햇볕이 그대로 노출된다. 머리 위를 가리는 나무 그늘이 없어 한여름에는 모자나 선글라스가 꼭 필요하다.

이기대 전망대에 도착하면 부산의 대표 명소인 해운대가 바로 마주 보인다. 아름다운

③ 해안 산책로를 따라 걷다 보면 아름다운 해안선 바위를 곳곳에서 마주한다.
④ 산책로의 중간에 좁아지는 길목이 있는데, 그곳에서 독특한 기암괴석들을 만날 수 있었다.
⑤ 산책로의 덱 수변길에서 잠시 쉬며 바다를 마음껏 바라보았다.
⑥ 이기대 도시 자연 공원에 앉아 지평선을 바라보고 있으면 답답했던 마음이 풀릴 것이다.

⑦

⑦ 이기대 도시 자연 공원에서는 푸른 하늘과 시원한 바다를 마주하고 있는 광안 대교와 해운대의 아름다운 모습을 정면으로 볼 수 있다.

해운대의 풍경이 한눈에 보이며 광안 대교와 동백섬을 배경으로 사진 찍기에도 그만인 장소다. 한참을 걸어서 이기대 도시 자연 공원에 도착하니 배가 고파왔다. 편의점에서 음료수와 라면을 사서 먹었는데 드넓게 펼쳐진 해운대를 바라보며 따듯한 국물을 마시니 그렇게 맛있을 수가 없었다. 김정운 작가님의 〈노는 만큼 성공한다〉라는 책에서는, 에스키모는 자신의 내면에 걱정과 분노가 밀려올 때 무작정 걷는다고 했다. 슬픔과 고민이 사라질 때까지 하염없이 걷다가 마음에 평안함이 찾아오면 그때 되돌아선다고 한다. 고민도 화도 모두 해결되어 더는 불안하지 않을 때, 다시 원래의 장소로 돌아가면 되듯 오늘은 마음이 모두 풀릴 때까지 천천히 걸을 것이다. 사는 것에 정답은 없듯이 부딪히고 깨지며 다듬다 보면 나의 그릇도 조금은 커지지 않을까.

INFO **주소** 부산 남구 용호동 산25

인생샷 포인트

POINT 01 이기대? 사람 이름이에요?
이기대 도시 자연 공원 내 어울 마당

영화 '해운대'의 촬영 장소인 이기대 도시 자연 공원은 부산에서도 전망이 아름답기로 유명하다. 해운대 바닷가를 마주 보는 이곳은 동백섬, 광안 대교, 마린 시티, 엘 시티를 모두 배경으로 삼아 바다와 하늘까지 사진에 담을 수 있다. 간단히 말해 부산의 '뷰 포인트'라고 볼 수 있겠다. 영화에서 등장 인물인 형식(이민기)이 좋아하는 여자인 희미(강예원)에게 이기대의 뜻을 설명해 주는데, 희미는 형식의 사투리 때문에 이해를 못 해서 이기대를 사람 이름으로 착각하는 장면의 촬영지가 바로 이 어울 마당이다. 막 썸을 타기 시작하는 풋풋한 두 사람이 알콩달콩 데이트하던 장소에서 사진을 남겨 보자.

POINT 02 아름다운 바다 기차와 나의 이야기
해운대 블루 라인 파크

바다를 보는 것만으로도 기분이 좋아지는데, 달리는 기차 안에서 바닷가를 바라본다면 그 추억은 오래도록 잊히지 않을 것이다. 블루 라인 파크의 디자인은 바닷가를 더 아름답게 물들일 만큼 인상적이다. 기차 안에서 창밖을 바라보고 있으면 멈춰 서는 역마다, 지나치는 구간마다 새롭게 바뀌어 흘러가는 풍경들이 흥미롭다. 동화 속의 주인공이 된 듯 들뜬 나를 태우고 바닷길을 달리는 블루 라인 파크와 함께 인증 사진을 남겨 보자.

HIDDEN TIP

TIP 1 함께하면 좋은 여행지

하늘과 바다가 마주 닿는 곳으로 **해운대 블루 라인 파크**(해운대 해변 열차)

최근 SNS에서 부산을 검색하면 빠지지 않고 나오는 곳이 있다. 알록달록한 색의 기차가 바닷길을 달리는 '블루 라인 파크'. 블루 라인 파크는 영화 <해리 포터> 속 열차 같이 신비롭고 고풍스럽게 꾸며져 아름다운 부산 바닷가를 지난다. 해운대 해변 열차 코스는 미포(해운대) - 청사포 – 구덕포 – 송정이며, 미포–송정 구간은 25분 정도 걸린다. 원하는 정거장에서 자유롭게 탑승할 수 있다. 티켓은 현장 구매도 할 수 있지만 오래 기다려야 하므로 인터넷으로 예약하는 것을 추천한다. 바다 쪽으로 난 통창 너머로 청사포 바닷가와 달맞이길을, 아름다운 부산의 바닷가 풍경을 바라보다 보면 동화 속에 온 듯한 착각이 들기도 한다. 블루 라인 파크를 타고 이어폰을 귀에 꽂아 좋아하는 음악을 들으며 바다를 바라보면 어느새 마지막 정거장에 도착해 있을 것이다.

주소 부산 해운대구 청사포로 116 청사포 정거장 (미포, 구덕포, 송정 정류장에서도 탑승 가능) **문의** 051-701-5548
운영시간 비수기(3~4월) 09:30~18:30, 성수기(5~6월, 9~10월) ~19:30, 극성수기(7~8월) ~21:00, 동절기(11~12월) ~18:00(홈페이지 확인 필수)
예약 www.bluelinepark.com
요금 ① 해운대 해변 열차 - 1회 7,000원, 2회 10,000원, 자유 이용 13,000원
② 스카이 캡슐 - 1~2인승: 편도 30,000원, 왕복 55,000원 | 3인승: 편도 39,000원, 왕복 69,000원 | 4인승: 편도 44,000원, 왕복 77,000원

TIP 2 추천 맛집

셀프로 초밥도 만들어 먹을 수 있는
삼삼 횟집

회 1인분을 시키면 국내산 참돔과 완도산 대광어, 농어(또는 밀치) 이렇게 세 종류의 회가 제공된다. 접시 밥을 시키면 셀프로 초밥도 만들어 먹을 수 있다. 회가 신선하고 두툼해서 회를 좋아하는 사람이라면 가볼 만한 집이다.

주소 부산 해운대구 달맞이길 62번길 29
문의 051-784-0333 **운영시간** 12:00~22:00
휴무 부정기 **가격** 회 1인 27,000원, 접시밥 4,000원, 회 추가 22,000원

제주

사뿐사뿐 구름 위의 산책
한라산 영실 탐방로

한참을 침대에 누워서 천장만 보던 시기가 있었다. 몸도 마음도 아프던 나날이었고 모든 것이 귀찮아서 아무것도 하고 싶지 않았다. 침대에 누워만 있던 나를 억지로 일으켜 밖으로 데리고 나간 것은 다름 아닌 남편이었다. '어디 가고 싶니?' 라고 끊임없이 물어보는 그에게 나는 한라산에 오르고 싶다고 말했다. 회사에 다닐 때, 일 년에 두어 번 체육대회가 열리면 우리 팀은 부장님이 좋아하는 등산을 하러 갔다. 난 도대체 이해할 수가 없었다. 올라가 봐야 어차피 내려와야 하는데 왜 힘들게 올라가는지. 그러던 내가 갑자기 산에 오르고 싶다니, 신기할 따름이었다. 아무 생각도 하지 않고 땀 흘리며 어딘들 무작정 오르고 싶었다. 하필 왜 그 먼 한라산이냐고 묻는다면, 걱정 어린 눈빛으로 날 쳐다보는 남편을 안심시키기 위해 한 말이기도 하고 멀리 가서 답답한 마음을 씻어내고픈 마음이기도 했다. 남편은 묵묵히 트레킹화 한 켤레, 바람막이, 두꺼운 양말, 작은 배낭을 챙겨주었다. 우리는 가을이 시작될 때 한라산에 올랐다. 어느새 단풍이 곱게 지고 있었다. 도시보다 따뜻한 바람이 코를 간지럽히고, 가슴이 두근거렸다.

✅ **추천 코스 한눈에 보기**

자동차 ① 제주 국제공항에서 1100로 5.8km → ② 1100로 2.2km → ③ 1100로 12.2km → ④ 한라산 영실 등산로 입구 (약 45분 소요)

대중교통 ① 제주 국제공항에서 제주 국제공항3(용담,시청)[북] 정류장 버스 344번 승차 → ② 오라3동 하차 후 도보 116m → ③ 명신 마을버스 240번 승차 후 영실 입구[남] 하차 → ④ 한라산 영실 등산로 입구 (약 1시간 소요)

COURSE 01

초보 등린이의 가장 쉽게 한라산 올라가기
영실 탐방 안내소/매표소 - 영실 휴게소 구간

한라산의 여러 등산로 중 마음이 답답할 때 오르면 좋은 길이 있다고 한다. 바로 '영실 탐방로'다. 친숙한 옆집 이모 이름 같은 영실 탐방로는 '한라산에 오르고 싶지만 힘든 코스는 싫어!'라고 외치는 초보 등린이(등산+어린이)들에게 추천하는 등산로다. 영실 탐방로는 입구부터 남벽 분기점까지 길이 5.8km, 편도 2시간 30분이 걸리며, 한라산 코스 중 가장 짧으면서도 가장 아름다운 구간이다. 한라산은 체력이 약한 사람들은 함부로 도전할 수 없는 도도한 산이지만 영실 탐방로는 비교적 평탄하고 힘든 구간이 짧으며, 올랐을 때 눈앞에 초원이 펼쳐지는 진기한 풍경을 선물 받을 수 있는 등산로다. 인심 좋은 영실 이모 같이 등산객들에게 너그럽지만 등산로이기 때문에 운동화나 트레킹화를 꼭 신어야 하고 준비 운동도 충분히 해야 한다.

먼저 차를 타고 한라산 국립공원 영실 탐방 안내소 매표소 주차장에 도착했다. 그 위로 7분 정도 운전해 올라가면 제2주차장과 영실 휴게소가 나타난다. 주말이나 단풍철에는 매표소에서 대기하다가 영실 휴게소에 자리가 나야만 입장이 가능하다. 매표소에서 영실 코스 입구까지의 거리는 2.5km로 느린 걸음으로 50분~1시간가량이 걸린다. 트레킹을 좋아하거나 체력이 좋은 사람은 매표소에 주차하고 걸어 올라가도 되지만, 초보자들은 꼭 매표소에서 영실 휴게소에 여유가 있는지 확인한 후 차로 오르기를 추천한다. 영실 휴게소는 해발 1,280m에 있어서 자동차로 등산로 앞까지 가장 가까이 오를 수 있는 지점이다.

우리는 매표소에 주차한 탓에 50분을 걸어 영실 탐방로에 도착했다. 나는 이미 지쳐 버려 매표소에서 휴게소까지 걸어 가자고 제안했던 남편에게 화를 내며 나를 업고 가라고 했더니 못 들은 척 앞서가 버렸다. 심지어 윗세 오름에 도착해서 마시려고 준비한 물과 간식을 벌써 다 먹어버렸으니 오르는 도중에는 공기와 기합을 마셔야 할 판이다.

① 영실 탐방 안내소/매표소에서 영실 휴게소까지 오르는 구간이다. 영실 휴게소에도 주차장이 있으니 이 구간은 자동차로 오르기를 추천한다.
② 영실 휴게소에서 등산로 입구로 들어가는 길이다. 지금은 QR 코드로 방문자 확인을 하고 들어갈 수 있다. 본격적인 등산로가 시작되는 곳이다.

 주소 제주 서귀포시 영실로 246 **문의** 064-747-9950

COURSE 02
'아름다운 숲' 대회에서 수상한 숲길 트레킹하기
영실 소나무숲 - 영실기암 - 병풍 바위 구간

다행히도 영실 탐방로 입구의 영실 휴게소에 새단장한 카페 '오백 장군과 까마귀'가 있어 간단한 다과를 살 수 있었다. 드디어 영실 탐방로에 발을 내딛자 울창한 소나무숲이 우리를 반겼다. 영실 소나무숲은 제2회 아름다운 숲 전국 대회에서 우수상을 받은 숲이다. 이곳의 소나무는 제주에서 흔한 곰솔이라 불리는 소나무와 달리 은은한 붉은색을 띠고 있으며 크기 또한 거대하고 높다. 아름다운 소나무길을 걷다 보면 졸졸 흐르는 물소리와 새들이 지저귀는 소리가 맑게 들려온다. 그러나 여기서부터 '깔딱 고개'라 불리는 가파른 계단길이 시작된다. 영실 탐방로에서 가장 힘든 구간을 꼽자면 깔딱 고개부터 병풍 바위까지다. 끊임없이 이어지는 계단과 불규칙하게 쌓인 현무암에 낙오자가 속출한다고 한다. 다행히도 위기가 올 때마다 쉼터이자 전망대가 곳곳에 있어 포기하지 않을 수 있었다. 작은 계단이 촘촘히 이어진 가파른 길을 오르다 보면 첫 번째로 영실기암(오백 장군)을 볼 수 있었다. 거친 호흡과 등줄기의 땀을 느끼며 오백 장군에서 등린이의 1차 위기가 찾아왔다.

오르기 힘이 드는 구간이지만 영실의 기암괴석과 오백 장군은 제주의 아름다운 경관을

① 영실 코스의 시작을 알리는 소나무숲이다. 작은 개울물을 따라 소나무숲이 울창하게 조성되어 있다.
② '제2회 아름다운 숲 전국 대회'에서 우수상을 받은 영실 소나무숲의 산책로
③ 고요한 숲속에 시냇물과 새들의 소리만 들려오니 평화로운 비밀의 숲에 들어선 느낌이다.

④ 영실 탐방로에서 가장 힘든 구간인 '깔딱 고개'를 지나면, 제주의 설화 오백 장군의 이야기가 전해오는 영실기암을 만날 수 있다.
⑤ 영실기암이 끝나는 길목에서 사진을 남겨 보았다. 깔딱 고개에서 영실기암을 지나 병풍 바위까지가 가장 가파른 구간인데 1차 위기가 찾아왔다.
⑥, ⑦ 자애로운 어머니의 품처럼 산을 오르는 등산객들을 감싸주는 병풍 바위의 모습이 하늘을 향해 둘려 있는 듯하다.

나타내는 중요한 경승지이다. 백록담, 물자 오름과 더불어 한라산의 3대 성소로 불리는 이곳은 제주도를 만들었다고 하는 여신 '설문대할망'의 설화가 전해온다. 아주 먼 옛날 설문대할망은 오백 명의 형제를 낳아 한라산에 살고 있었다. 어느 해, 흉년이 들어 모두 양식을 구하러 떠나고 할머니만 남아 백록담에 큰 가마솥을 걸어 자식들에게 먹일 죽을 끓이다가 그만 발을 잘못 디디어 솥에 빠져 죽게 된다. 그런 줄도 모르고 돌아온 오백 형제들은 죽을 맛있게 먹기 시작했다. 늦게 도착한 막내가 가마솥 안에서 어머니의 뼈를 발견하고, 그 죽을 먹은 형제들과는 같이 있을 수 없다 하며 제주의 차귀섬으로 달려가 한없이 울다가 그만 바위가 되어 버렸다. 슬픔에 잠긴 형들도 통곡하다가 모두 영실에 499개의 바위로 굳어졌다. 차귀섬에는 막내 하나가 외롭게 있다는 이야기가 전해온다. 유명한 관광지가 제주도민에게는 영험한 곳이라 다가가기조차 무서워한다는 이야기를 들으면 놀라곤 한다. 오백 장군을 지나면 드디어 병풍 바위가 나온다. 위로 솟은 바위들이 병풍을 펼쳐놓은 것처럼 둘려 있어 병풍 바위라고 불리는 이곳은 한여름에도 구름이 몸을 씻고 가는 장소라고 한다.

①

COURSE 03
해발 1,600m에 펼쳐진 공중 정원에서 인생 샷 찍기
구상나무 군락 - 선작지왓 - 윗세 오름 구간

병풍 바위를 지나면 평탄한 등산로가 구상나무숲으로 이어진다. 이 숲에는 외국에서 크리스마스 트리로 많이 쓰이는 구상나무를 볼 수 있다. 구상나무는 크리스마스트리처럼 생긴 모습에 외래종이라 생각할 수도 있지만, 한라산과 지리산, 덕유산 등에서 자라는 한국 특산종이다. 바람결을 따라 팔을 벌리고 있는 구상나무의 모습을 보고 있으면 아직 크리스마스가 멀었는데도 미리 선물을 받은 듯 기분이 좋아진다.

얼마 후, 백록담의 머리가 보이면서 거의 도착했다는 예감이 들었다. 힘겨운 길 끝에 다다르니 거짓말처럼 아름다운 초원이 펼쳐진다. 이곳은 우리나라의 유일한 고산 초원인 선작지왓이다. '작은 돌이 서 있는 밭'이라는 뜻처럼 키 작은 관목류가 널리 분포되어 있다. 산허리를 둥글게 둘러싼 구름 띠 너머로 은빛 바다가 보이고, 발아래 은은히 부유하는 구름이 내려앉았다. 마치 신선이 사는 별세계에 발을 들여놓은 것 같은 기분이 들었다. 까마귀들이 바위에 앉아 우리를 구경하고 있었다. 구름 위를 걷는다는 것이 이런 기분일까. 산 위에 펼쳐진 아름다운 평지와 아득히 보이는 수평선, 그리고 새파란 하늘. 현실감이 사라지는 신비한 장소였다. 숨을 헐떡이며 열심히 올라온 이유를 알 수 있었다. 이곳에 다다르면 여기까지 오르기 위해 토해낸 숨과 고생한 다리 근육이 아깝지 않다고 느낄 것이다. 혹시라도 중간에 돌아갔다면 나중에 어디에서라도 이 풍경을 접하고 얼마나 억울했을까. 포기하지 않은 자신이 대견했다.

　이곳을 바로 신선의 정원이라고 부르는구나. 나는 이 풍경을 보기 위해 올라왔나 보다. 머릿속을 가득 채우던 고민은 눈앞에 평야가 나오자마자 모두 사라졌다. 신선이 사는 곳에 발을 디딘 나무꾼이 하룻밤 동안 별세계를 경험하고 현실로 돌아오니 백 년이 훌쩍 지나 있었다는 이야기가 생각이 났다. 아름다운 신령의 정원에 발을 내디딘 우리도 그렇게 되는 건 아닌지 걱정이 될 정도였다. 선적지왓에서 윗세 오름까지는 그야말로 구름 위의 공중 정원

① 크리스마스트리로 많이 쓰이는 구상나무숲이 시작되는 곳이다. 이곳에서부터는 평탄한 등산로가 이어진다. 전망이 시원하게 탁 트이는 휴식 지점들이 곳곳에 보인다.
② 구상나무 군락지는 고사목과 살아 있는 구상나무가 어우러져 매우 이국적인 풍경을 자랑하고 있다.
③ 한라산 해발 1600m에 자리하고 있는 평편한 관목 지대 선작지왓을 향해 올라가는 길
④ 제주 방언으로 '돌이 서 있는 밭'이라는 의미의 선작지왓은 정원 같다. 봄에는 진달래와 산철쭉이 피고 가을에는 황금빛으로 물들며 겨울에는 눈부신 설경을 보여준다. 고산 지대에 펼쳐진 아름다운 평지와 아득히 보이는 수평선, 그리고 새파란 하늘, 이곳은 현실감이 사라지는 신비한 장소이다.

⑤ 윗세 오름 휴게소로 향하는 길목에서 아름다운 풍경에 감격한 남편의 모습이다.
⑥ 선작지왓에서 윗세 오름까지 오르는 길은 그야말로 구름 위의 공중 정원이다.

이다. 나는 하늘을 나는 기분으로 여유롭게 구름 위를 산책했다. 윗세 오름에서 백록담을 가장 가까이서 볼 수 있는 남벽 분기점까지 올라가는 길은 오후 1시 반이 넘으면 들어갈 수 없다. 이곳까지 오르고 싶다면 아침 일찍 등산을 시작하기를 추천한다. 구간마다 테마가 정해진 듯 풍경이 새롭게 바뀌는 영실 오름 코스는 별세계처럼 신비로운 한라산의 모습을 보여주는 곳이었다.

윗세 오름을 마음껏 느끼고 하산하는 길, 오를 때는 힘들어서 보이지 않았던 풍경이 눈과 마음속으로 안겨 왔다. 20대의 나는 더 높이 오르기 위해 노력했다. 무언가 하지 않으면 불안했고, 어떻게든 남들보다 뒤처지지 않기 위해 필사적으로 오르고 있었다. 이제 와 손안에 남은 것이 무엇인지 보니 사그라드는 열정과 사라지지 않는 욕심뿐이었다. 작은 것에 만족하지 못하면 어떤 것에도 행복을 느낄 수 없다고 한다. 나이가 들어가면서 버려야 할 것은 욕심이라는 것을 알게 되었다. 늘 욕심을 부리는 나에게 모두 내려놓으라고, 자기가 뒤에서 꼭 받쳐주겠다고 하는 남편을 보고 눈물이 왈칵 쏟아졌다. 그 이후로 나는 내

⑦ 해발 1,700m의 윗세 오름에 도착했다. 남벽 분기점에서 백록담까지 오르는 길은 안전상의 문제로 출입 통제 중이다. 이곳에 대피소도 있어 잠시 휴식을 취하거나 화장실을 이용할 수 있다.

⑧ 윗세오름에서 내려가는 길. 구름 아래로 제주 바다가 보인다.
⑨ 등산과 체력에 자신이 없던 내가 하늘과 가까운 윗세 오름 등정에 성공했다.
⑩ 올라가는 길보다도 내려가는 길이 더 아름다운 영실 탐방로. '무거운 짐을 덜어야만 완주할 수 있다'라는 깨달음을 얻은 듯하다.

가 할 수 있는 것부터 하게 되었다. 넘치는 것보다는 조금 부족한 것이 낫다는 그에게서 늘 많은 것을 배운다. 오늘은, 한라산 같이 든든한 남편과 오르는 길보다 내려가는 길이 더 아름다운 영실 탐방로가 "무거운 짐을 덜어야만 완주할 수 있다."고 알려주었다. 이제는 누군가 '왜 산에 오르냐?'고 묻는다면 힘든 오르막길을 지나 한줄기 단비 같은 풍경을 맛보기 위해, 그리고 힘든 길을 버텨냈다는 작은 성취감을 자신에게 선물하기 위해 오른다고 답할 수 있겠다.

인생샷 포인트

![점프샷 사진]

POINT 01 한라산에서 하늘로 날아오르는 두 사람
윗세 오름 휴게소

한라산 영실 탐방로를 오르면 윗세 오름에 도착한다. 우리는 이곳에서 백록담을 등지고 점프 샷을 남기기로 했다. 열심히 풀쩍 날았더니, 하늘로 날아오르는 모양새로 찍혔다. 윗세 오름이 표지판에서 인증 샷을 남기는 것도 의미 있을 것이다. 하늘에 닿을 만큼 높은 장소에서 신나게 점프를 해보자.

HIDDEN TIP

TIP 1 — 영실 탐방로를 오르는 초보 등린이를 위한 TIP

TIP 1 한라산 탐방로 중 가장 짧은 서남쪽 탐방로다. 탐방로의 중간인 영실 휴게소까지 자동차로 오를 수 있다.

TIP 2 영실 매표소에서 제2 주차장(영실 휴게소)으로 가는 방법은 세 가지다.
① 도보(약 50분) ② 자동차(약 7분)
③ 순환 택시 – 마카롱 택시(지정 예약 제도), 카카오 택시(앱 이용, 거절당하는 때도 있음), 제주도 관광 택시 서비스

TIP 3 코스별 소요 시간
① 매표소 → 2.5km → 영실 탐방로(영실 휴게소) : 50분
② 영실 탐방로(영실 휴게소) → 1.5km → 병풍 바위 : 50분
③ 병풍 바위 → 2.2km → 윗세 오름 대피소 : 40분
④ 윗세 오름 대피소 → 2.1km → 남벽 분기점 : 1시간
총 코스 길이 : 5.8 km(왕복 약 5시간 소요)

TIP 4 영실 탐방로는 자연 휴식년제를 시행하는 중이라, 정상은 탐방할 수 없다. 내려오는 길은 어리목과 돈내코 방면으로도 가능하다.

TIP 5 영실 휴게소를 지나 탐방로 입구를 지나면 매점이 없으니, 마실 물과 가벼운 간식을 꼭 준비하자.

TIP 6 영실 코스의 입장 제한 시간은 계절에 따라 다르게 정해져 있다. 꼭 미리 확인하고 계획을 세워야 한다.
① 입산 시각 : 춘추 절기(3, 4, 9, 10월) 05:30부터 탐방 가능
② 입산 제한 시각 : 영실 탐방로 14:00부터 탐방 불가
③ 윗세 오름 안내소/남벽 통제 : 13:30부터 탐방 불가

TIP 7 매표소가 있는 영실 탐방 안내소에서 영실 휴게소까지 2.5km의 구간은 12인승 이하의 차량만 운행할 수 있다.

TIP 8 화장실은 영실 휴게소(오백 장군과 까마귀), 윗세 오름 영실 대피소에만 있다.

TIP 9 코로나 19의 영향으로 영실 탐방로 입구에서 QR 코드를 찍어야만 입장할 수 있다.

TIP 10 현재 코로나 19의 영향으로 윗세 오름 매점은 없어지고 간이 진료소가 생겼다.

TIP 2 — 추천 맛집

시원하고 개운한 제주의 맛 **고집돌 우럭**

제주공항점과 함덕점까지 세 곳의 지점을 둔 식당. 세 곳 모두 제주 해녀들이 잡은 해산물로 만든다. 반찬들도 정갈하며 맛이 있고, 특히 우럭찜의 양념이 아주 맛이 좋다. 가족들과 함께 식사하러 가기 좋을 만큼 넓고 깨끗한 식당이다.

주소 제주 서귀포시 일주서로 879 **문의** 0507-1408-1540
운영시간 10:00~21:30, 브레이크 타임 15:00~17:00, 마지막 주문 20:20(재료 소진 시, 대기 고객이 많을 시에는 조기 마감)
휴무 부정기 **가격** 런치 스페셜 A세트 19,000원, 알뜰 상차림 29,000원, 실속 상차림 39,000원

CULTURE TOUR

마음이 풍요로워지는 배움의 시간

내가 있는 곳의 역사와 문화가 궁금할 때 친절하게 설명해주는 장소로 찾아가 보자. 옛 조상들의 숨결과 수백 년의 역사를 이어온 아름다운 문화유산들을 만나 볼 수 있을 것이다.

PART 4.

서울 | 석파정, 서울 미술관
경기 수원 | 수원 화성, 월화원
충북 충주 | 활옥 동굴, 중앙탑 사적 공원
충남 부여 | 부소산 낙화암, 궁남지
경남 하동 | 평사리 최 참판 댁, 삼성궁
전남 목포 | 목포 근대 역사 문화 공간
부산 | 영도 골목 투어

과거와 현재를 넘나드는 예술 투어
서울 미술관, 석파정

　학창 시절, 매년 봄이면 사생대회가 열렸다. 그럴 때마다 그림에 소질이 없는 나는 적당히 그리고 멍하니 하늘만 바라보곤 했다. 미술 시간에 거장이라고 불리는 화가들의 난해한 작품들을 볼 때마다 어렵고 재미없다는 생각이 들었다. 그러던 어느 날 미술관에 갔다가 수많은 사람들 사이로 타오르는 불꽃 같은 그림을 만나게 되었다. '해바라기'라는 그림을 관람객들이 이글거리는 눈으로 바라보고 있었다. 백 년이 지난 작품이 눈앞에서 뿜어내는 아우라는 미술에 대한 나의 생각을 송두리째 바꿔놓았다. 그 후 난 종종 혼자서 미술관을 찾아가게 되었다. 조용한 미술관에 가서 마음에 드는 작품 앞에 앉아 하염없이 시간을 보내는 것. 나의 소중한 시간을 마음껏 사용하는 가장 사치스러운 취미이다. 서울 한복판에 숨어 있는 예술의 마을 부암동은 석파정 서울 미술관을 품고 있다. 현대적인 분위기의 서울 미술관을 지나면, 전통이 깃든 왕의 정원 '석파정'으로 들어갈 수 있다. 감각적인 전시회는 우리에게 작품 속의 예술가들과 대화할 수 있는 시간을 선물할 것이다.

 **추천 코스 한눈에 보기**

① 서울 미술관

자동차 ① 서울역에서 통일로 1.7km → ② 사직로 1.2km → ③ 자하문로 3km (약 20분 소요)

대중교통 ① 서울역에서 도보 293m → ② 서울역 버스 환승센터. 강우규 의거터에서 버스 1711번 승차 → ③ 자하문터널입구.석파정에서 하차 후 도보 97m (약 30분 소요)

② 석파정

도보 석파정과 서울 미술관은 바로 옆에 있다.

COURSE 01
아티스트의 마음으로 미술을 감상해보기
서울 미술관

　서울 미술관은 종로구 부암동에 자리한 '왕이 사랑한 정원-석파정'에 있는 미술관이다. 통합 입장권을 사면 미술관과 석파정 모두 둘러볼 수 있다. 2012년에 개관한 서울 미술관은 감상자가 창조자가 되는 미술관을 지향한다. 특히, 관람자가 감상의 주체가 되어 창조적으로 감상하는 것을 추구하고 있다.

　나는 마음이 답답할 때마다 미술관을 찾곤 한다. 석파정-서울 미술관은 나를 깊은 생각의 길로 밀어 넣어 마음이 풀어질 때까지 걷게 한다. 서울 미술관에서는 한 해에 두 번 기획전이 열리는데, 이번 기획전은 '도시와 나, 그리고 밤'이라는 주제로 일상을 살아가는 모든 이들에게 '어떻게 살고 있는지'라는 질문을 던지고 있었다. 작가들의 의견도 작품마다 붙어 있어, 작가와 소통하는 느낌을 받을 수 있다. 유명한 작품을 전시하니 보러 오라고 광고하는 미술관이 아니라, 작품 하나하나가 관람객의 마음에 말을 걸어 참여를 유도하는 미술관이다. 미술은 어렵고 복잡하다고 생각하는 사람들이라면 서울 미술관에 한 번 가 보기를

①

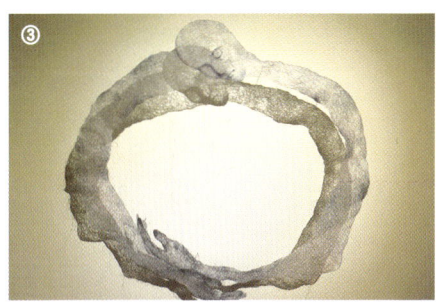

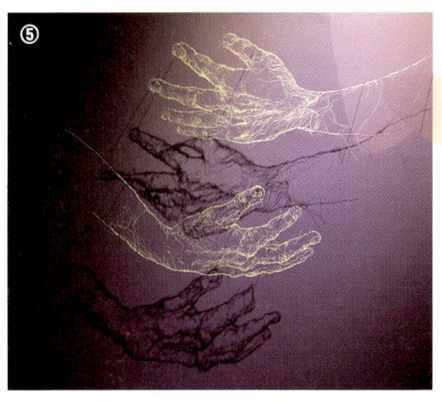

① 석파정 서울 미술관의 전경. 감상자가 창조자가 되어 감상의 주체가 되는 미술관을 지향한다.
② 기획전에서 전시 중인 인상 깊은 작품. 아무 의미 없어 보이는 꼬임이 빛을 받으면 사랑하는 연인으로 변한다.
③ 섬유 특유의 부드러운 성질을 이용해 흐름과 선으로 인간을 나타낸 작품
④ 2020년 열린 기획전 '나의 밤은 당신의 낮보다 아름답다' 전시. 레트로 느낌의 브라운관으로 주제를 나타냈다.

추천한다. 층마다 재미있는 주제로 전시가 열리며 현대적인 작품부터 신사임당의 작품까지 다양하게 만나 볼 수 있다. 부암동 거리와도 닮은 감각적인 이 미술관은 혼자서도, 그리고 여럿이서도 가기 좋은 장소이다. 다양한 주제를 여러 가지 시선으로 다루어 서울 미술관의 기획전이 바뀔 때마다 새로운 작품들을 만나보고 싶어 계속 찾게 된다.

⑤ 유연한 섬유 재질로 만들어진 인체의 모습. 실체가 없는 무엇인가를 껴안고 살아가는 우리들의 모습 같다.

 주소 서울시 종로구 부암동 201번지 **문의** 02-395-0100 **운영시간** 수~일요일 M1(본관) 10:00~18:00, M2(신관) 및 석파정 11:00~17:00 **휴무** 월, 화요일 **입장료** 통합 입장권(서울 미술관 + 석파정) ① 어른 15,000원 ② 학생(초중고) 12,000원 ③ 어린이(36개월 이상) 9,000원 ※ 입장권 구매 시 석파정 무료 관람

 매표소에 신분증을 맡기면 외투와 짐을 보관할 수 있는 락커룸을 무료로 사용할 수 있다. 티켓을 산 해당 월 한 달간 무제한 입장할 수 있다.

①

COURSE 02 — 왕이 사랑한 정원에서 단풍 절경 속 거닐기
석파정

　매표소에서 3층으로 올라가면 나오는 석파정은 조선의 왕이 선택한 장소로 '물을 품고 구름이 발을 치는 집'이라고도 불리운다. 모진 역사의 풍파를 견뎌낸 천세송과 예술적으로도 그 가치를 인정받은 석파정의 가옥은 인왕산과 북악산에 둘러싸여 그 모습이 아직도 곱게 보존되어 있다. 조선의 26대 왕 고종은 이곳을 행궁 시 임시 거처로 사용하며 신하들과 국정을 논의했다고 한다. 빼어난 자연 경관과 뚜렷한 사계의 흐름이 느껴지는 고풍스러운 석파정은, 왕의 의무인 국사와 안온한 휴식이 모두 이루어진 완벽한 왕의 정원이라고 할 수 있다.

　왕이 사랑한 정원이라고 불리는 석파정은 사실은 고종의 아버지인 흥선대원군이 사랑한 정원이라는 이야기가 전해져 온다. 흥선대원군은 석파정의 경치에 반해 영의정 김흥근의 소유였던 이곳을 매매하려 하였으나 거절당하자 계략을 세워 하루만 이 장소를 빌려달라고 하였다. 김흥근이 마지못해 허락하자 아들이자 왕인 고종과 함께 그곳에 묵었다. 당시에는 왕이 하루를 지낸 곳은 신성시되어 바로 왕실 소유가 되었으므로 이 장소는 왕의 소유, 즉 왕의 아버지인 흥선대원군의 소유가 되었다고 한다. 욕심 많은 할배라는 생각이 들었지만 석파정에 들어 오자마자 왜 그렇게 이 정원을 탐을 내었는지 알 수 있었다.

파란 하늘 아래 길게 누운 바위 주위로 물줄기가 흐르고 그 위에 아름다운 노송들이 둘러싸고 있었다. 이곳이 바로 구름이 발을 치고 물을 뿜어낸다는 '소수운련암각자'이다. 고즈넉한 사랑채 옆으로는 푸르게 위엄을 떨치고 있는 '천세송'이 있다. 정원을 따라 올라오면 조선 양식과 청나라의 양식이 조합된 아름다운 정자 '석파정'이 나타난다. 소원을 이뤄준다는 코끼리 모양의 '너럭 바위'와 고종 황제가 묵었다는 별채까지, 두루두루 아름다운 석파정을 둘러보다 보면 이곳이 서울인지 잊어버릴 정도이다. 석파정 속 장소마다 숨겨진 이야기를 찾아 스탬프 투어를 하는 것도 또 하나의 즐거움이다.

① '물을 품고 구름이 발을 치는 집'. 왕이 선택한 장소, 석파정의 입구에 있는 사랑채의 고즈넉한 모습. 건축물 그 이상의 예술품으로서 가치를 인정받고 있다.
② 구름이 발을 치고 물을 뿜어낸다는 소수운련암각자 위에는 신라 삼층 석탑이 세워져 있다.
③ 굴곡진 역사의 흐름을 견디고 푸르른 기개를 보여주는 노송, 천세송의 모습
④ 조선과 청나라 양식이 조합된 아름다운 정자로 흥선대원군 별서에 자리하고 있다.

⑤ 코끼리의 모양을 띠고 있는 '너럭 바위'의 모습. 이곳에서 소원을 빌면 소원이 이루어진다고 한다. 많은 사람이 너럭 바위 틈에 동전을 끼우고 소원을 빌고 있었다.
⑥ 전망이 좋은 곳에 자리한 별채에서는 석파정을 내려다보며 휴식을 취할 수 있다.

⑦ 가을의 석파정은 단풍의 명소라고 불릴 만큼 아름다운 빨간색으로 물든다. 별채로 올라가는 오솔길에서 바라본 모습

가을의 석파정은 단풍의 명소라고 불릴 만큼 단풍이 붉게 물드는데, 별채로 올라가는 오솔길의 풍경이 가장 아름답다. 석파정이 내려다보이는 오솔길은 고종이 가장 좋아하는 산책길이었다고 한다.

위쪽으로는 북악산, 좌우로 북한산과 인왕산, 뒤쪽은 남산으로 둘러싸인 석파정은 정신없이 바쁜 도시 안에 숨겨진 비밀의 정원과도 같은 곳이다. 마치 유럽의 작은 마을처럼 산허리에 옹기종기 모인 집들과 탁 트인 하늘을 볼 수 있는 이곳에서 진정한 마음의 휴식을 취해 보자.

⑧,⑨ 고종 황제가 기거하던 방. 조망이 탁월하며 외부와의 차단이 자연스럽게 이루어져 있다.

 주소 서울시 종로구 부암동 201번지 서울 미술관 3층 **문의** 02-395-0100 **운영시간** 11:00~17:00 ※ 야외공원 석파정은 기후 또는 현장 사정에 따라 운영시간이 변경될 수 있다. **휴무** 월, 화요일

인생샷 포인트

POINT 01 전생의 기억이 떠오를지도?!
석파정 별채

석파정에는 사랑채, 너럭바위, 천세송 등 유명한 포토 존이 있지만 삼계동 각자의 오솔길을 따라 별채에 오르면 푸르른 나무들과 구름을 품은 석파정의 아름다운 풍경을 내려다 볼 수 있다. 고종 황제가 가장 좋아한 산책로였다고 한다.

POINT 02 포토 존에서 영화 속 주인공처럼!
<기생충> 촬영지

석파정 서울 미술관을 나서면 도보로 10분 거리에 영화<기생충> 촬영지가 있다. 주인공인 기택(송강호)가족들이 거짓으로 이력을 꾸며 취업하게 된 박 사장의 집. 가족들이 캠핑을 떠난 사이, 기택 가족은 박 사장의 집에서 부자가 된 듯 생활하며 헛된 꿈을 꾸게 된다. 그러나 거센 비로 인해 박 사장 가족이 다시 돌아오자 도망 나와 달려가던 장소가 바로 '자하문 터널 계단'이다.

그러나 사진을 찍으려면 그 건너편 터널로 가야만 한다. 떡집 '미정당'(서울 종로구 창의문로 146) 사이의 골목으로 내려가면 기생충 포토 존으로 갈 수 있다. 영화 속에서 주인공들이 비를 맞으며 부잣집에서 반지하집으로 도망치듯 내려오는 명장면이 탄생했던 바로 그 장소를 찾아 사진으로 남겨 보자.

HIDDEN TIP

TIP 1 **함께하면 좋은 여행지**

예술가의 마을 **부암동 거리**

서울 미술관과 석파정을 둘러보고 부암동으로 나오게 되면 서울 한가운데 있음에도 마치 테마가 있는 소도시에 있는 듯한 느낌을 받을 수 있다. 지하철이 연결되지 않아 오직 버스나 차로만 갈 수 있는 부암동은 언덕 위로 예쁜 주택이 줄지어 있고, 독특한 분위기를 지닌 골목들은 유명한 드라마나 영화의 단골 촬영장이 되기도 한다. 부암동은 문인, 화가, 교수 등 다양한 예술가들이 살아가고 있으며 산모퉁이와 구부러진 골목 사이로 맛집과 독특한 카페들도 숨겨져 있다. 조용하면서도 아름다운 부암동을 천천히 산책하며 차 한잔을 하다 보면 어느새 감성이 충만해진 나를 발견할 수 있을 것이다. **주소** 서울시 종로구 부암동 일대

TIP 2 **추천 맛집**

맛있는 스콘이 먹고 싶을 땐! **스코프 SCOFF**

자하문 터널 근처에 있는 카페&베이커리. 문 밖에서도 진하게 퍼지는 스콘 향이 지나가는 사람들을 유혹한다. 차 한 잔에 달달하면서도 고소한 스콘을 함께 곁들어 먹어보길 추천한다.

주소 서울시 종로구 창의문로 149 **문의** 070-8801-1739
운영시간 11:00~20:00 ※ 재료 소진 시 마감
휴무 월, 화요일(월, 화요일 공휴일이면 오픈)
가격 버터 스콘 3,500원, 브라우니 4,500원

부암동 주민 추천! 수제 버거 맛집 **레이지 버거 클럽**

미국식 수제 햄버거를 좋아하는 사람이라면 꼭 들러야 하는 버거 맛집. 겉은 바삭하지만 속은 촉촉한 번, 스모키한 향의 버거 패티와 신선한 야채를 한입 베어 물면 절로 맛있다는 소리가 나올 것이다.

주소 서울시 종로구 창의문로 137 **문의** 0507-1329-2547
운영시간 11:30~21:00, 재료 준비 시간 15:00~16:30,
주문 마감 20:30 ※ 재료 소진 시 마감
휴무 연중무휴 **가격** 레이지버거 9,500원, 베이컨 치즈버거 9,000원

경기 수원

서울에서 가까운 유네스코 세계 문화유산 체험
수원 화성, 월화원

유네스코 세계 문화유산에 지정된 우리나라 문화재는 현재까지 14건이라고 한다. '유네스코 세계 문화유산'이란 조상에게 물려받아 오늘날 그 속에서 살고 있으며, 또 후손에게 물려주어야 할 자산을 의미한다. 이는 한 문화의 뿌리와 삶의 원천이라고 할 수 있다. 서울에는 종묘와 창덕궁이 지정되어 있는데, 학생 때 소풍으로 자주 다녀왔던 기억이 있다. 서울에서 주말에 가볍게 다녀오기 가까운 세계 문화유산이 또 하나 있다. 바로 경기도 수원에 있는 화성이다. 수원 화성은 정조 시대에 만들어진 성곽과 신도시로, 임진왜란 이후 국방을 튼튼하게 하려고 당대에 동원할 수 있는 모든 과학 기술을 집약시켜 계획적으로 만들었다. 특히 유명한 실학자 다산 정약용이 축성의 모든 과정을 계획하고 감독했으며, 당시의 기술과 아름다움을 모두 담고 있다. 정약용은 조선과 중국의 축성 방식을 결합해서, 교과서에서 보았던 거중기를 이용해 공사 비용을 줄이며 획기적인 방식으로 성곽을 만들어냈다. 우리나라의 대표적 성곽 문화를 엿볼 수 있으며 그 웅장한 자태를 눈에 담고 있으면 절로 감탄이 날 것이다.

그리고 수원 효원 공원에 있는 중국식 전통 정원 '월화원'도 꼭 가 보고 싶었던 장소이다. 드라마에 등장해 유명해지기도 했지만 특히 SNS에서 사진이 예쁘게 나오고 분위기 있는 데이트 코스로 알려진 정원이다. 창문가 사이에서 찍은 사진, 연못가 위의 다리에서 찍은 커플 사진 등 배경이 열일하는 장소에 가서 우리도 인증 샷을 남겨보기로 했다.

✔ 추천 코스 한눈에 보기

① 수원 화성

자동차 ① 서울역에서 우면산로 6.4km → ② 과천봉담 도시고속화도로 9.9km → ③ 경수대로 7.3km (약 1시간 소요)
※ 주차 : 효원공원 노상주차장 또는 경기아트센터에 주차 후 이동하면 가깝다.

대중교통 ① 지하철 4호선 서울역 승차 → ② 사당역 하차 후 4번 출구에서 도보 301m → ③ 사당역 4번출구에서 직행버스 7770번 승차 → ④ 장안 공원 하차 후 도보 221m (약 1시간 소요)

② 월화원

자동차 ① 수원 화성에서 팔달로 122m → ② 경수대로 3.1km → ③ 인계로 1.2km (약 12분 소요)

대중교통 ① 수원 화성에서 도보 254m → ② 수원 전통 문화관·장안동에서 버스 82-1번 승차 → ③ 자유총연맹 하차 후 도보 39m (약 28분 소요)

COURSE 01

유네스코 세계 문화유산이자 세계 최초로 계획된 신도시 탐방하기
수원 화성

몇 년 전, 독일인인 형부가 이곳을 다녀와서는 "very nice하고 cool했다"고 여러 번 얘기했었다. 외국인인 형부의 눈에 그토록 멋있었다는 우리의 문화유산은 어떤 모습일까 궁금하기도 했다.

우선 방화수류정(화성의 각루 중 하나) 아래에 있는 호수, 용연을 찾아갔다. 남측 성곽을 배경으로 수원천으로 이어져 있는 용연은 바람에 흩날리는 버드나무 아래에서 피크닉을 즐기고 있는 시민들을 품고 있었다. 알고 보니 용연도 요즘 뜨는 피크닉의 명소라고 한다. 여름이면 연꽃이 만발하고 가을이면 갈대가 하늘거리는 투명한 연못가에 방화수류정이 반사되어 아름답게 빛나는, 그야말로 풍경 명당인 셈. '용연'은 용이 살던 연못이라는 뜻으로, 마치 소설처럼 멋진 전설이 내려오고 있었다. 인간을 사랑한 용이 하늘로 승천하기 전 딱 하루만 인간이 되어 그녀를 만나고 하늘로 올랐다. 그러나 뒤돌아보지 말라는 옥황상제의 말을 어기고 돌아봐 돌이 되어 용연으로 떨어졌다고 한다. 슬픈 전설을 뒤로 한 채, 지금은

①

많은 이들이 이곳에서 휴식을 찾고 있다.

화홍문(북수문)에 올라 방화수류정(동북각루)를 향해 걸었다. 방화수류정은 성곽에 오르면 가장 눈에 띄는 각루로, 쓰임새는 감시용 시설이라고 한다. 군사 시설이지만 아름다운 호수의 경치를 즐기는 정자로도 많이 쓰였다고 한다.

① 인간을 사랑한 용이 연못으로 떨어졌다는 전설이 전해오는 화성의 용연. 최근 피크닉의 명소로 떠오르는 중이다.
② 용연이 바로 보이는 그곳에 있는 방화수류정(화성의 각루). 동북쪽 요충지에 세운 감시용 시설이라고 한다.
③ 한자로 '訪花隨柳亭(방화수류정)'이라 쓰인 현판과 아름답게 채색된 처마의 모습
④ 방화수류정 내부에서 바라본 화성의 성곽과 용연의 모습. 한눈에 내려다 보이는 경치가 마음을 평온하게 한다.
⑤ 북수문의 별칭은 화홍문으로, 화성의 북쪽 성벽이 수원천과 만나는 곳에 설치된 수문이다. 수문을 통해 흘러내린 물이 물보라는 일으키는 모습은 '화홍관창'이라고 표현할 정도로 화성에서 꼭 보아야 할 아름다운 경치로 손꼽힌다.
⑥ 방화수류정과 동장대 사이에 군사들이 머물 수 있도록 지은 시설 '동북포루(각건대)'의 모습
⑦ 동북포루(각건대)의 지붕 양 끝에는 용머리 모양의 장식 기와가 있어, 그 특징을 살려 2019년 복원하였다.

⑧ 동장대는 장수가 군사 훈련을 지휘하고 훈련하는 곳으로 '연무대'라고도 불린다.
⑨ 주변을 감시하고 공격을 하는 망루 '동북공심돈'의 모습. 화성에서만 볼 수 있는 특이한 양식의 성곽이다. 속이 비어 있고, 외벽은 화포로 공격이 가능하게 구멍이 뚫려 있으며 통로를 따라 빙글빙글 올라가면 꼭대기에 도달하는 소라각의 형태를 띠고 있다.
⑩ 수원 화성의 동문 '창룡문'의 모습이다. 동쪽을 지키는 신령한 청룡을 상징한다고 한다.

⑪ 창룡문을 지나면 나오는 헬륨 기구 체험장 '플라잉 수원'. 석양이 지는 시간에 맞춰서 타면 오렌지빛으로 물들어가는 수원 시내와 화성의 전경을 볼 수 있다.

성곽길을 따라 동북쪽으로 걸어가니 대포를 쏠 수 있게 만든 각건대와 군사 훈련을 했던 동장대가 나타났다. 그리고 검은 모자의 형태로 우뚝 서 있는 동북공심돈에 도착했다. 이곳은 수원 화성을 나타내는 대표적인 건물 중 하나로, 우리나라 성곽 중 유일하게 소라각 형태와 속이 빈 돈대의 형태를 띤 감시탑이라고 한다.

 주소 경기도 수원시 장안구 영화동 320-2
문의 031-290-3600
운영시간 09:00~18:00(관람 시간 이후는 무료 및 야간 관람)
휴무 연중무휴
입장료 ① 어른 1,000원, 군인 및 청소년 700원, 어린이 500원
② 통합권 3,500원(수원 화성, 화성 행궁, 수원 박물관, 수원 화성 박물관)

COURSE 02 — 해외에 온 듯 중국식 정원 산책하기
효원 공원 월화원

수원의 대표적인 관광지인 화성을 보고 나서 연인들의 데이트 장소, 사진 맛집으로도 유명한 월화원으로 향했다. 월화원은 중국식으로 꾸며진 정원으로, 시민들의 쉼터인 효원 공원 안에 있다. 이 독특한 정원은 중국 노동자들이 광둥 지역의 전통 건축 양식을 되살려 조성한 곳이라고 한다. 중국식 전통 정원인 월화원에 가보고 싶었던 이유는 드라마 〈보보 경심-려〉의 촬영장이었다는 이야기를 들었기 때문이다. '보보 경심'은 '한 걸음 한 걸음 조심스럽게'라는 뜻이라고 하는데, 월화원도 조심스럽게 종종걸음으로

① 중국식 정원 월화원으로 들어가는 입구. 양끝에는 암수 사장상이 지키고 있다.
② 도심 속의 휴식 공간, 효원 공원의 모습

③ 아름다운 파초잎이 새겨진 분경원으로 가는 문. 모란대의 모습
④ 전통 중국식 문을 지나면 새로운 정원이 나타난다.

걸어 다녀야 할 듯 단아하면서도 화사한 분위기를 풍기고 있었다. 드라마의 촬영 장소는 공통적으로 알려지지 않은 곳이 대부분이고, 눈길을 끄는 매력을 가진 곳이며, 화려한 장소라 사진을 찍었을 때 즐거움을 준다. 마찬가지로 월화원도 화려하고 아름다워 어디서 사진을 찍어도 인생 사진을 건질 수 있다.

효원 공원을 가로질러 안쪽으로 들어가자 푸른 잔디밭 너머로 계단 높은 곳에 월화원의 모습이 나타났다. 내가 생각했던 것보다는 작고 아담했지만 그 아름다운 모습만은 상상했던 그대로였다. 계단을 따라 올라서자 중국 사극에 나올 법한 검은 기와가 덮인 대문이 나타났고, 양 끝에는 정원을 지키는 암수 사자상이 자리하고 있었다.

입구를 지나면 넓게 펼쳐진 호수가 월화원을 둘러싸고 있다. 이 정원은 광동성에 있는 영남 정원처럼 건물 창밖으로 정원이 잘 보이게 하였고, 후원에는 땅을 파내 인공 호수를 설치하였으며, 그 흙을 쌓아 산을 만들어 중연정인 우정을 지어 정원 전체를 내려다볼 수 있게 만들었다. 기와와 교각을 어두운 색으로 세우고 벽면은 청록색 도자기로 화려하게 장식했으며 독특한 아치형의 문이 눈길을 끈다. 한옥과 비슷한 분위기를 띠고 있지만 동시에 이국적인 중국식 정원의 정취가 물씬 느껴졌다. 원목으로 만들어진 동그란 천장 등과 처마 끝이 하늘을 향해 높게 치솟아 있는 모습이 두 나라의 다른 건축 양식을 보여주고 있다.

가장 높은 곳에 위치한 우정에 오르면 이제 막 꽃이 피어나는 아름다운 월화원과 효원 공원을 마음껏 내려다볼 수 있다. 길게 난 담장을 따라 좁은 복도를 지나면 중국식 가옥이 연못을 따라 둘러싸고 있다. 그 풍경은 정원에 피어난 대나무와 조화를 이뤄 무척 아름다웠다.

⑤ 연못을 잇는 통로이자 교각의 모습. 전통 중국 양식이 이국적인 모습을 자아낸다.

분재원과 돌로 만든 배 '월방'의 마루에 앉아 창밖으로 아름다운 풍경을 하염없이 바라보았다. 나는 마치 이국의 공주가 된 듯 월화원의 이곳저곳을 누비며 사진을 찍었다. 남편은 똑같은 사진을 몇 장을 찍어야 하냐며 투덜거렸지만 맛있는 저녁을 사주겠다고 약속하자 조용해졌다. 내가 좋아하는 배우들이 이곳에서 촬영을 했겠구나라는 생각이 들자 그 장소가 조금 더 정감이 가고 애틋해졌다. 나는 이 전통 정원이 주는 신비한 분위기에 취해 좋아하는 임과 함께 사뿐사뿐 발걸음을 옮겼다.

⑥ 땅을 파내어 연못을 만들고 그 흙으로 산을 만들어 정상에 지어진 중연정(우정)의 모습. 공원에서 가장 높은 곳에 있어 정원 전체를 내려다볼 수 있다.

 주소 경기도 수원시 팔달구 동수원로 399 **문의** 1899-3300 **운영시간** 09:00~22:00 **휴무** 연중무휴 **입장료** 무료

인생샷 포인트

POINT 01 무릉도원의 신선이 된 것처럼
동북각루 '방화수류정'

방화수류정은 '꽃을 찾고 버들을 따라 노닌다.'라는 뜻이다. 이름이 찰떡처럼 어울리는 샤방샤방한 장소이다. 방화수류정에 오르면 각루 안에 신발을 벗고 들어갈 수 있고, 사방으로 뚫린 창을 통해 용연 주위에 늘어져 있는 버드나무와 그 아래 피크닉을 나온 사람들이 보일 것이다. 성곽을 따라 보이는 수원의 모습과 도시 너머 지평선이 아득하게 걸린 아름다운 수원 화성의 전경을 바라보다 보면 마치 조선 시대 사람이 된 듯한 기분이 든다.

POINT 02 호숫가 위에 지어진 집
월화원 '월방'

월화원 내 월방은 중국 원림의 대표적인 양식을 띤 건축물이다. 이 지역은 강과 호수가 어우러져 있어 원림 속에 비친 수경이 아름답기로 유명하다고 한다. 월화원 내에도 연못이 조성돼 있는데, 정원을 한 바퀴 돌다 보면 호숫가 위에 지어진 월방이 나온다. 달이 비치는 호숫가 집에 사는 귀족 여인처럼 창가에서 사진을 찍어 보자.

HIDDEN TIP

TIP 1 함께하면 좋은 여행지

하늘과 바다가 마주 닿는 곳으로 **행궁동 벽화 마을**

수원 화성길의 화홍문 뒤편을 통해 나가면 행궁동 벽화 마을이 있다. 귀여운 남매의 조각상을 시작으로 골목길 안쪽으로 들어서면 색색의 벽화가 가득하다. 한 골목 한 골목 지날 때마다 감각적인 카페와 예술 공간들이 나타난다. 이런 예술적인 골목을 꺾어 들어가면 커다란 눈을 뜨고 있는 신비한 물고기, 학을 타고 있는 선녀, 자전거를 타고 있는 연인의 그림들이 담벼락 가득 채워져 있다.   **주소** 경기도 수원시 팔달구 화서문로 72번길 9-6

TIP 2 추천 맛집

과거 속으로 들어온 듯한 경양식 식당
로마 경양식

1980년대 유행했던 분위기와 맛을 그대로 유지하고 있는 34년 전통 경양식 식당이다. 레스토랑에서 직접 만든 데미그라스 소스가 얹어진 돈가스, 함박스테이크, 그리고 추억의 맛을 그대로 유지하고 있는 수프가 일품이다. 남편이 실내 인테리어와 먹음직스러운 정식 세트 사진을 보자마자 꼭 가고 싶다고 한다. 어릴 적 엄마 아빠 손을 잡고 갔던 레스토랑에 향수가 있는 사람에게 추천한다.

주소 경기도 수원시 팔달구 경수대로 549 동수원 빌딩 1층
문의 031-235-8277
운영시간 11:30~20:00, 브레이크 타임 주중 15:00~17:00, 주말 15:30~16:30, 마지막 주문 19:30
휴무 부정기   **가격** 왕돈가스 15,000원, 오므라이스 10,000원, 저녁 정식 1번(함박스테이크+왕새우+돈가스+생선가스+치킨가스) 20,000원

충북 충주

무더운 여름, 시원하게 즐기는 동굴 탐험
활옥 동굴, 중앙탑 사적 공원

아침부터 끈적끈적하게 몸을 감싸는 열기에 눈을 떴다. 큰비가 내리고 난 후 더 후덥지근해지며 본격적으로 여름이 시작되고 있었다. 아직 해도 뜨지 않았는데 이렇게 덥다니, 한낮에는 얼마나 뜨거울지 벌써 걱정이 되었다. 땀이 많은 나는 특히 여름에 여행하기가 힘든 타입이다. 찌는 듯한 더위 속에서 돌아다니다 보면 금세 지치고, 함께 여행하는 가족들에게도 쉽사리 짜증을 내곤 했다. 더운 날씨가 힘든 나는 시원한 여행지를 찾아보기로 했다. 여름에 유난히 약한 여행자를 위한 최고의 장소는 한여름에도 등골이 서늘해지는 깊은 땅속의 '활옥 동굴'이다. 지난 100년간 활석 등의 광물을 캐던 광산이었고 현재는 체험 활동을 할 수 있는 관광지로 변모했다고 한다. 뜨거운 햇빛을 피하는 두더지처럼 시원한 동굴 속을 여기저기 돌아다니기로 했다. 이렇게 더운 날에는 바닷가나 계곡도 좋지만 깊은 땅속으로 여행을 떠나보는 것은 어떨까?

✔ 추천 코스 한눈에 보기

① 활옥 동굴

자동차 ① 서울역에서 경부 고속도로 25.4km → ② 영동 고속도로 46.6km → ③ 중부내륙 고속도로 43.3km (약 2시간 30분 소요)

대중교통 ① 센트럴시티 터미널(호남선)에서 충주행 고속버스 승차 → ② 충주공영 버스터미널 하차 후 도보 246m → ③ 터미널(하이마트앞) 버스 514번 승차 → ④ 목벌동 하차 후 도보 228m (약 3시간 20분 소요)

② 중앙탑 사적 공원

자동차 ① 활옥 동굴에서 목벌길 4km → ② 안림로 3.3km → ③ 탄금대로 6.2km (약 30분 소요)

대중교통 ① 활옥 동굴에서 도보 220m → ② 목벌동 514번 버스 승차 → ① 성남동(예총 회관 앞) 하차 후 411번 버스 환승 → ④ 중앙탑 하차 후 도보 338m (약 1시간 15분 소요)

COURSE 01 뼛속까지 시원한 동굴 탐험하기
활옥 동굴

    활옥 동굴은 언제 가도 좋을 만큼 재미있고 흥미로운 곳이지만 특히 여름과 겨울에 찾아가기를 추천한다. 추운 겨울에는 바깥의 찬 바람을 막아주고, 더운 여름에는 머리카락 한 올까지도 시원하게 만들어주는 장소이기 때문이다. 여름에 땀을 뻘뻘 흘리며 돌아다니거나 얼굴이 타는 것이 싫다면 바로 이곳, 활옥 동굴이 맞춤 장소다. 활옥 동굴은 일제 강점기에 개발된 활석 광산이었다. 갱도의 규모가 동양 최대 크기로 몇십 년 동안 전성기를 누리다가 폐광됐지만, 2019년에 체험 동굴로 단장해 문을 열었다.
    동굴 입구에 도착하자 시원한 바람이 온몸을 훑고 지나갔다. 어둡고 깊은 거인의 입처럼 벌어진 동굴 속에서 차가운 바람이 새어 나오고 특유의 동굴 냄새도 흘러나왔다. 평온한 어둠에 둘러싸인 동굴은 바깥과는 전혀 다른 세상이었다. 흔히 동굴은 어둡다고 생각하기 마련인데 활옥 동굴은 밝은 백색 모암으로 이루어져 포근하고 아늑한 분위기를 띠고 있다. 동굴 내 원적외선 테라피룸이 있어 맑은 공기를 마시며 휴식을 취할 수도 있고, 동굴의 역사에 대한 영상도 감상할 수 있다. 또한 광물을 운반하는 권양기의 웅장한 모습과 다양한 산업의 흔적들을 볼 수 있다.

    우리가 가장 놀란 장소는 바로 동굴 속의 광활한 농원이다. 물고추냉이 농원에 도착하면 최첨단 재배 방식인 LED 수경 재배로 식물이 자라는 신비로운 모습을 볼 수 있다. 햇빛이 없는 곳에서는 식물이 자랄 수 없다는 편견을 깨듯, 동굴 속 농원은 초록색 식물들이 가득 차 있었다. 동굴 속 호수에는 물고기들이 유유히 헤엄치고 있는데 어두운 데서 자란 탓인지 모두 흰색을 띠고 있다.

① 폐광되었다가 2019년 체험 동굴로 다시 태어난 활옥 동굴의 입구
② 동굴 속이 무조건 어두울 것이라는 편견을 깨 준 활옥 동굴 속의 모습. 백색 모암으로 이루어져 은은한 밝은 빛을 띠고 있다.
③ 활옥 동굴 안에 있는 500마력짜리 권양기. 무거운 광물이나 광부들을 위로 운반하기 위해 약 8~10톤의 적재 용량을 자랑한다고 한다.
④ 동굴 속에서는 만나지 못할 지상과 해양 동물들을 빛나는 조형물을 통해 상상의 홀에 전시해 두었다.
⑤ 동굴 속 청정 연못에는 햇빛을 받지 못해 온몸이 새하얗게 변한 물고기들이 살고 있다.
⑥ 백색 모암으로 이루어진 동굴 벽에 귀여운 야광 벽화가 그려져 있다.

동굴 속에서 18가지 테마의 다양한 체험장을 지나 동굴 끝에 다다르면 넓은 호수와 보트장이 나온다. 이곳에서는 레이저 쇼를 보면서 투명 카약을 탈 수 있다. 우리는 깊은 동굴 속 맑은 호수 위에서 카약을 타고 열심히 노를 저었다. 마치 놀이동산에 온 듯 푸르스름한 어둠 속에서 물길을 가르며 나아가는 재미있는 뱃놀이에 콧노래가 절로 나왔다. 땅속의 호숫길을 따라 흥미로운 카약 투어를 꼭 해보기를 추천한다. 흥미진진한 볼거리가 가득한 동굴 투어는 약 1시간 반 정도 걸린다.

충주 활옥 동굴은 역사와 자연이 함께 어우러져 시원함과 잊을 수 없는 독특한 경험을 선물해 주었다. 흥미진진한 동굴 체험과 힐링, 그리고 무더위까지 잡을 수 있는 일석 삼조의 여행지이다.

⑦ 동굴 속에서는 식물이 살 수 없다는 편견을 깨는 장소. LED 수경 재배지 물고추냉이 농원의 모습이 신비롭다.
⑧ 동굴 기온은 10도 내외로 서늘하므로 긴 소매 옷을 가져가기를 추천한다.
⑨ 동굴 끝자락의 선착장에서 투명 카약을 타고 호숫길을 따라 흥미로운 동굴 탐험을 해보자.

주소 충북 충주시 목벌안길 26 **문의** 043-848-0503 **운영시간** 4~10월 09:00~18:30(마지막 입장 17:00), 11~3월 09:00~18:00(마지막 입장 17:00) **휴무** 월요일(월요일이 공휴일이면 정상 운영, 다음날 대체 휴관)
입장료 ① 만 19세 이상 7,000원, 동굴 + 보트 패키지 10,000원 ② 청소년(초·중·고 학생) 6,000원, 동굴 + 보트 패키지 9,000원 ③ 만 2세~미취학 아동 5,000원, 동굴 + 보트 패키지 8,000원

관람 주의사항 ① 동굴 내부는 연중 11~15°C이므로 여름에도 긴 소매 겉옷을 가져가면 좋다. ② 동굴 내 흡연, 음식물 반입, 애완동물 출입 불가. ③ 동굴 내 출입금지 구역의 임의 출입 제한. ④ 관람 중 갑작스러운 정전 시에는 안내 요원의 안내 또는 방향 유도 표지판을 따라 밖으로 나와야 한다. ⑤ 동굴 출입(관람) 시엔 반드시 안전모 착용.

①

COURSE 02 · 한반도의 중간에서 인증샷 남기기
중앙탑 사적 공원

    뼛속까지 시원한 동굴 탐험을 마치고 도착한 곳은 한반도의 정중앙이라 불리는 중앙탑 사적 공원이다. 사적 공원 내에는 충주 박물관도 있어, 충주의 역사와 문화에 대해 알아볼 수 있다. 하늘 높이 펼쳐진 날개 조각 작품을 지나 중앙탑 사적 공원의 내부에 들어서면, 국보 제6호 충주 탑평리 칠층 석탑이 날씬하고 아름다운 자태를 자랑하며 서 있는 것을 볼 수 있다. 이 석탑은 지리적으로 우리나라의 중앙에 있어 중앙탑이라고도 불린다. 통일 신라 시대에 국토의 남쪽과 북쪽 끝에서 두 사람이 동시에 출발하여 중간에서 만난 장소에 탑을 세웠다는 전설이 전해진다. 현재는 국내 유명 조각가들의 작품 25점이 곳곳에 전시된 조각 공원으로, 아름다운 풍경의 탄금호 주변에 볼거리를 선사하고 있다. 공원의 중심에 있는 중앙탑 가까이에 둥근 보름달이 내려앉았다. 이곳은 유명한 사진 포인트로, 낮에 찍어도 멋있

① 한반도의 정중앙에 있는 충주 탑평리 칠층 석탑(중앙탑)과 달 조형물의 모습. 낮에도 아름답지만 밤에 불이 들어오면 중앙탑과 함께 신비로운 분위기를 자아낸다고 한다.
② 무지개길은 산책하기 좋은 길이라 데이트의 명소로도 유명하다. 호수 위로 떠 오른 보름달과 풍경이 어우러져 야경도 아름답다.
③ 중앙탑 사적공원은 국내 조각가들의 25점의 작품들이 곳곳에 전시되어 있어 자연 미술관이라고 볼 수 있다. 이 작품은 김태적의 <명상(1999년)>.
④ 충주의 아름다운 숲을 형상한 조형물 지경수 작가의 <숲(1999년)>.
⑤ 데이트의 명소로 떠오르고 있는 사적 공원 안의 달달한 커플 조각 작품 <온유한 사랑(1999년, 황영숙).
⑥ 공원 내에 중앙탑 의상 대여소 '입고 놀까'의 모습. 초가집에 청사초롱이 달린 모습이 정겹다. 상황에 따라 일시적으로 운영을 중지하기도 한다.

⑦ 산책로 무지개길에서 드라마 <사랑의 불시착>이 촬영되었다. 그만큼 아름답고 낭만적인 호숫가 산책로이다.

지만 특히 밤에 방문하면 은은한 달빛이 비추고 있어 몽환적인 실루엣 사진을 남길 수 있다.

  공원을 천천히 걷다 보면 탄금호를 바라보며 산책할 수 있는 무지개길이 나온다. 투명한 호반 위로 비치는 충주의 자연 경관을 볼 수 있는 낭만적인 장소이다. 드라마 <사랑의 불시착> 외 수많은 드라마 촬영지로 선택된 핫 플레이스이기도 하다. 무지개길 좌우로 나뉜 호수 위에 달이 떠 있다. 밤의 산책로는 반짝이는 조명이 중앙탑 공원과 호수를 감싸 아름다운 야경 명소로도 소문이 났다. 공원 내부에는 테마 의상 대여소 '입고 놀까'와 자전거를 대여해 주는 '타고 놀까'가 있어 독특한 추억을 남길 수도 있다. 낮에는 물길을 따라 산책할 수 있고 밤에는 조명이 아름답게 비추는 낭만적 장소로 변모한다. 덕분에 가족들과 함께 피크닉을 즐기기에도, 연인이 달달한 데이트하기에도 좋다. 충주를 떠올릴 때 아름다운 충주호의 자연경관과 맛있는 충주 사과 등만을 생각했는데, 자세히 들여다보니 멋진 관광지가 가득한 도시였다. 평소에 잘 모르던 여행지들도 조금만 관심을 가지고 주변을 살펴보면 보물 같은 장소들을 발견할 수 있다. 나에게 충주는 기분 좋은 추억을 선물해준 소중한 여행지가 되었다.

INFO   **주소** 충북 충주시 중앙탑면 탑정안길 6   **문의** 043-842-0532

인생샷 포인트

POINT 01 시원한 동굴 샷은 여기에서!
활옥 동굴

흔히 예상하듯 활옥 동굴의 입구도 여느 동굴처럼 거대하고 신비롭다. 동굴 입구에서 안전모를 쓰고 귀여운 레고 샷을 찍어 보자. 동굴 속에는 여러 동굴들이 갈림길로 이어져 있는데, 배경이 어둡다 보니 실루엣이 더 잘 나오게 된다. 몸을 활용한 동작으로 코믹하고 재미있는 사진들을 남겨 보자.

POINT 02 우리나라의 중앙을 들어보기
중앙탑

사적 공원을 나타내는 상징물은 탑평리 칠층 석탑(중앙탑)일 것이다. 웅장하고도 고고하게 홀로 언덕 위에 서 있는 중앙탑을 손바닥 위에 올려놓은 듯한 사진을 찍어 보자. 탑을 무겁게 지고 있는 포즈, 손 위에 올려놓은 포즈, 손가락으로 잡은 포즈 등으로 사진을 찍으면 독특하고 재미난 추억이 쌓일 것이다.

HIDDEN TIP

TIP 1 — 함께하면 좋은 여행지

충주의 역사를 손으로 만질 수 있는 곳 **충주 박물관**

중앙탑 사적 공원 내에 있는 충주 박물관은 충주의 역사와 중원 문화가 잘 보존돼 둘러볼 만하다. 특히 시민들이 기증한 유물을 모아 1986년 개관한 것이 특징. 상설 전시실 6개, 기획 전시실 및 야외 전시실, 디지털 실감관으로 구성되어 있다. 충주는 한강이 흘러와 남한강과 이어져 물길을 따라 물자를 나르던 유통의 중심지였다. 또한 삼국 시대부터 현대까지 내륙지방의 주요 도시로 성장해 다양한 문화와 유적을 만날 수 있다. 이러한 역사 문화 유적들을 눈앞에서 실감나게 체험할 수 있는 다양한 디지털 체험 공간도 있어, 어린이부터 어른까지 즐길 수 있는 참여형 박물관이다.

주소 충북 충주시 중앙탑면 중앙탑길 112-28 **문의** 043-850-3924 **운영시간** 09:00~18:00(입장 마감 17:30)
휴무 월요일, 1월 1일, 설날, 추석 **관람료** 무료

TIP 2 — 추천 맛집

쫄깃, 바삭 모든 식감을 한 번에!
중앙탑 막국수 〈현지인 추천〉

현지인에게 추천받은 맛집. 쫄깃한 막국수와 갓 튀긴 프라이드 치킨을 함께 먹을 수 있는 특이한 곳이다. 메밀막국수에 바삭한 치킨이라니, 안 어울리는 듯 어울리는 환상적인 조합이다. 중앙탑 사적 공원에 가는 여행객이라면 꼭 한 번 들러보기를 추천한다.

주소 충북 충주시 중앙탑면 중앙탑길 109
문의 043-846-5508
운영시간 10:00~21:00
휴무 부정기
가격 메밀막국수(물, 비빔) 7,000원, 메밀왕만두 5,000원, 메밀치킨 한 마리 15,000원, 반 마리 8,000원

충남 부여

백마강에 떨어지는 애잔한 눈꽃
부소산 낙화암, 궁남지

초등학교 1학년 때 선생님이 내준 숙제가 기억 난다. '한국을 빛낸 100명의 위인들'이라는 노래를 외우는 것이 숙제. 반복되는 리듬에 중독성 있는 후렴구 덕분에 쉽게 외워 부를 수 있었다.

홍익인간 뜻으로 나라 세우니 대대손손 훌륭한 인물도 많아
고구려 세운 동명왕 백제 온조왕 알에서 나온 혁거세 만주 벌판 달려라 광개토대왕
신라 장군 이사부 백결선생 떡 방아 삼천 궁녀 의자왕 황산벌의 계백 맞서 싸운 관창
역사는 흐른다 - 작사. 작곡 박문영

당시에는 정확한 내용도 모르고 열심히 부르기만 했는데 오늘 여행의 장소가 바로 이 노래 속 '삼천 궁녀 의자왕'의 배경이 된 낙화암이다. 나당 연합군이 백제로 쳐들어 왔을 때 삼천 명의 궁녀가 굴욕을 당하기 전 낙화암에서 떨어졌다는 전설이 있어 '꽃이 떨어지는 바위'라는 이름을 가지게 되었다고 한다. 아름답지만 슬픈 이야기가 서린 이 절벽을 내려다보면 어떤 기분이 들까? 사라진 나라와 함께 그 삶을 마무리한 비운의 여인들을 만나러 부여로 떠났다.

① 부소산 낙화암

자동차 ① 서울역에서 경부 고속도로 88.7km → ② 논산천안 고속도로 43.9km → ③ 백제문화로 18.9km (약 2시간 30분 소요)

대중교통 ① 서울남부 터미널에서 부여행 시외버스 승차 → ② 부여 시외버스 터미널 하차

후 도보 583m (약 3시간 10분 소요)

② 궁남지

자동차 ① 낙화암에서 부소로 247m → ② 석탑로 779m → ③ 궁남로 395m (약 5분 소요)

대중교통 ① 낙화암에서 도보 109m → ② 관광 주차장 버스 323번 승차 → ③ 낙화암 부여중학교 하차 후 도보 578m (약 13분 소요)

COURSE 01   백마강에 떨어진 꽃을 만나러 가보기
부소산 낙화암

    우리는 서울에서 차로 2시간 정도 걸리는 충남 부여로 출발했다. 올해는 유난히 눈이 많이 내렸는데, 낙화암에 도착한 날에도 함박눈이 내렸다. 눈송이가 바람을 감싸주듯 포근한 날씨다. 옛 백제의 땅은 보자기에 싸인 듯 고요했다.
    낙화암까지 오르려면 부소산성을 통해야 한다. 부소산성 입구에 주차하자 관광 안내소 앞 터줏대감 고양이가 우리를 반겨 주었다. 고양이는 느린 걸음으로 우리를 향해 걸어오더니 안내소 입구 문을 열어 달라는 듯 우렁차게 울어댔다. 귀여운 환영사를 들으며 부소산성 입구로 향했다. 이 문을 지나 안으로 들어서면 백제 역사 유적 지구가 시작된다. 트레킹하듯 가볍게 30분 정도 걸으면 낙화암에 도착한다. 백제 시대 말로 소나무를 뜻하는 '부소'라는 이름이 붙을 만큼 산성 안에는 소나무가 가득하다.
    천천히 눈밭을 오르자 '백화정'이 눈앞에 나타났다. 백화정은 사비성이 함락될 때 이곳

① 눈 내리는 부소산성의 소나무숲길. 약 30분 정도 걸어 올라가면 낙화암에 도착할 수 있다.
② 백제식 도성 방식을 보여주는 부소산성으로 들어가는 입구의 모습이다. 북쪽에서 내려오는 적으로부터 수도인 사비를 수호하기 위해 세워진 산성이라고 한다.
③ 관광 안내소의 마루에서 눈을 피하고 있는 터줏대감 고양이. 안내소 문이 열릴 때 안으로 몰래 들어가다가 들켜 쫓겨난 모습
④ 하얗게 쌓인 눈과 푸른 소나무가 부소산성길을 나타내는 표석을 감싸고 있다.

⑤ 사비성이 함락될 때 이곳에서 목숨을 잃은 궁인들의 넋을 추모하기 위해 세워진 '백화정'의 모습

에서 목숨을 버린 궁인들의 넋을 추모하기 위해 1929년에 세운 정자다. 백제가 망하던 날, 의자왕의 궁녀 삼천 명이 낙화암에서 백마강으로 뛰어내렸다고 하는 우리가 자주 들었던 전설 속의 바로 그곳이다. 오늘은 낮게 뜬 태양을 등지고 외로이 낙화암 위에 서 있었다. 백화정에 오르면 소나무 숲 너머로 백마강이 내려다보인다. 그 모습이 마치 한 폭의 아름다운 동양화 같다. 물결 위에 파문조차 일지 않고 고요한 백마강은 순백의 도화지처럼 하얀 눈에 뒤덮여 있었다. 아무리 나라가 멸망했다고는

⑥ 하얀 눈이 뒤덮여 고요한 백마강과 부여의 모습
⑦ 소나무숲 사이로 보이는 낙화암. 이곳에서 많은 궁녀들이 떨어졌다고 한다.
⑧ 백마 강가로 내려오면 유람선 선착장이 나온다. 한겨울에는 꽁꽁 얼어 유람선 승선이 불가하다.

하지만 왜 수많은 궁녀가 목숨을 내던져야 했을까. 왕의 여인들은 생사의 선택권조차 없는 것이 당연한 사회 분위기였을까, 이런저런 생각이 꼬리를 물었다.

그리고 나라면 뛰어내릴 수 있었을까 하는 의문이 들었다. 까마득히 높지도, 그렇다고 낮은 것도 아닌 애매한 높이였다. 너무나 무서워 치마로 얼굴을 감싸고 꽃잎처럼 떨어졌다는 여인들은 의자왕을 탓하지 않았을까?

그런데 백제의 역사서라는 〈백제고기〉에 의하면 이 무렵 타사암에서 투신한 후궁들이 있었으나, '삼천 궁녀'라는 말은 없고 '여러 후궁'이라 표현됐다고 한다. 조선 시대에 타사

⑨ 백마강으로 내려오는 길에 추억의 사진관이 있다. 근대 부여의 모습을 볼 수 있다.
⑩ 유람선이 생기기 전 나룻배를 타로 백마강을 건너는 사람들의 모습. 고운 한복 차림에 양산을 쓰고 있는 모습이 인상 깊다.
⑪ 궁남지에서 포룡정을 바라보고 있는 모녀의 모습이 정겹다.

암이 낙화암으로 이름이 바뀌었고, 많은 수를 나타내는 한자어 '삼천(三千)'을 붙여 좀 더 극적인 이야기가 만들어진 것이라고 한다. 이런 저런 설이 많은 낙화암은 멸망한 나라와 함께 스러져간 많은 백제인의 슬픔을 대변하는 장소가 아닐 수 없다. 새하얀 눈으로 뒤덮인 백마강에서 찬란했던 백제의 옛 모습을 상상해 보았다. 지금은 사라져 버린 700년의 역사를 기리며 하늘에서 조용히 내리는 눈송이처럼 낙화암에서 떨어져 간 꽃들을 위해 기도했다.

낙화암에서 백마강 강가로 내려오는 길에는 추억의 사진이 전시되어 있는데, 1900년대의 부여의 모습이 담겨 있다. 백제 문화 유적의 변함 없는 모습을 보면 후손들이 소중하게 잘 보존해 왔다는 것을 알 수 있었다. 우리는 눈 내리는 낙화암과 백마강을 뒤로하고 궁남지로 향했다.

INFO 주소 충남 부여군 부여읍 성왕로 247-9(부소산성 주차장) 문의 041-830-2880
운영시간 3~10월 09:00~18:00, 11~2월 09:00~17:00(입장은 종료 시각 30분 전까지) 휴무 부정기
입장료 ① 어른 2,000원 ② 청소년 1,100원 ③ 어린이 1,000원

COURSE 02 — 사랑하는 이와 함께 최초의 인공 정원 가보기
궁남지

　우리나라 최초의 인공 정원이라는 궁남지는 요즘 핫하다. 드라마 〈철인왕후〉의 배경이 된 장소이기 때문이다. 드라마 초반부에 궁남지의 정자를 잇는 긴 목조 다리를 중전이 경중경중 뛰어가는 장면이 인상 깊었다. 특히 철종과 중전의 알콩달콩한 이야기가 펼쳐지는 '포룡정'에서 바라보는 궁남지는 그림처럼 아름답다. 여름에는 연꽃과 능수버들이 화려하게 피고, 한겨울에는 꽁꽁 언 얼음 위로 눈이 소복이 덮인 모습이 절경이다. 우리가 찾아갔을 땐 연꽃은 지고 버드나무는 가지만 앙상하게 남았지만, 그 자리를 겨울 철새와 청둥오리들이 풍성하게 채우고 있다.

　궁남지는 '서동요'로 유명한 백제 무왕이 신라 선화 공주의 향수를 달래기 위해 만든 정원이라고 한다. 서동은 궁궐에서 나와 혼자 사는 여인과 궁남지의 용이 서로 사랑하여 낳은 아들로, 신라 진평왕의 셋째 딸인 선화 공주와 사랑에 빠지게 된다. 그러나 국적과 신분이 달라 맺어질 수 없었고, 그래도 헤어질 수 없었던 서동은 아이들에게 마를 나누어 주며 '서

①

① 우리나라 최초의 인공 정원 궁남지에 하얀 눈이 내린 모습
② 궁남지의 산책로를 따라 겨울 철새들이 휴식을 취하고 있다.
③ 포룡정으로 가는 길에 길게 늘어진 목조 다리와 꽁꽁 언 연못의 모습이 아름답다.
④ 궁남지의 정자를 잇는 긴 목조 다리와 그 가운데 자리한 포룡정의 모습
⑤ 선화 공주를 백제로 데리고 온 서동은 고향을 그리워하는 공주를 위해 아름다운 정원 궁남지를 선물했다고 한다.
⑥ 궁남지는 훗날 무왕이 된 서동과 선화 공주의 사랑 이야기가 전해져 온다.

동요'라는 노래를 퍼트린다. 서동요의 내용은 "선화 공주님은 남몰래 시집가서 서동 도련님을 밤이면 몰래 안고 간다."는 내용이었다. 이 노래는 궁궐까지 퍼져 선화 공주는 귀양을 가고, 이를 알게 된 서동은 선화 공주를 백제로 데려와 행복하게 살았다는 이야기다. 신라를 떠나온 선화 공주에게 미안하고 고마운 마음을 담아 남편인 무왕이 아름다운 정원을 선물했나 보다. 섬세하며 조화롭게 이루어진 호수 정원을 보니 무왕이 선화 공주를 얼마나 아끼고 사랑했는지 알 수 있었다. 궁남지를 천천히 걷다가 문득 이런 생각이 떠올랐다. "나도 당신을 따라 연고도 없는 먼 곳으로 시집을 가게 되면 이렇게 멋진 정원을 만들어 줄 거야?"라고 남편에게 묻자 "서동은 왕이니까 가능했지."라며 너털웃음을 지었다. "대신에 네가 원하는 곳이라면 어디든 같이 가줄게."라고 말해주었다. 100점짜리 대답이었다.

 주소 충남 부여군 부여읍 동남리 172-1   문의 041-830-2953, 041-830-2880

인생샷 포인트

POINT 01   떨어진 꽃잎들을 기리며
백마강

부소산성 내의 낙화암에 오른 후 백마강 근처로 걸어 내려올 수 있다. 백마강 강가로 내려오면 구드레 나루터 선착장이 나온다. 우리가 방문했을 땐 눈이 많이 내려서 나룻배가 운항하지 않았지만, 오히려 신비한 금강의 모습을 배경으로 사진을 남길 수 있었다.

POINT 02   기둥을 액자 삼아
낙화암 백화정

낙화암으로 가는 길, 언덕 위에 고즈넉한 백화정이 외로이 서 있다. 백화정에 오르면 아름다운 금강이 한눈에 내려다보이는데, 흰 눈에 덮인 풍경은 신비로운 분위기를 자아냈다. 왠시 노르게 쓸쓸한 느낌을 주는 백화정의 기둥을 액자로 삼아 아름다운 부여를 담아내 보자.

HIDDEN TIP

함께하면 좋은 여행지

젊음을 되찾고 싶다면 **고란사**

백화정을 지나 강둑으로 내려가면 '고란사'라는 절이 나온다. 이곳은 낙화암에 오면 꼭 들러야 하는 곳인데, 그 이유는 바로 '고란 약수' 때문이다. 백제의 왕이 고란사 뒤편 바위 틈에서 솟아나는 약수를 매일 아침 마셨는데 이 약수를 한 잔 마시면 3년이 젊어진다는 전설이 있다. 이 약수터 주변에만 자라는 기이한 풀인 '고란초'의 이름을 따서 고란 약수라고 부른다고 한다. 고란정이라고 불리는 이 약수터는 절 뒤편에 있다. 시대가 많이 바뀌어 고란 약수는 자외선 살균기로 처리가 되어 있어 우리가 가지고 간 컵으로 마실 수 있었다. 10년은 젊어지고 싶다며 세 잔을 연거푸 마신 남편은 어린아이처럼 산길을 뛰어 올라갔다. 나도 마음만은 20대가 되었다. 얼굴도 20대가 되면 좋겠다.

주소 충남 부여군 부여읍 부소로 1-25 고란사 **문의** 041-835-2062 **운영시간** 3~10월 09:00~18:00, 11~2월 09:00~17:00
휴무 부정기 **요금** 부소산성 입장료에 포함

내 인생이라는 소설을 쓰는 시간
평사리 최 참판 댁, 삼성궁

길다면 길고 짧다면 짧았던 내 인생을 책으로 쓴다면 어떤 내용이 담길 것인가를 생각해 보았다. 나는 평범한 사람이었다. 아무리 노력해도 할 수 없는 일이 있다는 것을 깨달은 후로 철이 든 것 같다. 간절히 원해도 가질 수 없는 것을 원해 보았고, 능력이 되지 않는 자신을 몰아세우며 몇 날 며칠을 원망하며 밤을 지샌 적도 있다. 어느새 꿈보다는 현실에 나를 끼워 맞추며 살고 있었다. 그러다 어떠한 일을 계기로 새로운 장이 펼쳐졌다. 예전과는 다르게 살겠다는 막연한 생각을 품고 시작한 두 번째 장이었다. 주어진 일은 피하거나 주저하지 않겠다는 주제로 페이지가 넘어갔다. 이제는 무작정 버틴다거나, 내일은 좋아질 거라는 기약 없는 희망보다, 어떤 일이라도 이겨내겠다는 마음으로 살아가겠다고 마음먹었다. 감당할 수 없이 슬픈 일이 닥쳐오면 나는 항상 책 속에서 위로를 받았다. 소설 <토지> 속의 서희에게, 그리고 서희의 창조자 박경리 작가에게서.

'앞으로 나는 내 자신에 무엇을 언약할 것인가. 포기함으로써 좌절할 것인가. 저항함으로써 방어할 것인가. 도전함으로 비약할 것인가. 다만 확실한 것은 보다 험난한 길이 남아 있으리라는 예감이다. 이 밤에 나는 예감을 응시하며 빗소리를 듣는다.' -박경리 <토지>의 서문 중

자신의 뿌리인 토지를 되찾기 위해 고달픈 삶과 싸워 이겨낸 서희처럼 나는 나만의 의미를 찾아 싸워나가기로 했다. 미래는 보이지 않지만, 내 인생이라는 책의 마지막 페이지까지 나만의 페이스로 써내려 갈 것이다.

✔ 추천 코스 한눈에 보기

① 평사리 최 참판 댁
자동차 ① 서울역에서 경부 고속도로 88.7km → ② 논산천안 고속도로 83.1km → ③ 순천완주 고속도로 82.8km로 (약 4시간 15분 소요)

② 삼성궁
자동차 ① 최 참판 댁에서 섬진강대로 5km → ② 경서대로 5.5km → ③ 청학로 26km (약 1시간 10분 소요)
※ 대중교통은 어려워서 자동차로 이동을 추천한다.

COURSE 01
<토지>가 알려주는 우리들의 이야기를 들어보기
평사리 최 참판 댁

    소설 <토지>를 처음 읽었을 때, 난 박경리 작가의 유려한 문체 한 번 반하고 글의 깊이와 삶의 태도에 다시 한 번 반했다. '언젠가는 꼭 평사리에 가서 서희를 만나 봐야지.' 하는 생각도 늘 하고 있었다. 그때부터 18년이 지난 초여름, 드디어 하동 평사리 최 참판 댁으로 발을 들이게 되었다. 25년의 창작 기간을 거쳐 완성된 이 소설은 많은 이들의 사랑을 받아 TV 드라마로 제작되었다. 그 이후 1998년 하동군에서 <토지>의 최 참판 댁을 재현했다. 오랫동안 꿈에 그리던 곳에 도착하게 되자 가슴이 두근두근 뛰었다. 소설 속의 공간이 현실로 나타난 이곳에서 <토지>를 창조한 위대한 작가의 흔적을 찾고 싶었다. 슬픔도 인생도 모든 것을 글 속에 쏟아부은 작은 여장부가 있는 최 참판 댁으로 향했다.

    소작인들이 사는 초가집이 있는 길을 따라 오르면 최 참판 댁이 나타난다. '고래등 같은 기와집'이라는 말처럼 문간을 지나면 너른 마당을 통해 안채와 사랑채를 나누기 위해 우뚝 솟은 중문채가 나온다. 가장 안쪽으로 들어가면 집의 바깥주인인 최 참판이 기거하는 사랑채가 보인다. 앞으로 솟아 나온 사랑채의 대청마루에 올라서면 막힘 없이 넓은 토지가 한눈에 보인다. 평사리의 시원한 바람이 통과하는 이 장소에서 순간적으로 최치수가 되어 사대부이자 만석꾼 체험을 할 수 있었다. 서희의 어머니인 별당 아씨가 머물던 별당은 아름다운 연못이 있어 단아한 아늑함을 느낄 수 있다.

① 평사리의 만석꾼 최 참판 댁의 입구인 문간채이다. 기와 문 너머로 작가 박경리의 모습이 보인다.
② '고래등 같은 기와집'이란 말은 최 참판 댁을 의미하는 것이다. 이곳 중문채를 지나야 사랑채로 갈 수 있다.
③ 드라마 <토지>에 출연한 연기자들의 단체 사진이 문간채에 남아 있다. 토지는 무려 세 번이나 드라마로 제작되었다.
④ 서희의 어머니 별당 아씨가 지내던 별당채의 단아하고 우아한 모습. 별당 아씨는 머슴인 구천이와 함께 도망친다.

⑤ 별당채에서 보이는 연못. 동전을 던지고 소원을 빌 수 있다.
⑥ 문학의 뜰에 자리한 박경리 작가의 동상. 최 참판 댁과 평사리의 토지가 가장 잘 보이는 곳에 자리하고 있다.
⑦ 최 참판 댁 하인들이 거주하는 초가집
⑧ '박경리 문학관' 안에는 박경리 작가의 일대기와 작품, 그녀가 사용하던 물품들이 전시되어 있다.

⑨ 비옥한 평사리 들판은 섬진강 줄기를 따라 형제봉과 구제봉의 양 산맥 아래 알알이 영근 벼 이삭을 품고 있다.

    최 참판 댁을 지나면 토지마을 장터가 나오는데, 주막에 앉아 시원한 메밀국수를 말아 먹었더니 더위가 싹 가셨다. 토지의 마을을 둘러본 후 문학의 뜰로 나오면 박경리 문학관이 나온다. 자그마한 문호의 동상은 그녀가 창조한 가상의 공간과 평사리의 토지가 가장 잘 보이는 곳에 설치되어 있다. 작가 박경리는 일제하에 성장하여 작품의 배경이 되었던 시대를 직접 살아낸 인물이다. 생명에 대한 깊은 고찰과 평등한 삶에 대해 풀어낸 그녀의 작품 속에는 운명을 거부하고 강인하게 살기 위해 노력하는 여성들의 이야기가 담겨 있다. 힘겨운 삶 속에서도 스러지지 않고 다시 일어서 자신과 가족의 뿌리인 토지로 되돌아오는 서희는 마치 삶에 지지 않으려 필사적으로 글을 써내려간 위대한 소설가 박경리 그 자신의 모습인 듯 하다.

  '나는 표면상으로 소설을 썼다. 이 책은 소설 이외 아무것도 아니다. 한 인간이 하고 많은 분노에 몸을 태우다가 스러지는 순간순간의 잔해다. 잿더미다. 독자는 이 소설에서 울부짖음도 통곡도 들을 수 없을 것이다.' -박경리〈토지〉서문중

    아무리 아름다운 소설이라도 창작물은 허상이라고 하는 작가의 말처럼 우리는 우리만의 세계에서 나라는 소설을 써내려가야 할 것이다.

 주소 경남 하동궁 악양면 평사리길 66-7   **문의** 055-880-2960   **운영시간** 09:00 ~ 18:00
휴무 연중무휴   **입장료** ① 어른 2,000원 ② 청소년 1,500원 ③ 군인 1,000원

COURSE 02

배달의 민족의 기원을 찾아보기

삼성궁

어릴 때부터 들어오던 '배달의 민족'이란 말은 한국의 시조인 단군의 단을 박달, 배달로 부르는 데서 기원한다고 한다. 바로 그, 배달민족인 우리들의 선조 환인, 환웅, 단군을 모신 곳이 바로 삼성궁이다. 지리산의 깊은 곳 청학동 산길을 휘돌아 가면 해발 850m에 삼성궁이 자리하고 있다. 처음에는 종교적인 의미가 깊어 이해하기 어렵고 재미없는 곳일 것이라고 막연히 생각했었다. 그러나 그 모든 것은 나의 편견이자 착각이었다. 삼성궁은 가는 곳마다 흥미롭고 재미있는 요소가 가득한 숨겨진 미로 같은 곳이었다.

입구인 홍익문을 시작으로 검달길을 따라 오르면 수많은 돌로 쌓아 올린 석탑들이 장관

①

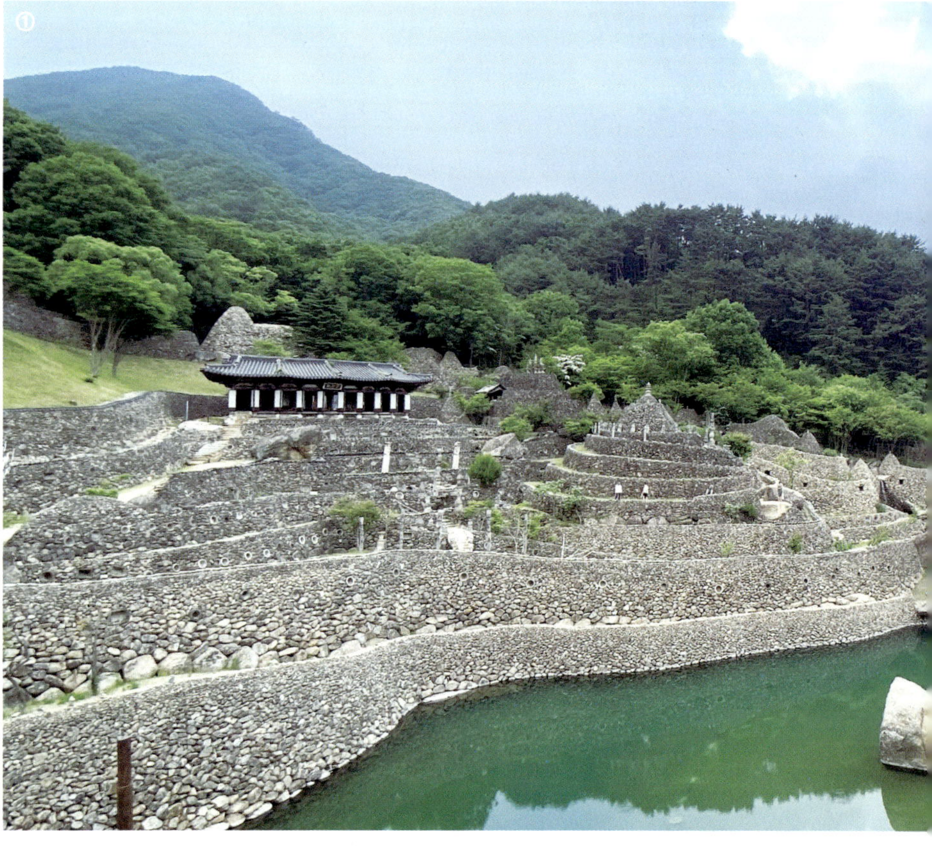

을 이룬 호숫가가 나온다. 사람의 손으로 쌓았다고는 믿을 수 없을 만큼 정교한 형태의 성곽이 끝도 없이 이어져 있다. 이 고장 출신인 선도의 한풀 선사가 1983년에 고조선 시대에 제사를 지내던 소도를 복원하여 50년 동안 솟대 돌탑을 쌓아 올린 것이라고 한다. 깊은 산 속에 세워진 돌탑길을 따라 세워진 석문을 하나하나 통과할 때마다 아름다운 호수와 진기한 풍경이 눈앞에 펼쳐졌다. 하늘 높이 솟은 석탑들을 감싸 흐르는 물줄기가 모여 에메랄드 빛 호수를 이룬다.

    삼성궁은 우리가 흔하게 보아왔던 공원이나 관광지의 느낌은 아니다. 어디에서도 볼 수 없었던 색다르고 이국적인 분위기에 감탄이 나오는 곳이다. 삼성궁 곳곳에 세워진 돌로 만든 작품들도 볼만하지만, 구불구불한 길을 따라 올라갈 때마다 신비한 광경이 끝도 없이 이어지는 것이 이곳을 더 흥미로운 장소로 만들고 있다. 마치 게임에서 한 스테이지를 깨면

① 영험한 지리산 깊은 곳에 자리한 삼성궁의 모습이 웅장하고도 신비롭다.

② 웅장한 돌탑들도 경이롭지만 아름다운 자연경관도 빠지지 않는 곳이다. 지저귀는 새소리와 시냇물 소리를 들으며 트레킹을 즐기듯 삼성궁으로 올라가 보자.

③, ④, ⑤ 삼성궁 곳곳에 새겨진 작품들의 모습도 볼만하지만, 석문을 하나씩 나설 때마다 신비한 광경이 펼쳐진다. 돌탑 사이사이로 살아 있는 듯 표정을 숨긴 얼굴들을 찾아보는 것도 재미다.

⑥ 돌을 깎아 만든 조각상과 돌을 세워 만든 문의 모습

새로운 창이 열리듯, 신비로운 장소가 나타날 때마다 게임을 하듯 신이 나서 이곳저곳을 누볐다. 이런 삼성궁을 더욱 빛나게 하는 것은 주변의 아름다운 자연 경관이다. 푸른 꽃나무들과 잉어들이 노니는 연못은 삼성궁의 사계를 풍성하게 만들어 다양한 볼거리를 제공한다. 돌탑이 살아 있는 듯한 유기적인 건축물들 사이로 표정을 숨기고 있는 돌의 얼굴을 찾아보자. 최근에는 에메랄드색을 띤 호숫가의 포토 존이 SNS를 타고 인기를 얻고 있다고 한다. 산속에 숨겨진 보석 같은 돌의 성은 신비하고 아름다운 시조들의 나라이고, 우리는 그의 아이들이다.

⑦ 최근에는 에메랄드색을 띤 호숫가의 포토 존이 SNS를 타고 인기를 얻고 있다.
⑧ 사람이 만들었다고는 믿기 힘들 정도의 험난한 돌길
⑨ 돌로 만들어진 석탑과 성곽을 따라 걸어가면 다리가 이어진 호숫가에 다다른다.

 주소 경남 하동군 청암면 삼성궁길 86-15 **문의** 055-884-1279 **운영시간** 09:00 ~ 18:00 (겨울 17:00)
휴무 연중무휴 **입장료** ① 어른 7,000원 ② 청소년 4,000원 ③ 어린이 3,000원

인생샷 포인트

POINT 01 — 별당 아씨와 애기씨처럼
최 참판 댁 사랑채

최 참판 댁 안쪽 사랑채로 가면 넓은 평야를 향해 난 대청마루에 올라 보자. 똘똘하고 당찬 서희처럼 공부를 하기도 하고, 멋진 들판의 풍경을 배경으로 최 참판처럼 평사리를 내려다 보기도 하면서 <토지>의 주인공이 되어 보자. 사랑채의 기둥을 액자 삼아 사진을 남겨 보는 것도 좋을 것이다.

POINT 02 — 나란히 서 있는 나무처럼 다정하게
평사리 부부나무

평사리에 넓게 펼쳐진 논밭 가운데 단 두 그루의 소나무가 우뚝 서 있다. 평사리의 '부부나무'라고 불리는 이 소나무는 멀리에서도 눈에 띄게 아름다운 풍경을 선사한다. <토지>에서 신분을 뛰어넘어 부부의 인연을 맺었던 서희와 길상이처럼 서로만을 바라보며 서 있다.

HIDDEN TIP

TIP 1 | 함께하면 좋은 여행지

초록빛 녹차밭에서 찍는 사진 **정금 다원**

화개장터에서 자동차로 5분 거리에 있는 정금 다원은 초록이 싱그러운 야생 차밭이 산등성을 따라 가득 펼쳐져 있는 장소이다. 다원의 정상에는 팔각정이 있어, 이곳에 오르면 녹차와 야생 차밭의 전경을 구경할 수 있다. 이곳은 다도를 체험하기보다는 차밭을 배경으로 요정 같은 사진을 남길 수 있는 핫한 포토 존으로 더 유명하다. 동일한 이름의 찻집이 많기 때문에 찾아갈 때는 내비게이션에 검색해서 가는 것을 추천한다.

주소 경남 하동군 화개면 정금리 산144

구경 한 번 와 보세요 **화개장터**

'전라도와 경상도를 가로지르는 섬진강 줄기 따라 화개장터엔~' 이 노래를 알고 있다면 최소한 80년대생 이상일 것이다. 말 그대로 전라도와 경상도의 경계에 있는 화개장터는 전국의 보부상들과 각 지역의 특산물들이 모이는 오일장이었다. 하동의 특산물 녹차와 산나물, 다과, 재첩 등을 살 수 있는 관광지이자 장인 셈. 흔히 아는 구수한 느낌의 시골 장터라고 생각하면 안 될 만큼 깨끗하고 다니기 편하게 정리되어 있다.

주소 경남 하동군 화개면 탑리
문의 055-883-5722

TIP 2 | 추천 맛집

화개장터 앞의 찻집 **쌍계명차**

초여름의 하동은 올해 처음 수확한 찻잎이 가득했다. 화개장터 앞의 쌍계 명차에 들러 따뜻한 우전과 1인 빙수를 시켜 먹어 보자. 홍도라지 아이스크림과 녹차 아이스크림도 맛이 좋다. 쌍계 명차 안에는 다양한 찻잎과 다기들도 판매하고 있다.

주소 경남 하동군 화개면 화개로 30 **문의** 055-883-2440 **운영시간** 09:00~21:00, 마감 19:00~21:00 **휴무** 부정기 **가격** 녹차 우전 8,000원, 청귤차 6,000원

장터의 주전부리 **달인 꽈배기**

활기가 넘치는 화개장터 안에는 길거리 수제 간식과 주전부리가 가득하다. 섬진강 재첩과 도토리묵, 하동산 찻잎 등 다양한 특산물을 판매하고 있는데, 명물 달인 꽈배기는 여성의 팔뚝만 한 크기에 쫀득하고 바삭해 하나를 사서 가족들과 나눠 먹기에도 충분하다. 고소한 꽈배기에 설탕을 솔솔 뿌려 먹어 보자.

주소 경남 하동군 화개면 쌍계로 24 화개장터 내 **문의** 055-883-2440
운영시간 09:00~19:00 **휴무** 부정기 **가격** 왕꽈배기 1개 3,000원, 깨찰 도넛 8개 5,000원

엄마의 여행 가이드가 되어 보기
목포 근대 역사 문화 공간

취업해서 첫 월급을 받았을 때 가장 먼저 한 일은 엄마를 모시고 여행을 가는 것이었다. 여행지 선택부터 교통, 숙소까지 모든 것을 정하고 자신 있게 나만 믿고 따라오라며 큰소리를 땅땅 쳤는데, 여행 중에 몸살이 나고 말았다. 엄마는 여행 내내 나를 돌보느라 고생만 잔뜩 하셨다. 그 이후로는 항상 가족이 함께 여행을 가게 되어 엄마와 오붓한 시간을 가질 기회가 없었다. 어느새 시간은 쏜살같이 흘러 엄마와 여행한 지 10년이 넘어가고 있었다. 숱 많고 흑단처럼 까맣던 엄마의 머리카락은 염색하지 않으면 흰머리가 가득해졌고, 체력에 자신이 있어 활동적이던 엄마는 어느새 피곤하다는 말을 종종 꺼내곤 했다. 엄마가 더 나이 먹기 전에 둘만의 여행을 해야겠다는 생각이 들었다. 40년 전, 아가씨였던 때 엄마가 회가 먹고 싶어 친구들과 함께 훌쩍 목포로 떠났다는 이야기를 하신 적이 있었다. 이번엔 엄마의 영원한 친구이자 딸인 내가 함께 목포로 가서 엄마와 회를 먹어보기로 했다. 목포는 근대 역사관과 근대화의 거리가 함께 있어 역사와 문화가 공존하는 독특한 여행지이다. 게다가 항구 도시이기 때문에 신선한 해산물도 접할 수 있다. 이번 여행은 완벽한 여행 계획을 세우고 맛집을 찾아서 행복한 여행으로 엄마를 이끌어 줄 일일 가이드가 되자고 다짐했다.

✔ 추천 코스 한눈에 보기

① 목포 근대 역사관
자동차 ① 서울역에서 경부 고속도로 88.7km → ② 서천공주 고속도로 59.2km → ③ 서해안 고속도로 148.8km (약 4시간 30분 소요)

대중교통 ① KTX 서울역 승차 → ② 목포역 하차 후 도보 823m (약 2시간 40분 소요)
※ 대중교통은 어려워서 자동차로 이동을 추천한다.

② 목포 근대 역사 문화 공간
도보 목포 근대 역사관 주변에 있어 걸어서 둘러볼 수 있다.

COURSE 01

우리나라 일제 강점기 역사에 대해 되새겨보기

목포 근대 역사관

목포역에 도착하자마자 비가 주룩주룩 내리고 있었다. 엄마의 일일 가이드가 되기로 한 만큼 미리 준비한 우산을 딱 꺼내서 씌워드리고 첫 번째 목적지, 목포 근대 역사관 1관으로 출발했다. 근대 역사관 1관은 엄마가 좋아하는 드라마 〈호텔 델루나〉에 호텔 입구로 등장해 더욱 유명해졌다. 목포 시내가 한눈에 내려다보이는 언덕 위에 자리한 고풍스러운 서양식 건물은 옛 일본 영사관이었다. 목포에서 가장 오래된 건물인 이곳은 1897년에 목포항이 개항하고 1898년 10월에 일본 영사관이 설치될 때 지어졌다고 한다. 이후 목포이사청, 목포 시청, 목포 문화원 등으로 이용되다 2014년에 근대 역사관 1관으로 개관하게 되었다. 이곳은 목포라는 도시의 시작부터 근대의 역사까지 모든 것을 볼 수 있는 문화 역사 전시관이다. 붉은빛을 띠는 적갈색의 건물에 은은한 푸른빛을 띤 나무 입구가 복고적이면서도 고풍스러운 시대의 분위기를 잘 간직하고 있다. 내부는 1, 2층에 7개의 주제로 조선 말기부터 일제 강점기까지 목포가 경험한 이야기를 전시 중이다. 일제 강점기 동안 우리나라의 자

① 목포 시내가 한눈에 내려다보이는 곳에 있는 목포 근대 역사관의 모습. 레트로 분위기를 연상시키는 건물 외관이 멋스럽다.
② 근대 역사관의 멋스러운 벽난로 위 대한민국 지도
③ 일제 강점기 때 목포는 그 지리적 위치 때문에 수탈의 관문이 되었다. 일제에 저항한 선조들의 정신이 남아 있는 곳이기도 하다.

원과 자금을 일본으로 보내는 수탈 기지로 사용된 목포의 슬픈 역사와 당시의 생활상, 문화 등을 엿볼 수 있다. 목포의 옛 거리를 재현해 놓은 장소에서는 목포를 주제로 한 노래들도 들을 수 있다.

1935년 일제 강점기의 막바지에 목포 출신 작사가와 가수가 만든 '목포의 눈물'의 애상

④ 근대 역사관 뒤편에는 전쟁 준비의 흔적인 방공호가 아직도 남아 있다.
⑤ 방공호 내부에는 강제 노역에 동원된 시민들의 모습이 재현되어 있다.

적인 멜로디는 많은 이들에게 사랑을 받았다. 나라 잃은 설움을 안타까운 이별로 표현한 이 곡은 일제의 검열을 피해 원래의 과격한 가사를 개사하여 발매되었다고 한다.

목포 근대 역사관의 뒤편에는 구 목포부청 서고와 전쟁 준비의 흔적인 방공호가 있다. 방공호는 직접 체험도 할 수 있는데, 입구에 들어가면 사이렌이 울리고 내부에는 강제 노역에 동원된 조선인들의 모습이 재현되어 있다. 역사를 잘 알지 못했던 나와는 달리 엄마는 이 시대의 목포를 잘 알고 계셨다. 엄마가 아가씨 때 찾아왔던 목포의 모습을 설명해 주시고, 목포가 항구 도시로서 얼마나 중요한 역할을 하는 곳이었는지도 알려주셨다.

근대 역사관 1관에서 도보로 5분만 가면 2관이 나온다. 1관에서 입장료를 내면 함께 볼 수 있다. 2관 건물은 일제 강점기에 동양 척식 주식회사로 쓰였다. 일제가 조선의 경제를 지배하기 위해 설치한 동양 척식 주식회사는 농장 경영과 일본인의 이민 정책을 적극적으로 추진하여 한국인의 토지를 빼앗은 증거를 품은 거대한 금고 같다는 생각이 든다. 슬프지만 잊으면 안 되는 우리의 근대사에 대해 엄마와 함께 알아볼 수 있는 뜻깊은 시간이었다. 역사에 대해 관심이 많은 엄마가 설명해 주시는 근대사의 이야기에 시간이 가는 줄도 몰랐다.

근대 역사관 1관을 나오면 목포의 거리를 향해 앉은 '평화의 소녀상'을 만나볼 수 있다. 아직 해결되지 않은 우리의 슬픈 역사를 바라보고 있는 것 같다.

⑥ 근대 역사관 1관 앞에 목포 거리를 바라보며 앉아 있는 평화의 소녀상의 모습
⑦ 근대 역사관 2관에 전시된 '동양 척식 주식회사'에서 사용하던 금고의 모습. 한국인의 토지를 빼앗은 문서들이 보관되어 있었다고 한다.

INFO
• **목포 근대 역사관 1관**(사적 제289호 구 목포 일본 영사관) | **주소** 전남 목포시 영산로 29번길 6
• **목포 근대 역사관 2관** | **주소** 전남 목포시 번화로 18 | **문의** 061-242-0430
운영시간 화~일요일 9:00~18:00(입장 마감 17:00) **휴무** 월요일 **입장료**(1, 2관 통합 요금) ① **일반** : 어른 2,000원, 청소년 및 군인 1,000원, 초등학생 500원, 유치원생 무료 (목포 시민 관람료 50% 감면, 목포 관내 초등학생 이하 무료) ② **단체(20인 이상)** : 어른 1,500원, 청소년 및 군인 700원, 초등학생 500원, 유치원생 무료

①

COURSE 02
역사 속 현장 체험해보기
목포 근대 역사 문화 공간

  목포 근대 역사관 1관 앞으로 나오면 자그마한 광장이 나오는데, 이 광장은 목포 번화로의 일본식 상가 주택들이 남아 있는 골목들과 이어져 있다. 이 주변 공간이 바로 역사와 문화가 만나는 곳, 목포 근대 역사 문화 공간이다.

  목포는 지리적 위치 때문에 군사적 요충지였다고 한다. 바닷길이 있으니 일제 강점기에는 문화와 곡식을 수탈하는 관문이 되었고, 이를 막기 위한 항일 운동도 거셌던 모양이다. 목포의 슬픈 역사는 우리 민족의 저항 정신을 담고 있다고 볼 수 있다. 그 안타까운 역사가 생생히 살아 있는 근대화의 거리는 그 시대의 분위기를 그대로 보존하고 있어 마치 과거로 떠나는 여행 같은 느낌을 주고 있었다. 특히 대의동 사거리는 일제 강점기에 가장 번화했던 중심 지역이라 그 시대의 모습이 그대로 남은 건물들이 많다. 한자로 쓰인 옛 간판이 걸려 있고, 교과서에 나올 듯한 구식 2층 집들이 묘하게 어울리는 거리다. 그래서 그

① 목포 근대 역사 문화 공간에서는 과거로 돌아간 듯한 역사 여행을 할 수 있다.
② '공가공가 프로젝트'는 '빈집을 모두의 집으로 변화시키는 도시 재생 프로젝트'이다. 이를 통해 다시 태어난 사슴 슈퍼마켓의 모습
③ 골목골목마다 감각적이고 앤티크 감성의 카페들이 많이 들어서 있다.

런지 낯설지만 어쩐지 아련한 영화 속 한 장면 같다. 예전에는 누가 살았을까 문득 궁금해지는 집들은 겉은 그대로인 듯하지만 속은 색다르게 바뀌고 있다. '空家共家 -공가공가' 프로젝트를 통하여 '빈집을 모두의 집으로 변화시킨다'는 도시 재생 활동 덕분이라고 한다.

번화로 사거리 한 모퉁이를 차지한 낡은 2층 건물은 '아카이브룸 사슴 수퍼마켙'이다. 간판에 옛날식 맞춤법으로 이름이 쓰인 이 일본식 상가 주택은 10여 년 전까지 실제 슈퍼마켓이었다고 한다. 슈퍼마켓이 문을 닫은 후에는 주민들의 쉼터이자 전시장이라는 새 쓰임을 얻었다. 동네 주민과 청년, 예술가 등이 다양하게 교류, 협업하는 열린 공간이라 한다. 오랫동안 비어 있다 보면 폐허가 될 건물들이 먼지를 닦아내고 현대에 맞게 재탄생한 셈이다.

광장부터 골목을 둘러보니 최근 들어 감각적인 사진관, 카페 등이 들어서고 있었지만 사이사이에 옛 상가 건물들이 어색하지 않게 어우러졌다. 그토록 오랜 세월 동안 변함없이 잘 보존되어 온 목포의 거리 풍경에 나는 감탄할 수밖에 없었다. 근

④ 오랫동안 비어 있던 건물들을 동네 주민, 청년, 예술가 등이 협업하여 새로운 공간으로 변화시키고 있다.
⑤ 근대 가옥의 형태를 유지하고 있는 집들이 많아 독특하면서도 이국적인 분위기를 느낄 수 있다.

대 역사관에는 과거 유달동 거리의 사진을 전시해 두었는데 지금의 모습과 별로 달라진 것이 없었기 때문이다. 천천히 걸으며 이 거리만이 가진 독특하면서도 이국적인 분위기에 흠뻑 취할 수 있었다. 꽃처럼 아름다웠을 엄마의 젊은 시절에 걸었던 이 거리를 지금의 내가 걷고 있다는 사실이 신기할 따름이다. 내일, 혹은 내년, 그 이후의 시간 동안 이 거리가 또 어떻게 변화해 나갈지 기대된다.

인생샷 포인트

POINT 01   저희 호텔에 오신 걸 환영합니다!
<호텔 델루나>의 입구

목포 근대 역사관 - 1관의 출입문은 드라마 <호텔 델루나>에서 호텔의 입구로 등장했다. 고풍스러운 옛 문 앞에서 드라마 주인공이 된 듯 멋진 사진을 남겨 보자. 근대 역사관 1층에는 <호텔 델루나>의 벨보이가 입었던 의상과 모자가 준비되어 있어 드라마 속 인물로 변신할 수 있다.

POINT 02   과거로의 시간 여행
목포 유달동 사거리

근대 역사관 2관에는 유달동 사거리의 옛 모습이 담긴 사진이 남아 있다. 목포에서 나름 번화했던 유달동 거리와 과거와 현재를 비교하며 사진을 찍어 보자. 타임머신을 탄 듯 시간과 공간의 흐름을 느낄 수 있을 것이다.

·· HIDDEN TIP ··

TIP 1 함께하면 좋은 여행지

시내 전경이 한눈에 내려다보는
목포 해상 케이블카

목포시의 전경을 내려다보며 옆으로는 유달산, 아래로는 아름다운 다도해를 동시에 볼 수 있는 해상 케이블카이다. <한국 관광 100선>과 <야간 관광 100선>에 선정이 될 정도로 아름다운 풍경을 자랑하는 곳이다. 국내 최장 길이 3.32km, 국내 최대 높이 155m로 만들어져 다도해의 노을을 보기에도, 로맨틱한 야경을 보기에도 그만이다. 목포 근대 역사관에서 자동차로 5분 거리에 있어 함께 들르기에 좋다.

주소 전남 목포시 해양대학로 240　**문의** 061-244-2600
요금 ① (왕복) 일반 캐빈 : 어른 22,000원, 어린이 16,000원 ② 크리스털 캐빈 : 어른 27,000원, 어린이 21,000원　**휴무** 연중무휴 (단, 바람이 강하거나 낙뢰 시 휴무)　**운영 시간** 월~목요일 10:00~20:00, 금~일요일 및 공휴일 09:00~21:00(종료 1시간 전 매표 마감) ※ 케이블카 탑승 장소가 여러 곳 있으니 홈페이지(http://www.mmcablecar.com)에서 위치를 확인하자.

TIP 2 추천 맛집

신선한 바다의 맛 **선경 준치 전문점** (선경준치회집)

추천 메뉴는 회무침이 유명하며, 밑반찬으로 흔히 보기 어려운 풀치(새끼 갈치를 말린 것) 조림이 나온다. 관광객보다 현지인들에게 더 유명하다. 목포에서 신선한 회 무침과 회를 먹고 싶을 때 찾아가 보자.

주소 전남 목포시 해안로 57번길 2
문의 061-242-5653
운영시간 10:30~21:00
휴무 매월 첫째·셋째 월요일, 설날 및 추석 전날과 당일
가격 송어회무침·준치회무침 8,000원, 아귀찜 1인분 15,000원, 송어회 20,000원

앤티크 분위기의 사진 맛집 **행복이 가득한 집 카페**

지은 지 100년은 된 적산가옥에 문을 연 카페이다. 일제 강점기에는 목포 부립 병원 관사였으며, 당시 상류층의 일본식 주택 양식을 하고 있어 등록문화재에 지정됐다. 낮은 천장과 빈티지한 인테리어 등에서 구한말의 분위기를 물씬 풍긴다.

주소 전남 목포시 해안로 165번길 45　**문의** 061-247-5887
운영시간 10:30~21:00　**휴무** 연중무휴
가격 에스프레소 5,500원, 카페라테 6,500원

부산의 '그때 그 시절'이 남아 있는 동네
영도 골목 투어

어릴 적, 부모님의 지인이 사는 부산에 놀러 간 적이 있다. 자갈치 시장에서 언니와 나는 유부 우동을 먹고 어른들은 회에 소주를 드셨다. 해운대에서 수영을 하고 새까맣게 탄 우리 가족이 광안 대교를 배경으로 찍은 사진이 아직도 오래된 앨범 속에 남아 있다. 부산을 떠올리면 시원한 바람이 부는 바닷가와 갈매기가 날아다니는 항구, 그리고 먹음직스러운 해산물이 생각나곤 한다. 하지만 어디나 그렇듯 부산에도 외지인들은 잘 모르는 다양한 모습이 있다.

부산에 가면 누구나 한 번쯤 들르는 대표 관광지가 아닌, 부산 사람들이 일하고 먹고 자고 쉬기도 하는 진짜 부산의 모습을 느껴 보고 싶다면 영도의 '깡깡이 예술마을'을 추천한다. 이곳은 항구의 삶, 그리고 조선업을 생업으로 삼은 숱한 어머니들의 인생을 엿볼 수 있는 바닷가 미술관이다. 해풍을 맞으며 바다와 함께 사는 사람들의 이야기를 들어 볼 수 있을 것이다. 그리고 '한국의 포시타노'라고 불리는 바닷가 마을도 함께 들러 보자. 언덕 위에 레고 블록처럼 쌓인 색색의 집이 특징인 이 마을은 SNS와 젊은 여행자들 사이에서 입소문이 나고 있는 '흰여울 문화마을'이다. 바닷길을 따라 난 좁고 구불구불한 길을 오르다가, 한 번씩 하늘과 바다를 넣어 사진을 찍으면 그것은 모두 예술 작품이 된다. 흔한 항구 도시가 아닌, 색다른 부산의 감상적인 면모도 발견할 수 있을 것이다.

✅ 추천 코스

① 깡깡이 예술마을

자동차 ① 서울역에서 중부내륙 고속도로 151.1km → ② 경부 고속도로 61km → ③ 중앙 고속도로(부산-대구) 82.8km(약 5시간 소요)

대중교통 ① KTX 서울역 승차 → ② 부산역 하차 후 도보 267m → ③ 부산역 버스 82번 승차 → ④ 영도 경찰서 하차 후 도보 519m (약 2시간 50분 소요)

② 흰여울 문화마을

자동차 ① 깡깡이 예술마을에서 대평로 331m → ② 남항로 145m → ③ 절영로 1.3km (약 9분 소요)

대중교통 ① 깡깡이 예술마을에서 도보 406m → ② 깡깡이 예술마을 버스 6번 승차 → ③ 흰여울 문화마을 하차 후 도보 230m (약 18분 소요)

①

COURSE 01

항구에 사는 어머니들을 만나보기
깡깡이 예술마을

비가 부슬부슬 내리는 부산역에 도착했다. 이 도시에 여행을 올 때마다 숙소는 늘 해운대 쪽 호텔이었다. 하지만 오늘은 반대쪽인 영도에 숙소를 정하기로 했다. 영도에 들어서자마자 강한 바닷바람이 온몸을 감쌌다. 영도의 바닷가는 관광지의 느낌이 아닌 삶의 터전으로서 모습이 더 컸다. 아마도 이곳에는 아직도 배를 만들고 수리하는 조선소들이 있기 때문일지 모른다. 영도 남항동(옛 대평동)은 19세기 말 우리나라 최초의 근대식 조선소가 세워졌던 곳이다. 배를 고치는 수리 조선소도 이 대평동의 오랜 자랑이었다. 먼 바다를 오래도록 항해하다가 들어온 배들은 염분이 높은 바닷물에 녹이 슬기 마련이다. 그 배를 수선하는 일도 이 마을의 중요한 생계 수단이었는데, 특히나 녹을 벗겨내는 망치질 소리가 '깡깡'하고 울려 마을 이름도 '깡깡이마을'로 불린다.

① 부산 사람들이 영위하는 삶의 터전으로서의 모습이 보이는 활기찬 영도의 모습
② 깡깡이 예술마을로 가는 길목에 정박한 배의 모습
③ 깡깡이 예술마을 내의 전봇대에는 만화 <깡깡 씨티>가 그려져 있다. 순서를 따라 만화를 읽는 재미가 있는 길
④ 도시 재생 프로젝트로 인해 조선소의 벽면에는 알록달록한 벽화와 예술 작품들이 가득하다.

⑤ 깡깡이 예술마을을 상징하는 벽화 <우리 모두의 어머니(2017년)>가 바닷가를 바라보고 있다.
⑥ 신기한 선박 체험관, 깡깡이 유람선 투어 등을 할 수 있는 깡깡이 안내 센터

이 동네에 '예술'이라는 새로운 바람이 불어온 것은 도시 재생 프로젝트 덕분이다. 우리 부부가 깡깡이마을 골목골목을 다니면서 감탄하며 눈에 담은 벽화, 조형물들은 모두 '깡깡이마을'의 정체성과 특징을 고스란히 담고 있었다. 그 벽화들과 아직도 '깡깡' 소리가 들리는 조선소, 그리고 외지인에게 거친 손을 내미는 사람들까지 모두가 하나의 그림 속 풍경 같다. 조선소는 주중에는 여전히 기계가 돌아가고 사람들이 일하는 곳이다. 미리 깡깡이 안내 센터에 들르거나, 홈페이지(kangkangee.com)를 들러 보라고 권하고 싶다. 직접 선박 내부에 들어가 볼 수 있는 신기한 선박 체험관, 영도 대교를 지나 대평동 조선소 일대를 돌아보는 깡깡이 유람선 투어도 사전 예약을 해야 한다.

깡깡이 예술마을의 작품들 중 특히 우리 마음을 깊이 울리는 벽화가 있다. 독일 작가 핸드릭 바이키르히의 작화 '우리 모두의 어머니-2017'이다. 생계를 위해 거대한 선박에 매달려 망치로 녹을 벗겨내는 힘든 일을 하면서 자녀들을 키워낸 강한 어머니의 모습을 표현했다고 한다. 깊이 패인 주름살 하나하나마저도 아름다운 우리들의 어머니는 깊은 생각에 잠긴 눈빛으로 대평동 바닷가를 바라보고 있다.

INFO **주소** 부산 영도구 대평북로 36 **문의** 051-418-3336 **운영시간** 10:00~17:00 **휴무** 월요일
투어 요금 ① 마을 투어 6,000원 ② 해상 투어 6,000원 ③ 깡깡이 통합 투어 10,000원

COURSE 02
한국의 포시타노에서 산책하며 힐링하기
흰여울 문화마을

   택시를 타고 흰여울 문화마을로 가는 길. 부산에서 평생을 산 택시 기사님도 이곳은 처음 와본다고 하셨다. 그만큼 최근 들어 떠오르는 '핫'한 여행지인 셈. 흰여울 문화마을의 입구인 절영 해안 산책로로 들어서면 해녀가 물질을 하는 것을 볼 수 있을 것이다. 마을에는 4명의 해녀가 활동하고 있어 이곳에서 해산물을 사면 해녀 좌판에서 바닷가를 바라보며 먹을 수 있다. 마을 입구 해녀 탈의실 옆에 있는 200m 높이의 만머리 계단을 따라 올라가면 흰여울 문화마을 안내 센터(영화 기록관)가 나온다. 이곳에서부터 흰여울 문화마을 길이 시작된다.

   '흰 여울'은 봉래산에서 내려온 물줄기가 바다에 굽이쳐 내릴 때 물거품이 이는 모습이 마치 하얀 눈 같다고 해서 붙은 순 우리말 이름이다. 바다가 보이는 언덕 위에 집들이 계단처럼 층을 지어 자리한 특유의 아름다운 분위기 덕에 영화와 광고 등의 촬영지로 유명해졌다. 레고 블록이나 상자를 차곡 차곡 쌓아놓은 듯한 모습이 이탈리아의 언덕 위 마을 포시타노

② 정겨운 골목골목마다 마을 사람들의 삶과 바닷가 마을의 이야기가 전해져 온다.
③ 마을 중간부에 있는 폭이 좁은 꼬막 계단의 모습
④ 영화 <변호인> 촬영지. 안내소로 사용되었으나 현재는 사용 기간이 끝나 운영이 종료되었다. 밖에서 촬영지를 보는 것만 가능하다.

⑤ 바닷가를 향해 나 있는 아기자기한 카페의 모습. 독립 서점이나 미니 책방으로도 사용된다.

와 아주 닮았다. 모르고 볼 때는 이국적이고 독특하다 느끼겠지만, 사실은 슬픈 사연이 있는 집들이다. 한국 전쟁 당시 피난민들이 내려왔는데 집터가 모자라자 다닥다닥 붙은 '하꼬방'집(하꼬는 일본어로 상자라는 뜻)을 지어 살던 곳이라 한다.

지금은 흰여울길을 따라 아기자기한 독립 서점, 영화 <변호인> 촬영지, 분위기 좋은 카페들이 한데 어우러져 문화마을을 이루고 있다. 아름다운 부산의 바닷가를 보며 걷는 흰여울 문화마을의 경치는 마치 동화 속에 들어온 듯 재미있다. 해녀들의 물질도 보고, 바닷가를 바라보며 매콤한 양푼이 라면도 먹으면서 영화 촬영지를 둘러보니 어

⑥ 바다가 보이는 언덕 위에 집이 박스처럼 층층이 쌓인 흰여울 문화마을은 분위기가 독특하고 아름다워 영화나 광고의 촬영지로도 유명해졌다.

⑦ 무릎을 꿇고 꽃다발을 쥔 포즈로 고백하는 샷을 연출할 수 있는 로맨틱한 계단. 프러포즈 계단의 모습

어느새 두 시간이 훌쩍 지나가 있었다. 배들이 잠시 쉬어가는 배들의 주차장 묘박지를 지나 이송도 전망대에 올라서자 흰여울 문화마을의 전경이 눈에 들어왔다. 천천히 피아노 계단을 따라 다시 바닷가로 내려오자 사람들이 줄을 길게 서 있었다. 무슨 줄인가 알아보니 터널 샷으로 유명한 흰여울 해안 터널에서 사진을 찍기 위해 기다리는 줄이라고 했다. 우리도 줄을 서서 터널 샷을 남겨 보았다. 이곳을 마지막으로 아름다운 흰여울 문화마을의 감성 투어가 마무리되었다.

 영화 기록관 | **주소** 부산 영도구 절영로 194, 1층   **문의** 051-403-1861(영도문화원)   **운영시간** 10:00~18:00
휴무 1월 1일, 설날과 추석 당일

인생샷 포인트

 POINT 01 인어공주가 도시에 나타난 듯
절영 해안 산책로 갈맷길 바닷가

절영 해안 산책로는 흰여울 문화 예술마을에서 태종대 방향으로 이어져 있는데, 아름다운 바다의 절경과 기암괴석들이 어우러져 멋진 풍경을 선사한다. 기묘한 바위들은 의자의 형태를 하고 있어 바다를 배경으로 앉아 사진 찍을 수 있다.

 POINT 02 분위기 있는 사진을 남겨 볼까?
흰여울 해안 터널

흰여울 해안 터널 안에서 바다를 배경으로 사진을 찍는 사람과 그 입구에서 차례를 기다리며 줄을 서는 많은 사람들을 보게 될 것이다. 터널 안에서 밖을 향해 카메라를 놓으면 역광이 되므로 바다를 배경으로 한 멋진 실루엣 사진이 나온다.

HIDDEN TIP

TIP 1 함께하면 좋은 여행지

파도 소리가 마음을 채우는 힐링 산책로
절영 해안 산책로(갈맷길) - 중리 해변

흰여울 문화마을의 이송도 전망대 아래로 가면 흰여울 해안 터널이 있다. 터널을 지나면 바닷가를 따라 절영 해안 산책로(갈맷길)가 이어진다. 이 3km 남짓한 산책로는 영도의 절영 해안 산책로부터 중리 해변까지 이어진다. 완만한 자갈길과 계단, 출렁다리가 이어져 트레킹 초보들이 걷기에도 좋다. 거기에다 백만불짜리 풍경과 하얗게 부서지는 파도 위로 내려앉은 석양은 잊을 수 없는 추억을 선사해준다. 2014년 국토해양부가 선정한 <대한민국 5대 해안 누리길>에도 들었으니 당연히 멋진 포토 존도 많다. 중간 중간 멋진 기암괴석들이 의자처럼 늘어서 있어 인어공주 같은 포즈를 취하면 재미난 사진을 남길 수 있다.

주소 부산 영도구 동삼동 632-11

TIP 2 추천 맛집

깡깡이 예술마을의 히든 스폿 **양다방**

1968년 문을 연 양다방은 고풍스러운 테이블과 다이얼 전화기를 비롯한 예스러운 인테리어가 그때 그 시절의 분위기를 느끼고 싶은 젊은 관광객에게는 아주 매력적이다. 달걀 노른자를 동동 띄워 주는 달달한 쌍화차의 맛이 아주 깊고 진하다.

주소 부산 영도구 대평로 49   **문의** 051-416-1117   **운영시간** 부정기   **휴무** 부정기
가격 아메리카노 1,000원, 쌍화차 7,000원

바다를 품은 작은 가게 **흰여울 점빵**

흰여울 문화마을을 돌아다니다 보면 유독 사람들이 줄을 길게 선 식당을 만나게 될 것이다. '부산의 뷰 맛집'으로 불리는 흰여울 점빵이다. 이 집의 대표 메뉴는 라면과 토스트. 바다가 보이는 창을 배경으로 김이 모락모락 나는 라면을 한 젓가락 먹으면 절로 미소가 지어진다. 맛도 맛이지만 분위기로도 배가 부른 운치 있는 작은 식당이다.

주소 부산 영도구 흰여울길 121   **운영시간** 12:00~재고 소진 시(동네 주민들이 돌아가면서 운영)   **휴무** 부정기   **가격** 라면 5,000원, 샌드위치 3,500원(현금, 계좌 이체)

꼭 맛 봐야 할 바다의 맛 **태종대 자갈 마당 조개구이촌**

태종대 자갈 마당에 가면 수많은 조개구이집들이 모여 있다. 어느 식당에 가도 신선한 조개구이와 해산물들을 적당한 가격에 맛있게 먹을 수 있다. '원조 조개구이촌'이라고 쓰여 있는 시장 안으로 들어가면 된다.

주소 부산 영도구 전망로 120   **가격** 조개구이집마다 가격이 다름. 평균적으로 소(小) 40,000원, 중(中) 50,000원, 대(大) 60,000원 ※ 식당마다 운영시간이 다르다.

SECRET TOUR

떠나오고 싶은 나만의 아지트

내가 좋아하는 장소, 내가 하고 싶은 것을 누구의 방해도
받지 않고 내 마음이 이끄는 곳으로, 나와의 대화를 나눌 수 있는 장
소로 떠난다.

PART 5.

서울 | 북촌한옥마을, 삼청동
강원 양양·동해 | 서피 비치, 논골담길
충북 충주 | 충주호, 수주팔봉 캠핑
전남 광양·여수 | 구봉산 전망대, 광양 여수 야경 투어
제주 | 섶섬, 게우지코지

양반이 된 듯 거닐어 보는 한옥마을
북촌한옥마을, 삼청동

　내가 서울에서 가장 좋아하는 장소를 딱 하나만 꼽으면 '삼청동'일 것이다. 삼청동에 관한 가장 진한 기억은 처음 취업했을 때다. 그때 직장과 삼청동이 가까워서 자주 점심을 먹으러 갔었다. 맛있는 수제비, 달달한 팥죽, 그리고 눈요기도 실컷 했던 수제화 거리. '샘플 세일'이라도 한다면 퇴근하고 달려가 예쁜 구두를 골라 산 다음, 노을을 등에 업고 고즈넉한 삼청동 거리를 걷는 것이 유일한 낙이었다. 남자 친구와는 북촌한옥마을에서 자주 데이트를 즐겼다. 골목을 돌 때마다 새로운 얼굴을 보여주는 한옥마을 곳곳을 손을 꼭 잡고 걸으며, 언젠가는 한옥에서 살아보자는 이야기를 나누기도 했다. 그 남자 친구는 지금 남편이 되어 함께 걷곤 한다. 장밋빛 두 뺨에 열정이 넘치던 20대의 소중한 추억이 스며 있는 삼청동과 북촌한옥마을은 아직도 내가 서울에서 가장 사랑하는 거리다. 이곳에 오면 유독 마음이 포근해지는 것을 보니 혹시 나는 전생에 양반이 아니었을까 하는 엉뚱한 생각이 들었다. 전생에 양반집 한량 막내아들이어서 공부도 안 하고 늘어지게 놀면서 가족을 괴롭히는 바람에, 현생에서는 이렇게 열심히 성실하게 살아가는 것은 아닐까 하는 느낌도 들었다. 이상하게도 삼청동길을 지나 북촌한옥마을을 걸으면 내 집 같은 평온함을 느끼니 말이다. 휴일이면 내가 좋아하는 이 거리에서 따듯한 차 한잔을 마시고 산책하는 것이 습관이 되었다. 걷기 좋은 가을. 나는 다시 한 번 나와의 데이트 코스를 짜기 시작했다. 물론 장소는 북촌한옥마을과 삼청동 거리.

✔ **추천 코스 한눈에 보기**

 북촌한옥마을

자동차 ① 서울역에서 청파로 962m → ② 서소문로 897m → ③ 세종대로 1.3km (약 20분 소요)

TIP 청남문화원 민영 주차장(서울시 종로구 북촌로 39), 정독도서관 주차장(서울시 종로구 북촌로5길 48)에서 주차 후 이동하면 가깝다.

대중교통 ① 지하철 1호선 서울역에서 종각역 하차 후 도보 220m → ② 종각.공평 유적전시관 마을버스 종로02번 승차 → ③ 북촌한옥마을 입구. 정세권 활동터 하차 (약 23분 소요)

 삼청동

자동차 ① 북촌한옥마을에서 북촌로 230m → ② 북촌로5길 454m → ③ 삼청로 98m → ④ 삼청동 길 (약 3분 소요)

TIP 삼청 공용 주차장(서울 종로구 삼청로 141-1), 정독도서관 주차장(서울시 종로구 북촌로5길 48)에서 주차 후 이동하면 가깝다.

대중교통 ① 북촌한옥마을 입구. 정세권 활동터 마을버스 종로02번 승차 → ② 감사원 하차 후 도보 752m → ③ 삼청동길 (약 15분 소요)

> COURSE 01

서울에서 100년 전 마을 산책하기
북촌한옥마을

    아름다운 한옥이 줄지어 있는 북촌한옥마을은 늘 내 마음이 편해지는 장소다. 언니가 독일인 형부와 결혼해서 외국인 가족이 생겼을 때, 가족이 함께 이곳을 찾았다. 그때는 수많은 가족들을 챙기느라 정신이 없었던 기억이 난다. 그 다음엔 남편과 함께 데이트를 하며 한옥마을을 걸었을 때는 고즈넉한 풍경 속에서 서로의 마음이 더 깊어지는 경험을 했다. 이번에는 이 마을을 나 혼자 하나하나 느껴보고 싶었다.

    지하철 3호선 안국역 1번 출구로 나와서 길을 따라 천천히 걷다 보면 사적 제438호 윤보선가가 나온다. 이곳은 고종 7년(1870)에 건축된 99칸의 대저택으로, 일제 강점기 이후 윤보선의 아버지가 사들여 윤보선 전 대통령이 10세경부터 거주했다고 한다. 그래서 윤보선가, 윤보선 고택이라 불린다. 항상 개방된 곳은 아니고 특별한 행사가 있을 때만 내부를 볼 수 있다. 윤보선가에서 조금 더 걷다 보면 조선어학회터가 나온다. 조선어학회는 1921년 한글학자 주시경의 제자들이 한글 연구와 발전을 목적으로 발족한 연구회인데, 현재는 터만

①

① 북촌한옥마을로 올라가는 길을 따라 대칭을 이루며 세워진 고즈넉한 한옥들
② 윤보선가의 모습. 특별한 행사 때에만 개방하여 평소에는 외관만 볼 수 있다.
③ 옛 조선어학회터의 모습. 한글학자 주시경의 제자들이 한글 연구와 발전을 위해 만든 곳으로 현재는 카페가 영업 중이다.
④ 조선 시대 목가구와 문방문화를 소개하는 북촌 박물관의 모습
⑤ 한옥마을로 가는 길에 자리한 갤러리의 모습
⑥ 고층 빌딩이 사라진 길에는 작은 미술관들과 특색 있는 상점들이 가득하다.
⑦ 골목길을 따라 올라가면 푸른 소나무와 한옥들이 내려다보고 있다.

남아 있고 카페가 들어서 있었다. 100년 전의 이 거리는 어떤 모습이었을지 상상해 본다. 갓을 쓰고 수염이 긴 사대부들과 머리를 짧게 자르고 양복을 입은 모던한 청년들. 이 골목엔 한글을 지키려는 학자들이 분주히 돌아다니고 있었을 것이다. 장소는 변하지 않는데 사람만 변해서, 그때 그 시절을 추억하려 하다니. 시대의 흐름이란 이런 것일까.

  북촌 박물관을 지나 북촌한옥마을을 향해 걸어갔다. 가는 길은 너무 아름다웠다. 높은 고층빌딩은 어느새 사라지고, 불쑥 나타나는 작은 미술관이나 슈퍼, 작은 상점들이 나를 반

겨주었다. 골목으로 들어서니 푸른 소나무와 한옥들이 내려다보고 있었다. 길을 따라 대칭을 이루며 세워진 한옥 사이 골목길로 들어서면 마음이 천천히 가라앉으며 향수에 잠긴다. 또다시 상상의 나래를 펼칠 시간이다. 100년 전 내가 망나니 짓 하며 큰소리치고 누비고 다니던 이곳, 한옥마을. 100년이 흐르고 그때의 내가 환생해 이 장소로 돌아온 것이다. 얼마나 신비하고 로맨틱한 망상인지! 100년 전 우리 집이 어디 있을까 찾아보며 한옥마을길을 올랐다. 한옥마을에는 실제로 살고 있는 주민들을 위해 '조용히 해달라'는 표지판이 곳곳에 보였다. 붉은 조끼를 입은 관광 도우미 어른들께서 북촌한옥마을을 깨끗이 유지하고 안내를 도와주신다.

북촌 전망대는 한옥마을을 위에서 내려다볼 수 있는 장소로, 동양 차 문화관 2층에 있다. 가는 길에는 고불 맹사성 집터가 있다. 맹사성은 조선 시대 초기 좌의정을 지냈으며 세종의 스승이기도 했다. 그는 궁궐에서 일과를 끝내고 퇴청 후 이 집에서 피리를 즐겨 불었다고 한다. 지금으로 치면 고된 업무를 마친 회사원이 집으로 돌아와 취미 생활을 하며 스트레스를 푸는 것이 아닐까 싶다.

동양 차 문화관의 입장료 5,000원에는 차 한 잔 가격이 포함되어 있다. 1층 차 문화관은

⑧ 조선 초, 세종의 스승이자 좌의정을 지낸 맹사성 집터의 모습. 그는 퇴청 후 이 집에서 피리를 즐겨 불었다고 한다.
⑨ 동양 차 문화관 안에 전시된 다기의 모습
⑩ 차 문화관 1층에는 오래된 수묵화와 축음기 등 향수를 불러일으키는 물건들이 전시되어 있다.
⑪ 차 문화관 2층 북촌 전망대. 전망대에서는 북촌한옥마을의 모습과 서울 시내가 모두 보인다.
⑫ 차 문화관의 입장료에는 차 한 잔 가격이 포함되어 있다. 따듯한 모과차를 마시며 한옥마을을 내려다보았다.

⑬ 차 문화관 밖 정원의 모습. 푸른 소나무가 가득하다.
⑭ 구절초가 아름답게 피어난 길을 따라 산책을 해보자.
⑮ 한복을 곱게 차려 입은 외국인 여행자들의 웃음소리가 정원 가득 울려 퍼졌다.

정원과 이어져 있는데, 작고 아름다운 전통 정원에 구절초가 가득 피었다. 한복을 곱게 차려 입은 외국 소녀들이 정원에서 까르르 미소 지으며 사진을 남기고 있었다. 볕이 좋은 날, 여행자들의 웃음소리에 나도 덩달아 행복해진다. 내가 가장 좋아하는 길을 걷고 한옥마을을 바라보며 마시는 차 한잔은 나에게 진정한 휴식과 마음의 안식을 선물해 주었다. 멀리 보이는 N서울 타워와 삼청동 거리는 아름다운 하모니를 이루며 풍경을 완성시켜 주었다. 눈을 감고 가을 바람에 실려 온 한옥마을의 향기를 느꼈다. 따듯한 차와 아름다운 풍경. 그리고 상상 속에서 멋대로 사는 망나니 양반이었을 전생의 나의 이야기를 마무리하기에 완벽한 장소였다.

　도심 숲속에 숨겨진 나만의 케렌시아(Querencia, 스페인어, 피난처 혹은 안식처)에서 짧은 휴식을 취하고 내려왔다. 혼자 있어도 완벽한 행복감을 느끼게 해주는 장소. 이런 좋았던 기억들이 마음속에 쌓여 나를 살찌우고 삶을 조금 더 풍요롭게 한다. 이 소중한 기억을 모으기 위해 나는 여행을 하고 있나 보다.

INFO **주소** 서울시 종로구 계동길 37

COURSE 02

내가 가장 좋아하는 거리 만들기
삼청동

    북촌한옥마을과 삼청동은 걸어서 충분히 오갈 수 있을 만큼 가깝다. 북촌 생활사 박물관 길을 통하면 삼청동으로 내려올 수 있다. 삼청동 거리는 처음 사회 생활을 시작할 때 회사와 가까워 자주 들렀는데 그때 첫눈에 반한 이후로 지금까지 쭈욱 사랑에 빠져 있다. 친구들과 함께 식사를 하러 오기도 하고, 혼자 생각을 할 일이 있을 때에도 이 길을 찾았다.
    삼청동은 예로부터 산과 물, 인심이 맑다고 해서 삼청동이라 불렸다. 삼청동은 독특한 화랑, 개성 만점 상점들, 맛있는 음식을 가득 담고 있다. 삼청동에서 내려오는 길에 이 동네 주민인 듯한 고양이를 만났다. 황금색 눈을 가진 나른한 얼굴로 가을 햇볕을 쬐며 일광욕을 하고 있었다. 사람을 신경 쓰지 않고 햇빛 아래 행복을 만끽하고 있는 고양이는 주변이 아무리 변해도 옛 모습을 지키고 있는 이 마을을 닮아 있었다. 한옥마을을 걷다 보면 그 단아함에 반해 한 번은 살아보고 싶다는 생각이 든다. 평생을 아파트에서 살아온 나로서는 편의 시설

① 북촌 전망대에서 내려다보는 북촌한옥마을의 사각 기와 모습이 아름답다.
② 북촌한옥마을에서 삼청동 거리로 향하는 길에 북촌 생활사 박물관이 자리하고 있다.
③ 동네 주민인 고양이가 일광욕을 하고 있다.

까지 동선이 길어지면 적응하지 못하고 금세 뛰쳐나오겠지만, 그런데도 이 매력적인 건축물은 매번 나에게 손짓한다. '인생에 한 번은 살아보고 싶지 않니?' 라고 말을 걸어온다.

하늘재길을 따라 내려오는 길. 김재진 시인의 시 '못'이 길가에 박혀 있었다. 삼청동 길목에도 김재진 시인의 글귀가 많이 숨어 있다. 보물 찾기하듯 찾아 보자. 길을 걷다 보면 나타나는 감성적인 글귀. 어른들을 위한 동화를 들려주는 시인의 목소리가 담긴 이 거리를 사랑해야 하는 이유가 하나 더 생겼다.

천천히 내려오다 보면 삼청동의 터줏대감 코리아 게스트하우스가 나온다. 붉은 벽돌로 된 굴뚝에 강렬히 박힌 세 글자 '코.리.아'를 보고 있자면, 시간이 멈춘 듯한 위화감이 든다. 75년의 역사를 간직하고 있는 이 건물은 원래 청와대 출입 기자들과 삼청동 주민들에게 사랑받던 목욕탕이었다. 2017년 문을 닫고 현재는 게스트하우스로 사용하고 있다고 한다. 워낙 특이한 옛 감성을 그대로 유지하고 있다 보니 수많은 드라마 촬영지로도 사용되었다. 이 '코리아' 굴뚝이 있는 길은 한국의 몽마르트르 언덕길이라고도 불렸는데, 목욕탕이 폐업하면서 굴뚝에서 모락모락 피어오르는 연

④ 단아한 한옥마을의 건축물들을 볼 때마다 한 번쯤 살아보고 싶다는 생각이 든다.

⑤ 지금은 문을 닫은 코리아 목욕탕의 붉은 굴뚝. 현재는 게스트하우스로 사용되고 있다.
⑥ 삼청동으로 향하는 길에 자리한 몽마르뜨 서울의 모습
⑦ 코리아 게스트하우스 아래에 있는 복정 우물의 모습. 조선 시대 궁중에서만 사용하던 우물이다.

⑧ 가을의 삼청동은 노랗게 물든 은행나무가 가득해 매우 운치 있는 길이 된다.

기를 볼 수 없다고 하니 안타까울 따름이다. 코리아 게스트하우스 방향으로 내려오면 복정 우물이 나온다. 복정 우물은 물이 맑고 맛이 좋아 조선 시대에 궁중에서만 사용한 우물이다. 일반인은 대보름에만 이곳에서 물을 길을 수 있었다고 한다.

복정 우물을 지나 드디어 삼청동 거리에 도착했다. 노란 단풍잎이 바람에 날리는 가을 단풍길(계절 거리)에서 데이트를 즐기고 있는 연인들을 바라보니 예전 기억이 떠올랐다. 예쁜 거리를 사랑하는 사람과 함께 걷는 것은 참 행복한 일이다. 처음 이 길을 알게 된 후로 벌써 12년이 되었다. 계속

⑨ 삼청동길에 앉아 있는 책을 읽는 소녀의 동상
⑩ 삼청동길에 자리한 갤러리 앞의 조형물 <첫 만남>. 김경민 작가의 작품
⑪ 삼청동 카페 거리가 시작되는 길에 장식된 조형물 주변으로 낙엽이 가득 떨어져 예술 작품 같은 분위기가 만들어졌다.

⑫ 아이스크림 체인점도 한옥으로 꾸며져 더 정겹다.

바뀌는 가게들을 보면 안타깝고, 오랫동안 그 자리를 지키고 있는 가게를 보면 여전히 마음이 든든하다. 오래된 친구 같은 가게에 들어가면 이 맛만큼은 변하지 않았음에 안심하곤 한다. 나 스스로와 데이트 하기에 북촌한옥마을과 삼청동은 더할 나위 없이 좋은 곳이다. 퇴근길 잠시 들르기에도, 단비 같은 휴일에도 이곳에 오면 생각이 정리되면서 한옥에서 맛보는 달콤한 차 한잔에 가을에 찾아오는 외로움도 잊을 수 있다.

　삼청동을 천천히 걷다 보면 이 거리가 가진 특유의 향기를 맡을 수 있다. 골목마다 풍기는 고유의 분위기, 침착하게 어깨를 다독여 주는 듯한 말로는 형용할 수 없는 향기가 나를 자주 이곳으로 불러들인다.

INFO 　**주소** 서울시 종로구 삼청로 107

인생샷 포인트

POINT 01   과거로 돌아가는 시간 여행
북촌 전망대 - 동양 차 문화 관광 정원

아름다운 북촌을 한눈에 내려다볼 수 있는 북촌 전망대. 이곳에 방문하면 차를 시킨 후 뒤뜰인 관광 정원으로 나가 보자. 들꽃이 가득 핀 동양식 정원에 높게 솟아 있는 대문에서 사진을 찍으면 북촌만의 분위기가 물씬 묻어나올 것이다.

HIDDEN TIP

추천 맛집

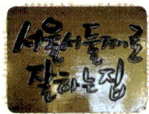

서울에서 첫째로 맛있는 달콤한 팥죽집
서울서 둘째로 잘하는 집

삼청동에 올 때마다 꼭 들르는 전통 찻집. 1976년에 문을 연 곳으로 이 찻집의 팥죽은 부산스럽지 않은 깊은 단맛을 내며 은은한 계피 향이 혀 안을 감싸오는 것이 특징이다. 겨울에는 십전대보탕, 여름에는 식혜를 추천. 문을 열고 들어가면 귀여운 할머니들이 밤을 까고 계시는 정겨운 모습도 엿볼 수 있다.

주소 서울시 종로구 삼청로 122-1　**문의** 02-734-5302
운영시간 11:00~20:30　**휴무** 설날, 추석
가격 단팥죽 7,000원, 십전대보탕 7,000원

깊고 진한 사골 육수가 주는 감동
황생가 칼국수

삼청동에서 근무하는 지인이 추천한 맛집이다. 칼국수 국물은 그릇 바닥에서부터 떠 먹기를 추천한다. 두툼하고 고소한 만두와 수육도 맛이 좋다. 계절 메뉴인 콩국수는 6월부터 시작한다고 한다. 삼청동에 갈 때마다 점심 먹으러 꼭 들르는 곳이다.

주소 서울시 종로구 북촌로5길 78　**문의** 02-739-6334
운영시간 11:00~21:30　**휴무** 명절 당일
가격 사골 칼국수 10,000원, 왕만둣국 10,000원

골목길에 숨겨진 그리운 분식의 향기
풍년 쌀 농산

상호는 쌀 농산이지만 유명한 분식집이다. 저렴한 가격이 장점이며, 분식을 좋아하는 사람들에게 추천한다. 다른 데서 식사를 든든히 한 다음에 간식으로 먹기에도 그만이다. 쫄깃한 쌀떡꼬치와 식혜를 추천한다. 삼청동의 젊은 분위기를 느낄 수 있다.

주소 서울시 종로구 북촌로5가길 32　**문의** 02-732-7081
운영시간 12:00~20:00　**휴무** 화요일
가격 떡꼬치 1,000원, 식혜 1,500원

강원 양양·동해

내 인생 가장 젊은 날의 기록
서피 비치, 논골담길

문득 정신을 차려 보니 결혼을 했고, 30대가 되어 있었다. 마음은 아직도 20대인데, 몸만 나이가 들어 책임져야 할 것이 많아지는 시기를 맞이했다. 친구들과 예쁘게 단장하고 핫한 장소를 찾아다니며 마음대로 살던 나는 온데간데없었다. 더 많아진 회사 일, 익숙하지 않은 집안일에 허덕이며 살다 보니 시간은 날개를 단 듯 빠르게 지나갔다. 며칠째 야근하고 몸도 마음도 피폐해진 어느 날, 웬 할아버지가 어깨를 툭 치며 "아줌마, 여기 어떻게 가요?"라고 물었다. 담담한 척하며 대답해 드렸지만 떨리는 동공은 어쩔 수가 없었다. 난생처음 듣는 아줌마 소리에 잠을 이룰 수 없었다. 내 마음은 아직 아줌마 소리를 들을 준비가 되지 않았나 보다. 평소에는 잊고 살지만, 가끔 내 나이를 깨우쳐 주는 현자 타임이 온다. 대학을 졸업할 때는 "무슨 일을 할 거니?", 회사에 다닐 때는 "결혼은 언제 할 거니?"라는 질문을 끊임없이 들었다. 질문에 대한 답을 찾고 나면 이렇게 허무한 순간이 따라오곤 했다. 꿈을 좇는 사람은 늙지 않는다던데 나는 현실을 좇았기 때문에 이렇게 된 걸까? 고민하는 이 순간에도 내 시간을 흘러가고 있었다. 정신이 번쩍 들었다. 비록 몸은 나이 들어 가지만 정신만큼은 나이 들며 살지 않겠다고 결심했다. 반짝이는 눈으로 이곳저곳 어디든 용감하게 떠나던 나를 다시 한번 찾기로 했다. 그러다 요즘 핫한, 젊음의 장소를 알게 됐다. 바로 강원도 양양의 '서피 비치'다. 바쁘다는 핑계로 갈까 말까 고민을 좀 했지만, 하루라도 늦게 가면 나이만 더 들겠지. 늘 가보고 싶었던 역동적인 강원도의 바닷가로 떠나는 것을 더는 미루지 않기로 했다. 눈부신 오늘, 내 인생의 가장 젊은 날이다.

✔ 추천 코스 한눈에 보기

❶ 서피 비치
자동차 ① 서울역에서 올림픽대로 18.5km → ② 서울양양 고속도로 150.9km → ③ 동해 고속도로(삼척-속초) 11km (약 3시간 소요)

대중교통 ① KTX 서울역에서 강릉역 하차 후 도보 24m → ② 강릉역 건너편 버스 233번 승차 → ③ 강릉 시외고속 터미널 하차 후 도보 134m → ④ 강릉 시외버스 터미널에서 시외버스 승차 후 하조대 정류소 하차 → ⑤ 도보 1.6km (약 4시간 30분 소요)

❷ 논골담길
자동차 ① 서피 비치에서 동해대로 2.8km → ② 동해 고속도로(삼척-속초) 70.2km → ③ 발한로 3.4km (약 1시간 소요)

대중교통 ① 서피 비치에서 강릉 시외버스 터미널로 이동 → ② 시외버스 승차 후 동해시 종합버스 터미널 하차 → ③ 택시 이동 추천 (약 2시간 30분 소요)

①

COURSE 01
★현지인 추천★

나의 가장 젊은 날 '오늘'을 즐기기
서피 비치

    야자수 아래 시원한 옷차림을 한 남녀가 맥주를 들고 있고 몇몇은 서핑을 즐기는 사진을 본 적이 있을 것이다. 대부분은 동남아 휴양지이거나 캘리포니아의 강한 햇살 아래 휴가를 즐기고 있는 사람들의 사진일 것이다. 그런데 이곳, 양양에서 사신을 찍으면 외국에 있는 듯한 특이한 느낌이 난다. '휴가'보다는 '바캉스'라는 말이 어울리는 곳, 독특하고 젊은 분위기를 내뿜는 이곳은 이름도 이국적인 '서피 비치'다.

    이렇게 아름다운 해변이 최근에 알려지게 된 이유는 40년 만에 개방된 프라이빗 비치이

① 모래사장 위에 노란색으로 'SURFYYBEACH'라고 쓰인 표지판은 이미 너무나도 유명해졌다.
② 서피 비치의 입구는 이국적인 분위기를 자아내 동남아 휴양지에 온 듯한 기분을 들게 한다.
③ 나무를 엮어 만든 파라솔이 외국의 바닷가 같은 느낌을 더한다.

기 때문이다. 이름 그대로 서퍼들을 위한 전용 해변으로, 해수욕을 할 수 있는 장소는 아니다. 이 장소는 강원도에서 신혼 시절을 보낸 지인이 추천해 주었다. 그녀는 이미 손녀까지 본 할머니이지만 개방적이고 진취적인 사고방식은 20대 뺨치는 힙스터다. 당당하고 즐겁게 젊은 인생을 사는 그녀는 항상 이곳에서 살던 때가 가장 행복했다고 말하곤 했다. 마음이 답답하면 바닷가로 달려가 마음껏 발을 담그고 모래사장을 달리며 스트레스를 날려 버렸다고 한다. 서피 비치에 도착하자마자 왜 이곳을 추천했는지 알 수 있었다.

중광정 해수욕장에 있는 서피 비치는 그 입구부터 힙하다. 열대에서 나는 나무로 엮어 만든 입구부터 휴양지의 향기가 물씬 풍겨 나온다. 모래사장으로 들어오자마자 새로운 분위기의 바닷가가 펼쳐졌다. 모래사장에는 서핑 보드가 나란히 줄지어 있고 햇볕에 검게 그은 서퍼들이 보드를 옆구리에 끼고는 푸른 바닷가로 달려나가고 있었다. 사람들은 야자수 파라

④ 서피 비치는 서핑 전용 해변이라 서핑 샵도 있고 서핑을 배우는 사람들로 언제나 북적인다.
⑤ 서핑 보드 대여소 앞, 바닷가를 담고 있는 거울
⑥ 고운 모래밭 너머로 파도가 넘실대고 있다.
⑦ 서피 비치의 파도가 서핑을 배워보라며 손짓하는 듯하다.

솔 아래에서 멋진 감성 사진을 남기고 있었고, 선글라스를 낀 무리는 라운지에서 피자와 시원한 맥주를 마시고 있었다. 여기는 완벽한 휴가를 위해 새로 태어난 젊은 해변이었다. 나도 새하얀 모래 위에 앉아서 젊음을 느끼고 있었다. 시원한 바닷바람이 살랑살랑 불어오고, 저 멀리 바다 위에 유유히 앉아 있는 서퍼들의 자유로운 모습이 푸르른 하늘 아래 반짝이고 있었다. 다음에는 운동을 열심히 해서 구릿빛 피부가 되어 오겠다고 마음먹었다. 그때는 꼭 서핑 보드 위에서 바다를 온몸으로 느끼리라.

INFO 주소 강원도 양양군 현북면 하조대해안길 119 문의 033-672-0695 운영 시간 09:00~20:00(일몰 시간에 따라 유동적) 휴무 연중무휴 ※ 서피 비치 이용 안내 ① 수영 금지 : 서피 비치는 서핑 전용 해변으로 물놀이, 수영, 스노클링 불가 ② 흡연 금지 ③ 쓰레기 투기 금지 ④ 저녁 8시 이후 보호자 동반과 상관없이 미성년자 입장 금지 ⑤ 미숭인 상업 촬영 금지

TIP 서피 패스(해변 유료 편의시설 이용권)
금액 1인 기준 10,000원 (맥주 또는 5,000원 미만의 음료권 포함) 판매처 서피 비치 프런트 데스크 펍 & 라운지 편의 시설 칠링 존, 해먹 존, 선베드, 파라솔, 샤워 시설, 물품 보관소(계절에 따라 변동 가능) ※ 서피 패스 유의 사항 ① 서핑 강습 및 보드 대여 고객은 서피 패스 구매와 상관없이 모든 시설 이용이 가능 ② 서피 패스 구역 및 라운지 구역에서는 모래 놀이, 돗자리, 캠핑 의자, 그늘막 등의 개인 피크닉 제품 설치 불가 ③ 서피 패스 & 라운지 구역은 편의 시설 공간으로 외부음식 식음 불가 ④ 공휴일 및 성수기 시즌에는 공간 한계에 따라 만석 시 판매가 불가할 수도 있음

COURSE 02 현지인 추천

바다 마을 이야기가 담긴 골목 걸어보기
논골담길

　1960~1970년대에는 유행의 첨단 도시, 술과 바람의 도시라고 불리며, 동해안의 제1 무역항으로 전성기를 누렸던 묵호항. 이곳은 명태와 오징어 등의 어획량이 풍부해 사람들이 항상 북적이는 곳이었다. 이 화려했던 묵호항은 1980년대에 들어서 동해항이 국제 무역항으로 성장하며 조금씩 쇠퇴의 길로 들어서게 되었다. 그러나 2010년부터 묵호 등대 마을에 '논골담길'이라는 벽화 골목을 조성하며 묵호만의 특색을 담아낸 문화 마을로 다시 태어났다.

　논골담길은 강원도에 살던 분이 추천해 준 또 다른 여행지다. 논골담길의 끝까지 오르면 검푸른빛을 띤 묵호 바다와 마을의 모습이 아름답게 펼쳐질 것이라고 하셨다. 논골담길이 있는 묵호진동은 어부들이 사는 동네로, 산비탈에 블록으로 벽을 쌓고 판자와 양철 등으로 지붕을 올린 판잣집들이 가득 들어서 있었다. 밤에 외항선이 묵호항에 돌아오면 산비탈을 따라 반짝이는 판자촌의 불빛이 마치 고층 빌딩처럼 보였다고 한다. 네 갈래로 나뉜 논골담길이 모이는 꼭대기에는 묵호 등대가 바다를 바라보며 우뚝 솟아 있다. 길목마다 다양한 테

① 바닷가 사람들의 이야기가 가득한 논골담길의 입구, 등대오름길

①

② 논골담길을 오르다 보면 재미있는 스토리가 가득한 벽화를 만날 수 있다.
③ 오르기 힘든 계단도 다이어트라고 생각하며 걸으면 가뿐히 오를 수 있다.
④ 묵호항에서 많이 잡혔던 오징어를 판매하던 논골 주막을 벽화로 그려 놓았다.
⑤ 일할 때 장화를 필수로 여겼던 바닷마을 사람들의 장화에 대한 애정을 표현하였다.
⑥ 돌길 하나하나에도 우리들의 얼굴이 새겨져 있다.
⑦ 벽화가 가득한 논골담길 담화 마을의 모습

⑧ 논골담길 정상에 오르면 묵호항과 묵호마을의 전경을 한눈에 볼 수 있다.

마로 아기자기하게 꾸며졌고, 묵호의 이야기가 담긴 벽화들과 옛 추억을 불러일으키는 테마 상점들로 채워져 있어 논골담길만의 매력을 느낄 수 있다. 지금도 높은 언덕길을 따라 올라가면 층층이 쌓인 판잣집이 독특하고도 아름다운 분위기를 뿜어내며 옛 모습을 보여주고 있다. 골목골목 들여다

보며 미로 속을 거닐다 보면 어느새 묵호 등대에 도착해 있을 것이다. 묵호 등대에서 '검은 바다' 묵호항을 바라보고 바람의 언덕 방향으로 내려오면, 논골담길이 만들어진 이유를 알 수 있을 것이다. 이곳은 묵호항의 역사가 길을 따라 전시 중이고, 전망대와 휴식을 취할 수 있는 카페가 자리하고 있다. 바다를 향해 난 전망대에서 막힘없이 펼쳐진 바다를 마음껏 바라볼 수 있다. 언덕의 끝자락에는 어머니가 어린아이를 등에 업고 걱정스러운 얼굴로 바다를 바라보는 동상이 있다. 바다에 나가 돌아오지 않는 남편을 기다리는 가족의 애달픈 모습이라고 한다. 옛 어촌 사람들의 삶이 동해의 시원한 바람에 실려 논골담길에 불어오고 있었다.

⑧ 가장 높은 곳에서 검은 바다 묵호를 바라보고 있는 묵호 등대의 모습

과거의 전성기를 마무리하고 새로운 문화 공간으로 다시 움트고 있는 논골담길. 사람의 인생과도 비슷하다. 마음과 열정이 넘쳐 흐를 만큼 뜨거웠던 젊은 날을 지나, 다시 한 번 가슴 뛰는 아름다운 삶을 찾기 위해 노력하는 우리와 꼭 닮은 길이다. 옛 마을의 향수를 느낄 수 있는 묵호동 논골담길. 그곳은 오랜 역사와 문화가 만나 새로움이 탄생하는 곳이다.

⑩ 문화마을 논골담길을 상징하는 곳. 바람의 언덕 전망대 가는 길

바람의 언덕

바람 앞에 내어준 삶
아비와 남편 삼킨 바람은
다시 묵호 언덕으로 불어와

꾸둑꾸둑 오징어 명태를 말린다
남은 이들을 살려낸다
그들에게 바람은 삶이며 죽음이며
더 나은 삶을 꿈꾸는 간절한 바람이다.

- 벽화에 쓰인 시

 주소 강원도 동해시 논골1길2 **문의** 033-530-2231

인생샷 포인트

POINT 01 서피 비치를 표현하는 가장 대표적인 상징물을 배경으로!
서피 비치 로고 앞

푸르른 하늘 아래 흰 백사장, 그리고 가운데에는 태양 빛의 표지판이 있다. 서피 비치를 표현하는 가장 대표적인 상징물인데, 많은 사람이 이 앞에서 인증 사진을 찍기 위해 줄을 서 있었다. 최근 역주행으로 인기를 얻고 있는 브레이브 걸스가 이곳에서 뮤직비디오를 촬영해서 더 유명해지기도 했다. 전체 샷을 찍어도, 알파벳 하나와 찍어도 핫한 배경이 되는 이곳 로고 앞에서 기념 샷을 남겨 보자.

POINT 02 동화에 나올 듯 비현실적인 곳
BTS 버스 정류장

BTS의 앨범 재킷의 사진으로 사용되었던 배경인 만큼 매력적인 분위기가 넘치는 장소이다.
하늘과 바다. 그리고 파도까지 모두 담기는 바다의 버스 정류장 안에서 멤버들이 앉았던 자리에서 포즈를 취하며 제8의 멤버가 되어 사진을 찍어 보자.

HIDDEN TIP

TIP 1   함께하면 좋은 여행지

날이 좋아서, 날이 좋지 않아서
드라마 <도깨비> 촬영지

주문진 근처에 있는 영진 해변의 방파제는 많은 사람이 찾아오고 있다. 한때 그의 신부가 되는 것을 바랄 만큼 로맨틱한 도깨비가 주인공인 드라마 <도깨비>에 등장한 장소이기 때문이다. 하얀 파도가 세차게 부서지는 방파제는 드라마 속에서 두 사람이 서 있던 아름다운 모습으로 하늘을 등지고 있었다. 비록 나의 도깨비님은 함께 오지 못했지만, 날이 좋아서 혼자서도 외롭지 않았다.

주소 강원도 강릉시 주문진읍 교항리 81-32(해안로 1609)

봄날이 올 때까지
BTS 버스 정류장

주문진 향호 해변에는 유명한 버스 정류장이 있다. '로맨틱 비치'라고도 불리는 이곳에는 전 세계를 뜨겁게 달구고 있는 아이돌 그룹 BTS의 앨범 재킷과 뮤직비디오를 찍었던 장소가 있다. 인생에서 가장 빛나는 나날을 보내고 있는 그들의 앨범에 실린 버스 정류장은 아름다운 바닷가를 담고 있다. BTS의 팬이든 아니든, 한 번쯤 와 볼 만큼 멋진 풍경을 지닌 장소이다.

주소 강원도 강릉시 주문진읍 향호리 8-55

TIP 2   추천 맛집

논골담길   묵호 등대 펜션 (등대 카페)

묵호항과 논골담길이 한눈에 내려다보이는 뷰 맛집이다. 내부에는 다양한 차와 디저트류가 있으며 논골담길의 기념품도 판매하고 있다. 바다 마을에 어울리는 아기자기한 카페로, 펜션도 겸하고 있다. 컵 홀더에는 '까맣게 잊은 기억들이 배회하는 바다'라는 감성적인 글귀가 쓰여 있다.

주소 강원도 동해시 등대오름길 34-3   **문의** 033-531-6777   **운영시간** 부정기
휴무 부정기   **가격** 아메리카노 4,000원, 수제 레몬차·자몽차 4,500원

주문진   도마 회 좌판

주문진 수산 시장 내의 회 전문점. 곁들임 음식이나 반찬보다 회 그 자체에 집중하는 집이다. 할머니와 할아버지 두 분이 오붓하게 운영한다. 회의 식감이 쫀쫀하고 신선해서 자체의 맛을 즐기는 분들이 가면 좋은 곳이다.

주소 강원도 강릉시 주문진읍 해안로 1769-1   **문의** 033-662-8999   **운영시간** 부정기
휴무 부정기   **가격** 모듬회(소) 60,000원, (중) 80,000원, (대) 100,000원

충북 충주

자연을 벗 삼아 즐기는 낭만 여행
충주호, 수주팔봉 캠핑

어릴 적, 가족끼리 캠핑한 기억이 있다. 강가에 텐트를 치고 고기를 구워 먹고 물놀이를 했다. 밤이 되어 부모님은 텐트 밖에서 맥주 한 잔에 도란도란 이야기를 나누었고, 그 목소리를 들으며 잠들었던 기억이 있다. 재미도 있었지만 비가 많이 와서 텐트를 철수하고 돌아간 적도 있고, 거미가 들어와 한바탕 호들갑을 떨기도 했었다. 그런 기억이 있어서 그런지 어른이 되어 여행을 가면 캠핑 대신 푹신한 침대가 있는 호텔을 선호했다. 몇 년 전부터 SNS나 미디어에서 캠핑이 유행하자, 어른이 된 이후 첫 캠핑을 가보기로 했다. 고르고 고른 여행지는 아름다운 캠핑 장소가 많다는 충주다. 우리는 이곳에서 쏟아지는 별들을 보면서 자연 ASMR인 물소리 벌레 소리를 들으며 평온하게 잠이 들었다. 아름다운 별이 쏟아지는 밤의 추억은 아직도 잊을 수가 없다. 캠핑하러 간다는 것은 상쾌한 공기를 마시며 맛있는 음식을 만들어 먹고, 화장실은 무서우니까 함께 가고, 밤새도록 수다를 떨다가 별을 보며 잠이 드는 어른의 소꿉놀이인 것 같다. 풀벌레 소리 외에는 아무런 소리도 들리지 않는 호숫가의 야외 취침. 아름다운 자연 속에서 별이 쏟아지는 밤을 온몸으로 느껴 보자.

✔ **추천 코스 한눈에 보기**

❶ 충주호 캠핑

자동차 ① 서울역에서 경부 고속도로 27.5km → ② 영동 고속도로 46.6km → ③ 중부내륙 고속도로 26.7km → ④ 충주호 (약 2시간 20분 소요)

❷ 수주팔봉 캠핑

자동차 ① 서울역에서 경부 고속도로 27.5km → ② 영동 고속도로 46.6km → ③ 중부내륙 고속도로 43.3km → ④ 수주팔봉 (약 2시간 15분 소요)

※ 캠핑 여행이라 자동차 이동 추천

COURSE 01
하늘이 담긴 호수에서 버킷 리스트 생각해 보기 —
충주호 캠핑

캠핑을 떠날 장소를 찾다가 유난히도 예쁜 캠핑장 사진을 보게 되었다. 한국에 이렇게 아름다운 곳이 있나 싶을 정도로 예뻤다. 푸른 나무들 사이로 탁 트인 호수가 융단처럼 펼쳐진 충주호의 캠핑장이었다. 충주호는 1985년에 계곡 사이에 충주댐을 만들어 조성된 인공 호수로, 육지 속의 바다로 불릴 만큼 담수량이 많다. 깊은 산속에 보석처럼 빛나는 이 호수는 주변 광경이 아름답기로 유명하다. 충주 호반길을 따라 드라이브를 하다 보면 이곳이 한국인지 유럽의 산길인지 모를 정도로 이국적인 풍경을 볼 수 있다. 호수 주변으로 가득 찬 녹음 속에 들어오면 주변이 고요해지고 평화로운 기분에 휩싸일 것이다.

①

우리는 자연이 주는 평온함에 취해 호숫가에 앉아서 버킷 리스트에 관해 이야기를 나눴다. 꼭 이루고 싶은 것 중에는 여행책을 완성하는 것도 포함되어 있었다. 그동안 바쁘게 사느라 나누지 못했던 마음속 이야기들을 털어 놓기에도 완벽한 장소였다. 왜냐하면, 이곳은 오직 둘만이 있을 수 있고 시간이 천천히 흐르는 장소이기 때문이다. 이루고 싶은 버킷 리스트가 많은 나와는 달리 그의 버킷 리스트는 하나였다. 내가 이루는 버킷 리스트들을 옆에서 지켜보는 것.

충주호는 비가 오는 봄날에도, 춥고 낙엽이 진 초겨울에도, 뜨거운 태양이 내리쬐는 여름날에도 그 아름다움이 바래지 않는 캠핑 장소다. 우리는 계절이 지날 때마다 그 모습이 그리워 몇 번이고 다시 찾게 되었다. 여기서는 아무것도 하지 않고 멍하니 몇 시간이고 바라보는 '물멍'을 할 것을 추천한다. 생각할 시간이 필요할 때, 생각을 정리할 때 호수를 보

① 눈부신 태양이 내리쬐는 충주호의 아름다운 풍경
② 호숫가에 차박을 준비하는 모습. 열심히 준비한 캠핑용품들이 빛을 발할 때다.
③ 충주호를 배경으로 감성 캠핑 준비 끝!

④ 충주호가 보이는 캠핑장에서 사진을 찍으면 마치 유럽의 숲속에 온 듯한 착각이 든다.
⑤ 아기자기한 예쁜 소품은 캠핑을 더 즐겁고 감성적으로 만들어 줄 것이다.
⑥ 고요한 호수를 바라보며 커피 한 잔의 여유를 가져 보자.

고 있으면 답이 하나하나 수면 위로 떠 오를 것이다.

밤새도록 이야기를 나누다가 새벽에 밖으로 나가 바라본 하늘은 놀랍도록 아름다웠다. 마치 은하수가 펼쳐진 듯 밤하늘에 흩뿌려진 별들을 바라보며 행복을 느꼈다. 이곳은 사랑할 수 밖에 없는 요소가 가득한 장소다. 또한, 감성이 몽글몽글 피어나는 장소를 내 손으로 하나하나 꾸밀 수 있는 것도 캠핑의 매력이 아닐 수 없다. 사시사철이 아름다운 충주호에 둘러싸여 안온한 휴식을 취해 보자.

 주소 충북 충주시 동량면 함암리 361

추천 캠핑장 ① **청풍 호반 오토캠핑장** | 오토캠핑장, 독채, 수영장 등이 갖춰졌다.   **주소** 충북 제천시 청풍면 용곡길 211번길 2   **문의** 0507-1416-7170 ② **충주호 캠핑 월드** | 글램핑과 오토캠핑장, 일반 캠핑장을 사용할 수 있다.   **주소** 충북 충주시 동량면 호반로 696-1   **문의** 0507-1418-7781 ※ 이 외에도 충주호 근처에는 캠핑장이 많다. 본인이 원하는 금액대와 취향에 맞게 선택해 보자.

COURSE 02

폭포 소리를 배경음악 삼아 야영하기
수주팔봉 캠핑

    고고한 선비의 갓처럼 화려하게 선 두 봉우리, 그 사이에 출렁다리가 가느다란 실처럼 이어진 수주팔봉 위에서 내려보는 팔봉마을은 절경 그 자체다. 수주팔봉은 신선과 학들이 뾰족한 봉우리 위로 노닐 것만 같은 신비한 경치를 자랑한다. 이곳에 전해오는 이야기가 하나 있다. 어느 날 철종이 꿈을 꾸었는데, 8개의 봉우리가 비치는 물가에 발을 담그고 신선처럼 노니는 내용이었다. 꿈에서 깬 철종은 꿈속의 장소를 찾아 궁궐을 나섰고, 달천을 거슬러 올라 바로 그 장소를 찾았다고 한다. 그곳이 바로 '우뚝 솟은 8개의 봉우리 - 수주팔봉'이라고 한다. 달천을 따라 길게 늘어선 선암봉은 송곳 바위, 중 바위, 칼 바위 등 각각 이름도 있다. 이들은 병풍처럼 넓고도 아름답게 펼쳐져 있다.

    출렁다리를 지나 수주팔봉이 가장 아름답게 보이는 풍경 포인트까지 올라가자, 달천이 푸른 리본처럼 팔봉 서원과 마을을 휘돌아 감는 모습을 볼 수 있었다. 그림 같은 풍경을 보자 힘들게 여기까지 올라온 것이 하나도 아깝지 않았다. 15분 정도만 오르면 되는 곳이니

① 수주팔봉으로 올라가는 계단. 아찔한 출렁다리의 모습이 보인다.

② 사진 찍기 좋은 수주팔봉. 사진 포인트까지 오르면 부채꼴로 펼쳐진 수주팔봉 캠핑장과 팔봉마을이 보인다.
③, ④ 수주팔봉이 자랑하는 아름다운 전망 포인트에서 한 컷!
⑤ 팔봉마을을 감싸고 있는 달천의 모습이 마치 리본 같았다. 아름다운 풍경을 놓치고 싶지 않아 함께 사진을 남겼다.

꼭 오르기를 추천한다. 반대편 수주팔봉 캠핑장으로 가면 우리가 올라갔던 수주팔봉의 전경을 바라볼 수 있다. 정면에서 바라보면 시원하게 떨어지는 팔봉폭포를 볼 수 있는데, 오가천의 물길을 막아 인공으로 만든 폭포라고 한다. 반대편에서 다리를 바라보니 더욱 아름답고 신비했다.

⑥ 송곳 바위, 중 바위, 칼 바위 등 창검처럼 세워진 날카로운 바위들이 수직 절벽을 이루어 우리에게 멋진 풍경을 선물해 준다.

달천은 전 구간이 상수원 보호 구역으로 지정되어 취사와 야영을 할 수 없다. 유일하게 팔봉교 아래 일부 구간이 개방되어 수주팔봉의 운치와 달천의 시원한 물줄기를 즐길 수 있다. 여름 한정으로 팔봉마을에서 캠핑장으로 꾸미고 관리하는데, 물가의 백사장과 자갈밭이 그대로 캠핑장이 되고 아무 곳이나 마음에 드는 자리를 골라 텐트를 치면 된다. 화장실만 있을 뿐 샤워장과 개수대 같은 편의 시설이 없어 불편하지만, 고요히 흘러가는 달천을 바라보며 소박하고 너른 마음을 닮고, 수주팔봉을 바라보며 당당함을 배우는 멋진 캠핑장이다.

캠핑을 온 사람들이 수주팔봉을 바라보며 휴식을 취하고 있고, 얕은 달천에 다리를 담그고 물놀이를 하는 어린이들의 웃음 소리가 들려온다. 달콤한 강물 위의 윤슬에 눈이 부시고 따뜻한 공기가 바람을 타고 와 마음을 평온하게 해 주었다. 우리는 시원한 폭포 소리를 들으며 얕은 낮잠에 들었다. 캠핑을 와서 가장 행복한 순간은, 준비한 짐을 풀고 아무 데나 드러누워 땀을 식히며 휴식을 취할 때다. 어느새 시끄러운 소리도 고민도 모두 사라져 강물이 흐르는 소리만 들려오는 평화로운 오후, 아무 대화가 없어도 서로를 느낄 수 있었다. 따뜻한 햇살에 이끌려 잔잔히 흐르고 있는 강물에 조심스레 발을 담가 보았다. 수주팔봉의 아름다운 봉우리를 바라보며 휴식과 충전의 시간을 가졌다.

 INFO **주소** 충북 충주시 살미면 토계리 산 5-1

추천 캠핑장 ① **수주팔봉 캠핑장** | 노지 캠핑 장소. 차박, 캠핑 모두 가능하며 하루 최대 120대 차량만 출입할 수 있다. **주소** 충북 충주시 대소원면 문주리 **문의** 043-850-6723 ② **팔봉 글램핑** | 수주팔봉 전경이 한눈에 보이며 바베큐 시설을 대여해준다. **주소** 충북 충주시 대소원면 팔봉향산길 17 **문의** 043-855-8085

인생샷 포인트

POINT 01 유럽이라고 해도 믿을 캠핑
충주호 캠핑장

봄, 여름, 가을, 겨울 언제 찾아가도 빛나는 얼굴로 포근하게 맞아 주는 충주호. 어디를 배경으로 사진을 찍어도 아름답게 나온다. 사람도 주인공, 배경도 주인공이 되는 곳이다. 예쁜 캠핑 소품들과 식탁보만 있다면 감성 사진을 남길 수 있을 것이다. 특색 있는 소품들을 준비해서 예쁜 소꿉놀이를 해 보자.

POINT 02 드라마 <빈센조> 촬영지
수주팔봉 캠핑장

절경으로 소문난 수주팔봉은 드라마 <빈센조>의 촬영지로도 유명하다. 남녀 주인공이 수주팔봉 출렁다리가 정면으로 보이는 수주팔봉 캠핑장에서 앉아서 중요한 대사를 나눴다. 주인공이 앉았던 그 자리에 앉아 같은 자세로 사진을 남겨 보자.

HIDDEN TIP

TIP 1 — 캠핑 가서 뭘 하고 놀까?

1. 별을 보며 서로의 버킷 리스트를 얘기해 보기

새벽에 잠시 밖에 나가 보면 눈앞에 별이 쏟아질 듯한 밤 하늘이 펼쳐질 것이다. 도시에서는 볼 수 없던 아름다운 밤 하늘을 바라보며 서로가 꼭 이루고 싶었던 버킷 리스트를 이야기해 보자.

2. 영화 보기

서로가 좋아하는 영화를 준비해서 따듯한 차와 간식을 먹으며 영화를 보자. 달달한 로맨스 영화, 또는 캠핑하는 내내 혼자서는 화장실을 못 갈 정도로 무서운 영화를 추천한다. 캠핑 사이트 간격이 좁아 옆 사람들이 신경 쓰이면 이어폰을 준비하는 것도 좋겠다.

3. 게임하기

자연 속에서 보드게임을 통해 재미있는 시간을 가져 보자. 어릴 적 많이 하던 부루마블이나 간단한 카드 게임, 할리갈리 등을 하다 보면 시간 가는 줄 모른다. 커플이라면 커플 젠가를 추천한다. 진 사람이 마지막 젠가에서 상대방의 질문에 솔직히 대답하는 식의 벌칙도 재미있다. 또한, 비대면 시대에 맞게 화상 통화를 통한 게임도 있다. 친구 또는 가족들과 화상 회의 앱을 통해 눈치 게임을 해서 가장 점수가 높은 사람에게 작은 상품을 주거나 오랜만에 그리운 얼굴들을 보며 수다를 떨어보는 것도 추천한다.

4. 야외 레스토랑 만들어 보기

냄새나 향이 진해 집에서 만들기 어려웠던 요리들을 자연 속에서 마음껏 만들어 보자. 자신 있는 요리를 선보이고, 밀키트를 준비해서 간편하게 레스토랑처럼 꾸며도 좋다. 선선한 바람을 맞으며 열심히 텐트를 친 후 먹는 음식은 그것이 무엇이든 꿀맛일 것이다. 풀벌레 소리를 들으며 새벽에 라면도 먹어 보고, 아침에 일어나 커피 한 잔의 여유를 즐겨 보자.

TIP 2 — 추천 맛집

야외 테이블에서 라면을 직접 끓여 먹을 수 있는
게으른 악어

충주호의 풍경을 바라보며 라면을 직접 끓여 먹을 수 있는 특이한 카페다. 브런치와 커피도 맛이 좋지만, 라면과 버너, 캠핑 냄비를 빌려서 야외 테이블에서 라면을 직접 끓여 먹을 수 있다.

주소 충북 충주시 살미면 월악로 927 **문의** 043-724-9009
운영시간 평일 10:00~19:00, 주말 09:00~20:00 **휴무** 연중무휴
가격 아메리카노 5,000원, DIY 라면 만들기-야외에서 끓여 먹는 감동 라면 4,000원, 공깃밥 1,500원, 김치 2,500원, 달걀 500원

전남 광양·여수

별이 쏟아지는 도시의 밤
구봉산 전망대,
광양-여수 야경 드라이브

광양에서 이순신 대교를 타고 묘도(고양이섬)을 지나면 바로 여수다. 광양과 여수는 마치 옆 동네처럼 가까이에 있지만 엄연히 행정구역이 다르다. 광양에서 여행을 준비할 때만 해도 야경에 대해서는 별로 기대하지 않았다. 아름다운 자연과 숲으로의 여행만을 생각하고 있었던 우리는 우연히도 보석 같은 여행지에 다다르게 되었다. 밤이 아름답다고 소문난 외국 여행지의 야경이 어느 정도 예측할 수 있는 풍경이라면, 이곳은 내가 상상하던 밤의 풍경이 아니었다. 우리가 알던 도시의 야경과는 180도 다른 분위기의 사이버틱한 밤이 있었다.

어릴 적엔 누구나 미래 도시를 상상해 본 적이 있을 것이다. 2020년에는 자동차가 하늘을 날아다니고, 우주 여행을 할 수도 있을 것이라 생각했다. 현실은 물론 그렇지 않지만 공상과학 영화에서 보았던 미래의 도시는 불야성처럼 반짝여 밤에도 낮처럼 눈부셨다. 우연히 이순신 대교를 지나가다가 보게 된 불기둥을 따라가다가 시작된 여수 야경 투어는 우리에게 잊지 못할 독특한 추억을 선물해 주었다. 순전히 야경을 보러 여수를 방문한다는 이야기도 들어본 적이 있다. 여수는 그 말이 틀리지 않았다는 것을 눈부시고 놀라운 방식으로 우리에게 증명하고 있었다. 만약 어린 날의 나처럼 미래 도시에 대한 로망이 있던 사람이라면 꼭 한번 들러보았으면 좋겠다. 땅에서 빛나는 별처럼, 광양과 여수의 밤은 분명히 낮보다 아름답다. 새로운 밤을 경험해 보고 싶다면 이곳으로 떠나 보자.

✔ 추천 코스 한눈에 보기

① 구봉산 전망대

자동차 ① 서울역에서 경부 고속도로 88.7km → ① 논산천안 고속도로 83.1km → ① 순천완주 고속도로 112.3km (약 4시간 15분 소요)

② 광양-여수 야경 드라이브

자동차 구봉산 전망대에서 아래 경로로 야간 드라이브를 추천한다.

① 구봉산 전망대 → ② 용장길 3.6km(포스코 광양제철소) → ③ 이순신 대로 8.8km(이순신대교-묘도) → ④ 여수산단로 5.1km(여수국가산업단지) (약 40분 소요)

COURSE 01

한국 야간 명소 100선 방문하기
구봉산 전망대

  광양이라는 지명은 '정오와 같이 햇볕이 잘 드는 남쪽의 양지'라는 뜻이라고 한다. 고려시대 때부터 불려온 따뜻한 의미가 있는 도시이다. 별이 좋은 낮의 광양이 눈부시다면, 해가 진 밤의 광양은 또 다른 의미로 눈부시다. 반짝이는 도시의 밤을 보기에 가장 좋은 장소는 바로 구봉산 전망대이다.

  구봉산 전망대는 한국관광공사에서 선정한 '2020 한국 야간 관광 100선'에 선정될 만큼 아름다운 야경을 볼 수 있는 곳이다. 고지대에 있지만 자동차로 쉽게 오를 수 있다. 구봉산은 해발 473m의 완만한 산으로, 바다에서 바라보면 용이 꿈틀거리거나 배가 대양을 향해 출항하는 모습을 띠고 있다고 한다. 구봉산 봉수대가 있는 전망대에 올라 아래를 내려다보면 하동, 남해, 여수, 순천시까지 모두 볼 수 있다. 화려한 조명을 자랑하는 광양만의 이순신 대교가 묘도까지 길게 이어져 있다. 임진왜란 중 노량 해전의 승전지인 광양만의 역사적인 의미를 기리기 위해 충무공 이순신 장군의 이름을 따서 지었다고 한다. 주탑

과 주탑 사이의 거리인 1,545m는 이순신 장군의 출생 연도인 1545년을 기념하기 위한 것이라고 한다. 마치 보석이 수 놓인 듯 눈부시게 반짝이는 여수국가산업단지의 불빛까지도 볼 수 있다. 정상에서 빛나는 메탈 아트 봉수대는 LED 조명을 이용해 매화꽃의 봉우리가 피어나는 모습을 형상화한 것으로, 광양의 빛과 생명력을 나타내고 있다고 한다. 녹이 슬수록 강해지는 특수강이 빛을 받아 벌어진 꽃잎들 사이로 광채가 뿜어져 나오고 있었다. 봉수대의 꽃잎 12장은 광양의 12개 읍면동을 상징한다고 한다.

우리는 말도 없이 어두운 밤바다와 불이 켜지기 시작한 도시의 모습을 바라보고 있었다. 바다 안개가 아스라이 도시를 감싸고 있고, 새빨간 눈을 가진 산업단지의 햇불은 어두운 밤을 태우고 있었다. 밤하늘은 검은색이어야 하는데 이곳은 빛과 어우러져 청회색을 띠고 있었다. 신기한 야

① 구봉산 전망대에서 내려다본 도시의 야경. 남해, 하동, 여수, 순천시까지 모두 보이며, 화려한 조명을 자랑하는 이순신 대교가 묘도까지 이어져 있다.
② 정상에서 빛나는 메탈 아트 봉수대의 모습. 매화꽃의 봉우리가 피어나는 모습을 형상화한 것으로, 12장의 꽃잎은 광양의 12개 읍면동을 상징한다.
③ 임진왜란 중 노량 해전의 승전지인 광양만의 역사적인 의미를 기리기 위해 충무공 이순신 장군의 이름을 따서 지어진 이순신 대교의 모습

경에 홀린 듯 전망대 이곳저곳을 다니며 여러 각도로 도시를 내려다보았다. 색색으로 빛나는 도시의 모습은 마치 보석 팔찌를 풀어놓은 듯해서, 예쁘다는 말이 입에서 계속 나오고 있었다. 늦은 밤에도 별이 내린 듯 불이 꺼지지 않는 구봉산 전망대의 밤은 화사하고도 눈부시다.

INFO 주소 전남 광양시 구봉산전망대길 155

①

COURSE 02
환상적인 야간 드라이브하며 눈부신 밤을 느껴 보기
광양 - 여수 야경 드라이브

우리는 벨벳 같이 부드러운 어둠이 내린 광양항에서 조명이 막 들어오기 시작한 이순신 대교를 바라보고 있었다. 그 크기와 화려함에서 눈을 떼지 못하던 찰나, 이순신 대교의 끝자락에서 횃불처럼 강렬하게 타오르는 불꽃을 발견했다. 그곳이 어떤 곳인지에 대한 호기심이 생겨 불꽃이 시작되는 곳을 찾아 드라이브하게 되었다. 광양만에 걸린 목걸이처럼 빛나는 이순신 대교를 지나 묘도로 들어간 우리는 깜짝 놀랄 만큼 반짝이는 빛의 도시를 만나게 된다. 푸르른 보석과도 같은 조명과 불이 뿜어 오르는 웅장한 철탑이 바다에 비친 모습은 장관을 이루고 있었다.

묘도 대교를 건너면 시작되는 이곳은 여수국가산업단지로 석유화학, 전기·전자, 금속, 정유업 등의 291개사가 입주하여 24시간 쉬지 않고 가동되고 있는 산업 지구다. 사진 찍는 사람들 사이에서는 숨겨진 출사 포인트라고 불릴 정도로 불빛이 별천지처럼 휘황찬란해 눈이 부실 지경이었다. 여수시로 들어오면 좀 더 가까이서 볼 수 있는데, 마치 영화 속으로 발을 들여놓은 듯한 착각이 들었다. 멀리서 불기둥을 바라보며 달려올 때는 영화 〈반지의 제왕〉의 악역인 사우론의 다크 타워 같다는 생각이 들었다. 불빛이 눈부신 단지 안으로 들어왔을 때는 영화 〈씬 시티〉의 흑백 도시 같아서 그 신비로운 모습에 감탄사가 절로 나왔다. 대낮처럼 밝고 화려한 조명에 둘러싸인 모습은 환상적이었고, 영화 속에서나 보았던 비현실적인 장면은 놀라움의 연속이었다. 산업 개발이 주목적인 지역이다 보니 인공적으로 깎아 만든 인조 보석처럼 영롱하게 빛나는 조명들 때문에 밤이 낮보다도 밝다는 느낌을 받았다. 멋진 야경을 많이 보았다고 자부하는 사람도 이곳에서 보는 야경에는 압도당할 것이다. 그렇지만 화학, 정유 공장 특유의 향이 나기도 하여 예민한 사람은 창문을 열지 않는 것을 추천한다.

과학과 산업의 힘으로 빛나고 있지만 별이 쏟아지는 바다 같은 야경은 아름답고도 특별하다고 느낄 것이다. 그곳은 한밤중에 더욱더 광채를 발하는 다이아몬드 시티였다. 끝없는 빛의 향연을 뒤로하고 이순신 대교를 타고 광양 시내로 돌아오자 다시 적막한 밤이 시작되었다.

① 묘도에서 보이는 여수국가산업단지의 전경. 새파랗게 빛나는 조명이 특징이다.
② 광양에서도 보이는 불기둥의 모습. 마치 영화에 나올 듯한 낮처럼 밝은 밤의 풍경을 볼 수 있다
③ 여수국가산업단지는 전기, 전자, 금속, 정유업 등의 291개 사가 입주하여 24시간 쉬지 않고 가동 중인 살아 있는 산업 지구다.

- **포스코 광양 제철소** | 주소 전남 광양시 금호동 포스코 광양 제철소 서문
- **이순신 대교** | 주소 전남 광양시 제철로 1655-250
- **여수 GS칼텍스 제2공장** | 주소 전남 여수시 중흥동 여수 GS칼텍스 제2공장 정문

인생샷 포인트

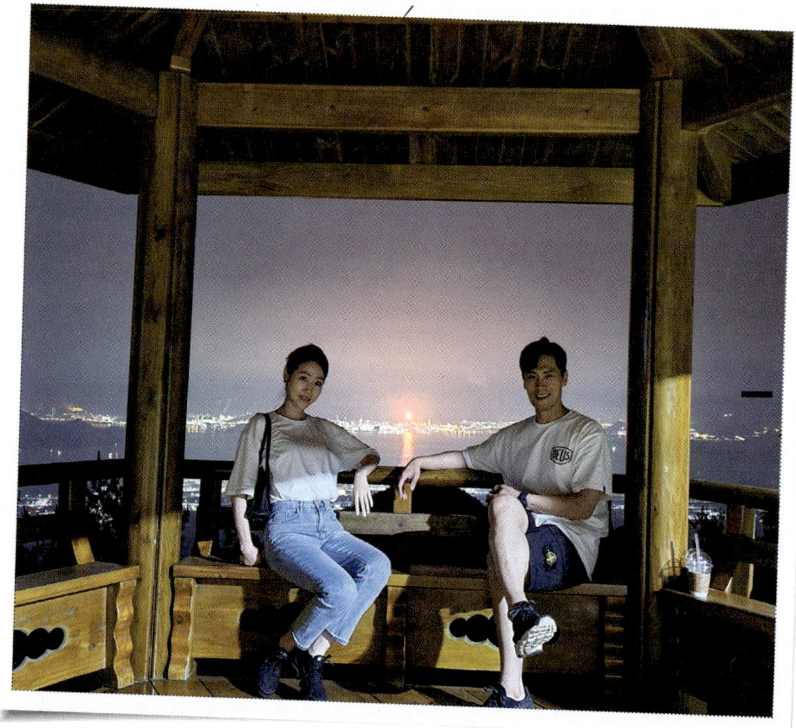

POINT 01

아름다운 밤의 광양만이 한눈에 보이는 곳

구봉산 전망대

구봉산 전망대에 도착하면 주차를 하고 봉화대까지 걸어 올라가야 하는데, 올라가는 길목에 팔각정이 있다. 팔각정에 앉아서 사진을 찍으면 아름다운 광양과 여수 시내까지 모두 담을 수 있다. 여수국가산업단지에서 뿜어나오는 불의 기둥이 행정구역이 다른 광양에서도 선명하게 보이며, 횃불처럼 눈부시다. 이 불빛으로 인해 검은색 밤이 아닌 푸른색과 회색이 섞인 오묘한 색상의 밤하늘을 볼 수 있으며, 보석이 수놓인 듯한 야경은 잊지 못할 추억을 선사해 줄 것이다.

HIDDEN TIP

TIP 1 · 함께하면 좋은 여행지

바람도 솔솔, 향기도 솔솔 **하동 송림 공원**

야경을 보러 가기 전, 구봉산 전망대에서 30분 거리에 있는 하동 송림 공원에 들렀다. 이곳은 시민들에게 완벽한 휴식 공간이었다. 섬진강의 물결을 따라 울창한 소나무숲 산책로에 들어서면 향긋한 솔향기가 코를 간지럽힌다. 1745년 강바람과 모래바람의 피해를 막기 위한 목적으로 섬진강 변에 조성한 소나무숲 산책로에는 현재 최소 200년 이상 된 소나무 약 700여 그루가 자라고 있다고 한다. 송림 공원 앞으로 넓은 백사장이 펼쳐진 섬진강의 풍경도 매우 아름답다. 우리는 바닥에 가득한 솔방울을 모아 서로의 이름을 만들며 사진을 남겨 보았다. 유유히 흘러가는 강물을 따라 향긋한 소나무 향을 맡으며 산림욕을 즐길 수 있다.

주소 경남 하동군 하동읍 광평리 440-5　**문의** 055-880-2473

TIP 2 · 추천 맛집

 광양에 왔다면 광양 불고기를 맛봐야지
금정 광양 불고기

백운산 참숯에 불고기를 구워주는 광양식 양념 불고기 전문점이다. 불고기용으로 얇게 썬 소고기에 깔끔한 양념을 해 육즙이 살아 있는 맛이 좋은 불고깃집이다. 부드럽고 맛이 진한 광양 불고기(부챗살)를 추천한다. 식사 시간에 딱 맞춰서 가면 기다려야 할 수도 있다.

주소 전남 광양시 시청로 27　**문의** 0507-1394-3009
운영시간 12:00~21:00　**휴무** 부정기
가격 광양 불고기(부챗살 180g) 17,000원, 한우 광양 불고기(등심 150g) 23,000원, 광양 불고기(갈빗살 150g) 20,000원

제주

운치있는 비 오는 날의 제주
소천지, 보목마을

어느 해 초여름, 제주도에서 한 달 살기를 한 적이 있었다. 그날은 남편이 일 때문에 서울로 가고 나 혼자 집을 지키는 날이었는데, 밤이 되자 거센 폭풍이 몰려왔다. 천둥과 번개가 번갈아 치는 바람에 한밤중에도 창밖으로 바다가 보였다. 바다 위로 떨어지는 번개가 깊은 물길을 여러 갈래로 쪼개는 것만 같았다. 검은 바다는 거세게 흔들리며 소리쳐 울고 있었다. 무섭다기보다는 아름다운 밤이었는데, 잠이 오지 않아 밤새도록 잔잔한 음악을 틀어놓고 책을 읽었던 기억이 난다. 그리고 다음 날 구름 사이로 눈이 부시게 밝은 태양이 떠올랐다.

지난 밤의 제주도는 온데간데없고, 따듯한 햇살이 내리는 한낮에 남편이 제주도에 도착했다. 비바람이 매섭게 치는 어젯밤에 용감하게도 혼자서 잘 있었다는 이야기를 해줬는데, 서울은 아주 맑았다며 믿기지 않는다는 듯 크게 웃었다. 제주의 날씨는 이토록 신기하다. 아침에 비가 오다가 점심에는 해가 뜨겁고 저녁에는 차가운 바람이 불어온다. 이상하게도 제주도에 비가 오는 날에는 이런저런 생각에 잠들지 못했던 그 날 밤이 생각난다. 그날로부터 몇 년이나 지난 지금, 제주도에 도착하니 어느새 진한 비구름이 몰려와 있었다. 걱정스러운 얼굴로 우비를 찾고 있던 내 옆에 아무렇지도 않다는 듯 제주도 어르신들이 스쳐 지나갔다. 이곳에 사는 사람들에게 비 오는 날의 제주는 어떤 의미일까? 그리고 나에게는 어떤 의미일까?

 추천 코스 **한눈에 보기**

① **소천지**

자동차 ① 제주 국제공항 → ② 평화로 21.2km → ③ 중산간 서로 9.4km → ④ 중산간 서로 5.6km → ⑤ 소천지 (약 1시간 15분 소요)

 보목마을

자동차 ① 소천지에서 보목로64번길 1.1km → ② 섶섬지기 관광 안내소 & 카페 (약 5분 소요)

※ 제주 여행은 자동차 이동 추천

COURSE 01

제주의 하늘을 담고 있는 곳에 가보기

소천지

　서귀포시의 남쪽에 스쿠버다이빙의 명소로 떠오르는 '소천지'가 있다. 그곳에 가면 구릿빛 피부에 다이빙 장비를 들고 있는 사람들을 쉽게 볼 수 있다. 소천지까지 가는 길은 서귀포 앞바다를 끼고 있는 푸르른 숲길이다. 아침부터 날씨가 흐리더니 조금씩 빗방울이 떨어졌다. 이슬비를 만난 제주는 푸른 녹색을 띠고 진한 바다 향을 뿜어내고 있었다.

　표지판이 세워진 숲길 입구부터 소천지까지는 270m 정도로, 평탄한 산책로와 나무 덱으로 이루어져 있어 쉽게 다가갈 수 있다. 특히 전망대까지 이어지는 산책로는 걷기 편하게 바닥이 정리됐고 많이 알려지지 않아 소수의 관광객이 찾아오는 숨겨진 명소이다. 전망대에서 내려다보는 소천지는 사진 속에서 보던 백두산 천지의 모습을 많이 닮았다. 그 크기가 백두산보다는 작아서 소천지라는 이름이 붙었다고 한다. 우뚝 솟은 기암괴석 봉우리들 사이로 맑은 바닷물이 웅덩이처럼 담겨 있다. 썰물 때는 호수처럼 잔잔한 모습이지만, 밀물 때는 수위가 높아지고 파도가 바위를 거세게 때리며 소천지 안으로 밀고 들어오는 역동적인 모습을 볼 수 있다.

①

① 전망대에서 내려다본 소천지의 모습. 백두산 천지와 닮아 '작은 백두산'이라는 의미로 소천지라는 이름이 붙었다고 한다.
② 우뚝 솟은 기암괴석 봉우리 사이로 맑은 바닷물이 웅덩이처럼 담겨 있다. 맑은 날에는 한라산 봉우리가 비쳐 보인다고 한다.
③ 소천지 근처에는 화산 활동의 흔적으로 뾰족한 바윗돌들이 많아 발밑을 조심해야 한다.
④ 다채로운 모습의 봉우리들이 장관을 이룬 소천지의 모습

    소천지로 내려가면 아름다운 천지와 물속에서 유유히 헤엄치는 물고기들을 볼 수 있다. 맑은 날 찾아가면 마치 투명한 거울처럼 한라산 봉우리가 소천지에 비쳐 보이는 경관을 볼 수 있다. 소천지 근처의 바위는 뾰족뾰족하고 가파른 곳들이 있어서 운동화나 걷기 편한 신발을 신어야 하고, 수위가 높아지는 때와 비가 많이 오는 날은 안전에 유의해야한다.
    소천지는 우리가 제주도에 머물렀을 때 자주 걷던 길이다. 상큼한 소나무 향과 함께 짭잘한 바다 냄새가 풍겨오는 이 길을 따라 바닷가로 내려가곤 했다. 어느 날은 소천지의 투명한 수면 위로 비친 한라산을 가까이에서 보려고 다가가다 그만 휴대폰을 떨어뜨렸다. '퐁당' 소리가 맑게 울려 퍼지면서 휴대폰은 수명을 다했다. 비명을 지르며 전화기를 건져냈더니 남편이 비싼 관광을 했다며 바보를 보는 듯한 눈으로 나를 바라보고 있었다. 씁쓸한 내 마음을 아는지 모르는지 멀리까지 이어진 지평선을 따라 아름답게 노을이 지고 있었다. 다시 찾은 이곳은 비구름에 싸여 조금은 어두운 하늘을 담고 있었다. 소천지는 마치 '오랜만에 돌아왔구나. 그리웠어.'라고 말하는 듯 잠잠한 수면 위로 우리의 얼굴을 비춰주었다.

INFO   **주소**   제주 서귀포시 보목동 1400

COURSE 02

제주의 귀여운 동자 섶섬지기 만나러 가기
보목마을

    한 달 살기를 하는 동안 우리는 제주도 보목동에 머물렀다. 숙소는 통유리로 되어 있어 감귤밭 너머로 마음껏 바닷가를 볼 수 있었고, 하루의 마무리는 해가 질 때 동네 산책하러 나가는 것이었다. 이곳은 제주도의 끝과 바다의 시작점이 만나는 아름다운 마을이었다. 소천지에서 구두미 포구까지 걸어가며 노을이 지평선을 물들이는 풍경, 해무가 일어 바다부터 자욱한 연기가 피어 오르는 모습, 관광객들이 잠시 머물렀다가 행복한 미소를 보여주고 떠나는 것을 매일 바라보았다. 이곳의 바다는 아득히 멀리까지 이어져 우리의 시야가 닿지 않는 곳으로 해를 집어삼켰다. 나는 이곳이 참 좋았다. 사람이 많지 않아서 좋았고, 조용하고 차분한 바닷가의 분위기가 좋았다. 혼자서 바닷가를 산책하는 것도, 육지로 일하러 떠난 남편을 기다리는 것도 나에게는 작은 행복이었다. 특히 이 마을에서 가장 마음에 들었던 장소는 섶섬지기들을 만날 수 있는 산책로로, 제주올레길 6코스에 숨어있는 나만의 비밀 장

① 용이 되고 싶었던 뱀이 죽으면서 낳은 알에서 태어났다는 섶섬 동자들의 모습이다. 기도를 드리면 소중한 것을 평생 지킬 수 있도록 도와준다는 설화가 전해온다.
② 섶섬이 바라보이는 곳에 있는 섶섬지기 관광 안내소와 카페의 모습
③ 섶섬지기 카페 입구에 해녀들의 고된 삶을 기리는 벽화가 그려져 있다.
④ 구두미 포구 너머로 무인도 섶섬이 보인다. 뱀이 또아리를 튼 듯 둥글게 쌓아 올려져 있다.

소였다. 그곳은 구두미 포구에서 섶섬과 마주 보고 있는 섶섬지기 관광 안내소 & 카페이다. 섶섬지기 카페를 따라 계단을 내려가면 구두미 포구에 닿는다. 배들이 쉬고 있는 작은 포구는 한적하고 고요해서 마음껏 섶섬과 바닷가를 구경할 수 있다. 입구에는 해녀들의 삶을 기리는 벽화와 10명의 섶섬 동자들이 나란히 늘어서 있는데 그 모습이 귀엽고도 기괴하여 눈길을 끈다. 전설에 따르면 먼 옛날 용이 되고 싶었던 뱀이 죽으면서 낳은 알이 섶섬 동자들이고, 그 뱀은 환생하여 섶섬지기가 되었다고 한다. 섶섬 동자들은 자세히 보면 얼굴이 모두 다르고, 그들 뒤로 거대한 무인도이자 어머니인 '섶섬'이 있다.

 제주도에 전해오는 설화 중에 섶섬을 향해 기도를 드리면 섶섬지기가 가장 소중히 여기는 것을 평생 지킬 수 있도록 도와준다는 이야기가 있었다. 한 달 살기를 마무리하고 제주를 떠나는 날, 섶섬지기에게 인사를 나눴다. 그리고 처음으로 소원을 빌었다. 당시 임신 중이던 나는 배 속의 아이가 건강하게 해달라고 기도를 했다. 그러나 기도는 이뤄지지 않았고, 바보 같은 나는 섶섬지기를 원망했다. 그 기억 때문인지, 여기에 다시 오기가 무서웠다. 그러나 앞으로 나가기 위해 다시 한 번 제대로 과거를 마주하고 싶었다. 3년이 지난 지금에서야 다시 한 번 섶섬지기 동자들을 만나러 이곳으로 돌아왔다. 어린아이의 두상처럼 작고

⑤ 용왕은 용이 되지 못한 뱀을 섶섬지기로 환생시켰다고 한다. 섶섬과 보목을 지키고 있는 거대한 무인도 섶섬의 모습이다.
⑥ 비가 그친 구두미 포구에 산책 나온 할아버지와 백구 위로 태양이 커튼처럼 내려왔다.

⑦ 이슬비가 그친 후 구름 사이로 비친 '천사의 계단'의 모습

　동그란 모습들이 그립고 보고 싶었다. 제주도를 떠나던 날과 변함없이 동그란 눈을 하고 나를 바라보고 있는 섶섬 동자에게 말을 걸었다. "왜 내 소원을 들어주지 않았니. 바라는 것은 단 하나였는데." 10명의 섶섬 동자는 아무런 대답이 없었고, 섶섬만이 무심하게 나를 내려다보고 있었다. 한참 이런저런 생각을 하다 보니 어느새 비가 그치고 구름 사이로 빛이 보였다. 이렇게 비가 내린 후 햇빛이 비치는 것을 천사의 계단이라고 부른다고 한다. 내가 미워했던 섶섬지기가 나에게 잠시 선물을 준 것이 아닐까 싶었다.
　이 아름답고 쓸쓸한 장소에서 나는 행복했고 또 슬펐다. 제주도에 사는 지인이 말해주었다. 비바람이 자주 불지만 이 또한 제주이고 이곳에 살아가는 나의 삶의 일부라고 말이다. 나에게 비 오는 제주의 의미는 다시는 돌아오지 못할 행복한 시절의 추억이다.

INFO　**주소** 제주 서귀포시 보목동 64번길 79

인생샷 포인트

POINT 01 11번째 섶섬 동자가 되어 보기
섶섬지기 관광 안내소 & 카페

섶섬지기 카페 입구에는 10명의 섶섬 동자들이 옹기종기 모여 있다. 마치 애니메이션 <원령 공주>에 나오는 숲속의 요정처럼 귀엽다. 그 옆에 앉아 사진을 찍으면 11번째 섶섬 동자가 될 수 있다. 위쪽 전망대에는 쇠로 만들어진 섶섬지기 조형물이 인자한 미소를 띠고 가슴 가득 섶섬을 안고 있다. 각도를 잘 맞춰서 사진을 찍으면 섶섬이 담긴 섶섬지기의 멋진 사진을 남길 수 있다.

POINT 02 전망대에서 소천지를 담아 보기
소천지

소천지 전망대에 오르면 백두산 천지를 닮은 소천지의 전경을 내려다볼 수 있다. 호수처럼 잔잔한 수면 위에 아름답게 비치는 하늘의 풍경을 담아 보자. 날씨가 맑은 날은 한라산까지도 담은 소천지의 사진을 찍을 수 있다고 한다.

HIDDEN TIP

TIP 1 함께하면 좋은 여행지

이색적인 자연 경관 속으로!
게우지코지

제주 올레길 6코스를 걷다 보면 섶섬을 지나 게우지코지를 만날 수 있다. 게우지코지는 시원하게 열린 바닷길과 제주의 푸르른 숲길을 함께 볼 수 있는 아름다운 곳이다. 전복의 내장 모양을 한 기암괴석 때문에 '게웃'(제주어로 전복 내장)이라 불린다. 게우지코지 바로 옆에는 커다란 암석이 2개 있다. 철새들이 쉬어 가는 곳이라 제주어로 새를 뜻하는 '생이'와 돌을 합쳐 생이돌이라 불린다. 서로 닮은 한 쌍의 바위는 먼바다로 고기잡이 떠난 아버지를 기다리는 어머니와 아들, 즉 모자 바위로 추정된다. 비 오는 날 게우지코지를 보러 가면 전복 내장 안으로 빗줄기가 세차게 떨어지는 절경을 볼 수 있다. **주소** 제주 서귀포시 하효동 1371

TIP 2 추천 맛집

서귀포 바닷가를 바라보며 빵과 차 한 잔의 여유
보레드 베이커스

보목동과 빵(브레드)를 합친 말로 '보레드'라고 이름을 지었다. 맛있는 크루아상과 보라멜 라테, 테디 밀크티가 유명하다. 서귀포 바닷가를 바라보며 빵과 차 한 잔의 여유를 느껴보자.
주소 제주 서귀포시 보목로64번길 178, 1층   **문의** 064-735-1450
운영시간 08:00~22:00   **휴무** 연중무휴
가격 보라멜 라테 6,500원, 보목 선셋 아이스티 6,500원, 플레인 크루아상 4,200원

아름다운 바닷가를 바라보며 차를 즐길 수 있는 뷰 맛집
게우지코지 카페

게우지코지와 생이돌 바로 뒤에 게우지코지 카페가 있다. 카페에서 빵을 직접 만들어 당일에 판매해 신선한 커피와 맛있는 빵을 먹을 수 있다. 게우지코지와 생이돌, 그리고 서귀포의 아름다운 바닷가를 바라보며 차를 즐길 수 있는 뷰 맛집이다.
주소 제주 서귀포시 보목포로 177   **문의** 064-763-5555
운영시간 08:30~20:00   **휴무** 베이커리만 매달 첫째, 셋째 화요일
가격 제주한라봉에이드 7,000원, 디카페인 아메리카노 5,500원, 유자자몽차 7,000원

epilogue

당신의 버킷리스트를 위하여
- 내가 가고 싶은 곳, 그리고 가야 할 곳으로 -

어느 날 문득, 고장 난 시계처럼 멈춰 서서 뒤를 돌아보았다. 열심히 살다 보면 남보다 느리더라도 앞으로 나아갈 수 있을 줄 알았는데, 내가 아무리 노력해도 어쩔 수 없는 일들이 파도처럼 밀려왔다. 정신을 차리고 보니 어디로 가야 할지 잊어버리고 무엇을 해야 할지도 모른 채 떠다니고 있는 두 번째 사춘기가 시작되었다. 누구에게도 티 내지 못하고 우울한 마음을 숨겨야 하는 어른의 사춘기는 첫 번째보다도 힘겨웠다. 그즈음, 누군가가 나에게 물었다. "무엇이 되고 싶니? 어떤 삶을 살고 싶니?" 나는 이 문제에 대한 답을 말할 수 없었다. '인생'이라는 큰 여행길에서 지금은 어디를 헤매고 있는지 모르고 있었기 때문이다.

난 그 답을 얻기 위해 '진정으로 원하는 것'이 무엇인지 찾기로 했다. 그래서 어릴 적부터 지금까지 내가 이루고 싶었던 꿈을 찾는 여행을 다시 시작했다. 그 여행은 과거에 두고 온 많은 선택지와 되돌릴 수 없는 실수들을 떠올리게 했고, 난 더욱 괴로워졌다. 그럴 때마다 넘어지지 않고 버틸 수 있던 힘은 아주 먼 곳에서 얻은 아름다운 추억들이었다. 언제 만날지 기약조차 할 수 없는 곳에 사는 친구와 헤어진 기차역, 눈이 소복이 쌓였던 전나무숲길, 할머니를 위해 노래 자랑에 나갔던 솔향 가득한 바닷가 축제, 20대의 마지막 해를 기념하며 떠난 여행에서 종일 듣던 친구들의 웃음소리, 사랑하는 사람의 얼굴이 온통 보랏빛으로 물든 오후의 천문대. 떠나지 않았다면 평생 알 수 없었을 감정들이 지금 나를 지탱해 주고 있었다.

잊을 수 없는 이런 소중한 기억들은 나를 채우며 삶의 방식을 알려주었다. 어떤 태도를 가지고 어떤 삶의 방식을 택할 것인지를 알려주었던 것 같다. 옛 추억을 떠올릴 때마다 나는 행복했던 그 날로 돌아갈 수 있었다. 잠시 추억에 잠겼다가 현실로 돌아와 다시 열심히 살아갈 힘을 얻기도 했다. 그때가 그리운 것이 아니라 그렇게 행복한 기억이 있다는 것에 감사하고, 또 다른 멋진 기억을 만들 수 있다는 기대감에 가슴이 뛰었던 것 같다. 그 기억들은 나에게 해야 할 일을 미루지 말고, 가고 싶은 곳이 있으면 지금 떠나야 한다고 속삭였다. 최근 들어 더욱더 '미루지 말 것'이라는 말을 실감하고 있다. 많은 사람이 이 말에 공감하리라 생각한다. 그때밖에 할 수 없는 일이 있다. 이때가 아니면 안 되는, 지금 미루면 다시는 갈 수 없는 곳이 있다는 것을 자유롭게 여행할 수 없는 상황이 닥치자 깨달았다.

짧은 여행마저도 목마른 이때, 조심스럽고도 안전하게 여행하는 것은 정말 중요하다. 무조건 여행을 꺼리기 보다는 안전 수칙을 잘 지켜 서로를 보호하면서 몸과 마음의 건강과 여유를 찾도록 여행해야 한다는 생각이 든다.

혹시 나처럼 마음속 길을 잃고 헤매는 사람이 있다면 잠시 떠나보는 것이 어떨까? 몸과 마음이 지친 독자께 도움이 되고자, 사람이 많지 않고 보물처럼 숨겨져 있던 우리나라의 여행지를 찾아 담아 보려 했다. 최근 추가된 나의 버킷리스트는 많은 친구와 자유 여행을 떠나는 것이다. 시간이 오래 걸리겠지만 언젠가는 꼭 이룰 수 있는 일이라고 생각한다.

아직도 어떻게 살 것인지, 무엇을 하면서 살 것인지에 대한 답을 찾고 있지만 여행을 하면서 찾아낸 답은 조금 더 행복해지기 위한 선택을 하리라는 것이다. 버킷리스트란 하고 싶은 것을 하는 것이기도 하지만, 내가 가야 할 곳으로 돌아가는 여정이기도 하다. 버킷리스트에 여행하고 싶은 곳을 계속 찾아 추가하고, 내가 나다워지는 여행의 추억을 기록하는 것. 이것이 내가 살고 싶은 방식인 것 같다.

여행을 사랑하는 여러분이 이 책의 마지막 페이지를 완성해 주길 바라며. 감사하는 마음을 담아 마지막 질문을 드린다.

"여러분의 여행 버킷리스트는 무엇인가요?"

— 여러분의 여행길이 눈부시게 아름답기를 바라며
10월의 어느 가을날, 카레부부

Thanks to

막내딸의 여행길에 동행해 주신 존경하는 엄마, 강원도에서 오랫동안 사셔서 좋은 장소를 많이 추천해 주신 남정숙 님, 광양의 아름다운 여행지를 소개해 주신 큰 외삼촌, 제주도민 백 작가님, 수진 언니, 사랑하는 우리 가족들, 얼마 전 머나먼 곳으로 여행을 떠나신 외할머니, 어릴 적 소중한 추억을 많이 남겨 주셔서 감사합니다.
그리고 무슨 일이 있어도 항상 내 곁에 있어 주는 든든한 나무 같은 사람, 이번에 책에 실릴 사진 찍느라 고생이 더 많았던 사랑하는 나의 남편에게 진심으로 감사의 인사를 전한다.

_____님의
여행 버킷리스트

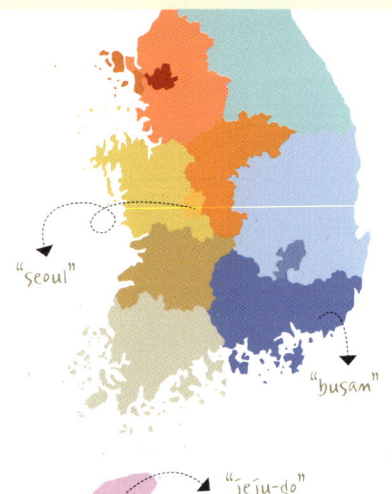

- ☑ 가고 싶은 장소 :

- ☑ 함께 가고 싶은 사람 :

- ☑ 가서 하고 싶은 것 :

- ☑ 사진 찍을 때 포즈 :

- ☑ 나의 맛집 :

- ☑ 작가에게 추천하고 싶은 장소 :